Vorarlberg

50 Touren zwischen Bodensee und Silvretta

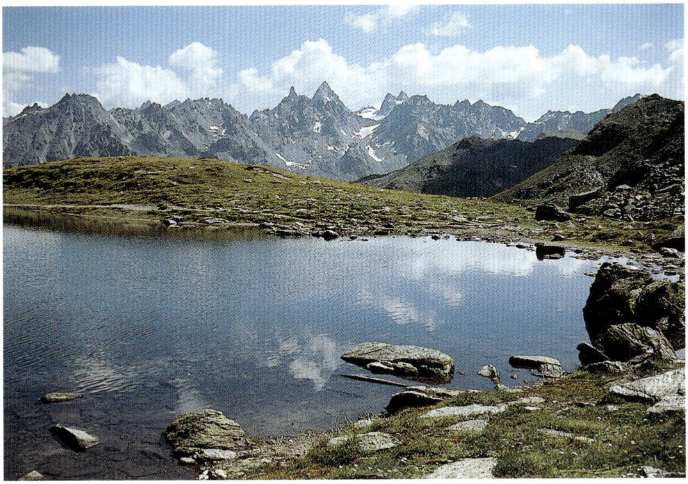

Herbert Mayr

ROTHER
BERGVERLAG

Vorwort

Vorarlberg, der wilde Westen Österreichs, präsentiert sich vom Ufer des Bodensees bis zum gletschergesäumten Piz Buin als Wander-Dorado mit erstaunlicher Vielfalt. Fast 3000 Meter Niveau-Unterschied! Die vorgestellten Touren, mal beliebt, mal unbekannt, entführen in erholsame Waldeinsamkeit und abenteuerliche Tobel, zu bunt blühenden Alpmatten und in unverfälschte Hochtäler, zu romantischen Bergseen und Schaukanzeln über kitzliger Tiefe. In den südlichen Landesteilen fesseln Einblicke in die geheimnisvolle Welt des leider immer mehr abschmelzenden Eises. Nicht nur für erdgeschichtlich interessierte Wanderer stellt das berühmte Zusammentreffen westalpiner und ostalpiner Elemente eine zusätzliche Bereicherung dar.
Ein umfassendes und zu Beginn des neuen Jahrtausends vorbildlich neu ausgeschildertes Wanderwegenetz, zahlreiche Einkehrmöglichkeiten und oft weit über der Baumgrenze gelegene Alpenvereinshütten sowie nicht zuletzt bequeme Bergstraßen und Seilbahnen erleichtern manchen alpinen Wunschtraum.
Jeder der 50 Vorschläge hat einen oder mehrere Gipfel zum Ziel. Insgesamt sind es rund 80 an der Zahl! Diese sollen jedoch ebenso wie die empfohlenen Zweitagestouren keinen Zwang ausüben. Oft lohnt allein schon der Hüttenaufstieg. Die mit zusätzlichen Informationen und Tipps ergänzten Touren folgen im Großen und Ganzen bezeichneten Wegen. Wegloses Gelände (bis auf kurze Abschnitte) sowie felsige Etappen, die gesicherte Kletterei erfordern, kommen nicht vor. Fast alle Startpunkte sind umweltfreundlich mit öffentlichen Verkehrsmitteln zu erreichen.
Dass Vorarlberg neben seiner reichen Bergwildnis vor allem auch aus uralten Kulturlandschaften besteht, davon künden neben den geschindelten Wälderhäusern im Bregenzerwald, den romanischen Steinhäusern im Montafon und den Walser Bergbauernhöfen im Biosphärenpark Großes Walsertal und auf dem Tannberg bei Lech auch die wettergebräunten Maisäßhütten, die nach wie vor bewirtschafteten Sennalpen und die unzähligen Namen aus der Zeit der Rätoromanen. Von den Vorarlbergern sagt man, sie seien anders als ihre Bundesgenossen. Klar: Sie sind ja auch Alemannen und somit mehr mit den Liechtensteinern, den Schweizern und den Schwaben verwandt als mit den bajuwarischstämmigen Tirolern. Die Gebirge haben diese Menschen geprägt. Und wo immer sie uns begegnen, stets empfängt uns ihre natürliche und erfrischende Herzlichkeit.
Viel Freude beim Wandern, Entdecken und Genießen wünscht

Herbert Mayr

Inhalt

Allgemeine Hinweise

Anforderungen

Unter diesem Schlagwort finden Sie bei jeder Tour detaillierte Angaben. Klettersteige und Felstouren, die den I. Schwierigkeitsgrad der UIAA-Skala überschreiten und somit eine Seilsicherung erfordern, sind bewusst nicht mit aufgenommen.

Damit die Anforderungen auf einen Blick leichter einzuschätzen sind, tragen die Tourenvorschläge verschiedene Farbmarkierungen, die nichts über die Länge einer Unternehmung aussagen. Unsere Schwierigkeitsangaben beziehen sich auf trockene Wege in unbeschädigtem Zustand. Je nach Witterungseinflüssen können die Anforderungen erheblich anwachsen. Rote und schwarze Routen bieten oft leichte und lohnende Zwischenziele. Freunde beschaulicher Touren finden so viele weitere Vorschläge.

▸ Leicht

Diese einfachen Pfade und Steige sind in der Regel gut bezeichnet (meist lückenlos markiert und genügend beschildert). Maximal mittlere Steigungen, eventuell mit steilen Aufschwüngen. Keine ausgesetzten Passagen. Selbst bei zweifelhaftem Wetter relativ gefahrlos. Auch für Senioren geeignet. Für Kinder nur empfehlenswert, wenn die für kurze Beine ermüdenden Güter- oder Forstwegabschnitte nicht zu lang sind.

▸ Mittel

Für trittsichere und geübte Bergwanderer. Längere steile Steige und mitunter sehr steile Aufschwünge setzen oft Ausdauer und den Verhältnissen angepasste Ausrüstung voraus. Kurze unmarkierte und Orientierungssinn erfordernde Unterbrechungen sowie ausgesetzte, zum Teil gesicherte Stellen können vorkommen. Bei Wetterverschlechterung ist alpine Erfahrung unerlässlich. Etappen im Schrofengelände sind frei von Kletterpassagen. Abgesehen von ausgedehnten Touren bei entsprechender Vorsicht auch für Kinder geeignet.

▸ Schwierig

Nur für erfahrene, trittsichere und schwindelfreie Bergwanderer. Längere steile oder sehr steile Steige in manchmal nur spärlich markiertem oder unmarkiertem Felsgelände mit ausgesetzten Abschnitten setzen Kondition und alpine Ausrüstung sowie gegebenenfalls guten Orientierungssinn voraus. Auf leichten Kletterpassagen wird die Zuhilfenahme der Hände notwendig. Aufgrund der mitunter beachtlichen Höhenlage (2500–3000 m) ist stabiles Wetter unbedingte Voraussetzung.

Anmerkung: Dieses System (blau, rot, schwarz) darf nicht mit dem in Vorarlberg geltenden Wanderwegekonzept verwechselt werden: gelbweiß = leicht, weiß-rot-weiß = mittelschwer, weiß-blau-weiß = schwer.

Gefahren

Gefährliche Situationen entstehen beim Bergwandern meistens durch das Zusammentreffen von subjektiven und objektiven Gefahren. Subjektive Risikofaktoren wie Unwissenheit, Leichtsinn (mangelnde Ausrüstung) oder unzureichendes Training (Erschöpfung) führen rasch zu Fehlverhalten, vor allem in auch objektiv bedrohlichen Situationen. Man sollte stets bemüht sein, sie mit entsprechendem Verhalten, insbesondere

GPS-Daten und Koordinaten der Ausgangspunkte

Auf **gps.rother.de** stehen zu diesem Wanderbuch GPS-Tracks und die Koordinaten der Ausgangspunkte zum kostenlosen Download bereit. Dieser QR-Code führt direkt zum Download.
4. Auflage, Passwort: 303104mau
Die GPS-Tracks können in die Rother App importiert werden. In der App kann man unterwegs stets sehen, wo man gerade ist und wo es langgeht.
Anleitungen dazu: rother.de/gps. Trotz sorgfältiger Prüfung können wir Fehler und zwischenzeitliche Veränderungen nicht ausschließen. Verlassen Sie sich für die Orientierung niemals einzig und allein auf die GPS-Daten, sondern beurteilen Sie die Verhältnisse vor Ort.

durch die Fähigkeit der Selbstkritik, auf ein Minimum zu reduzieren.
Objektive Gefahren sind Nebel (Orientierung!), Temperaturstürze und Gewitter sowie Steinschlag, Vermurungen und Lawinen. Sie lassen sich selbst mit bester Ausrüstung, einer guten Beobachtungsgabe und jahrzehntelanger Erfahrung nur auf ein gewisses Maß beschränken.
Bei Regen, Nebel oder Schneegestöber können sich grasige oder felsdurchsetzte Steige in heimtückische Rutschbahnen verwandeln. Besonders hartgefrorene Altschneereste oder von Bächen unterspülte Schneebrücken bergen oft unterschätzte Gefahren. Bei Gewittern gilt: Gipfel, Grate, Felsvorsprünge und Hochflächen sofort verlassen, weg von Drahtseilen oder Eisengeländern, keine einzeln stehenden Bäume aufsuchen!

Ausrüstung

Selbst auf kleineren Wanderungen sind Trekkingschuhe vorteilhaft. Regen- und Kälteschutz, Reservewäsche, Tourenproviant (Trinkflasche!), Stirnlampe und Verbandszeug werden empfohlen. Teleskop-Wanderstöcke sind besonders im Abstieg zur Gelenkentlastung sehr nützlich. Bei Nässe sowie Querungen von Bächen, Schneefeldern und harmlosen Gletscherresten bieten sie eine zusätzliche Sicherheit, weil sie die Balance erhöhen.
Mit einem Handy kann im Notfall rasch Hilfe herbeigerufen werden (Bergrettung landesweit: 144), wobei die Netzabdeckung im Gebirge nicht überall gegeben ist.

Gehzeiten

Die angegebenen reinen Gehzeiten können nur als grobe Richtwerte für durchschnittlich trainierte Bergwanderer gelten (etwa 4 Kilometer in der Stunde auf leichten Talwegen, 350 Höhenmeter in der Stunde im Aufstieg, 500 Höhenmeter im Abstieg). Jahreszeit, Wetter, Verfassung, erforderliche Pausen und andere Faktoren bestimmen die insgesamt benötigte Zeit.

Einkehr und Übernachtung

In der Kurzinfo werden alle an der Wanderroute gelegenen Stützpunkte angeführt. Da manche Öffnungszeiten witterungsabhängig sind, empfiehlt es sich, vorher Erkundigungen einzuziehen.

Beste Wanderzeit

Für alpine Wandervorschläge, bei denen bereits die Ausgangspunkte

teilweise über 1500 Meter hoch liegen, verlässliche »günstigste Jahreszeiten« angeben zu wollen, erweist sich in der Praxis als wenig sinnvoll. Es ist empfehlenswert, sich vorab beim zuständigen Verkehrsamt bzw. Wetterdienst über die aktuellen Verhältnisse zu erkundigen.
Mit ziemlicher Wahrscheinlichkeit sind die Gefahren durch nordwest- bis nordostgerichtete Altschneefelder in Höhen über 2000 Meter bis in den Juli hinein nicht unerheblich. Ab Oktober ist besonders schattseitig mit vereisten Passagen zu rechnen.

Kinder

Ob sich Touren für Kinder eignen, hängt nicht nur von der Länge der Anstiege oder der Ausgesetztheit der Wege ab, sondern vielmehr vom Abwechslungsreichtum einer Wanderung. Routen auf abenteuerlichen Waldpfaden und kurzweiligen Steigen zu Alpen, Wildbächen und Wasserfällen, Bergseen und Aussichtsfelsen finden immer große Akzeptanz.

Karten

Die Kartenausschnitte wurden den Freytag & Berndt-Wanderkarten WK 364 »Bregenzerwald«, WK 374 »Montafon – Silvretta Hochalpenstraße – Schruns-Tschagguns – Piz Buin – Klostertal« und WK 375 »Großes Walsertal – Feldkirch – Bludenz – Laterns – Liechtenstein« im Maßstab 1:50.000 entnommen. Sie sind für Bergwanderer ein zuverlässiges Hilfsmittel. Wer auch im weglosen Gelände auf Entdeckung gehen möchte, der wählt vorzugsweise die Alpenvereinskarte im Maßstab 1:25.000 (nur für die Gebiete Tannberg, Klostertal, Verwall und Silvretta erhältlich: 3/2 »Lechtaler Alpen – Arlberggebiet«, 26 »Silvrettagruppe« und 28/2 »Verwallgruppe, Mittleres Blatt«) oder die Österreichische Karte des Bundesamtes für Eich- und Vermessungswesen beziehungsweise die wegen ihres klaren Erscheinungsbildes unübertroffene Landeskarte der Schweiz, jeweils im Maßstab 1:50.000.

Tipps für Bergwanderer

- Mit Rücksicht auf die Umwelt in Gruppen oder mit öffentlichen Verkehrsmitteln anreisen.
- Platzsparend und rücksichtsvoll parken, gegebenenfalls um Erlaubnis bitten.
- Markierte Wege nicht verlassen, Gatter schließen, an Zäunen den Durchschlupf oder die »Hühnerleiter« benutzen. Keine Steine lostreten.
- Abfall wieder ins Tal mitnehmen.
- Alle Pflanzen und Tiere respektieren, keinen unnötigen Lärm machen und die Zeit der Morgen- und Abenddämmerung möglichst meiden.
- Sonnseitige Touren frühzeitig beginnen und genügend Flüssigkeit mitnehmen (keinen Alkohol!), öfter eine kurze Rast einlegen.
- Wettervorhersagen beachten, die aktuelle Wetterentwicklung beobachten und gegebenenfalls rechtzeitig umkehren.
- Sich nicht überfordern, bei gleichmäßigem Tempo nicht an der Leistungsgrenze gehen.
- Zu Hause bzw. im Quartier den Startpunkt und das geplante Tourenziel angeben.
- Alpines Notsignal: 6 x pro Minute akustisches oder optisches Signal (Rufen, Pfeifen, Winken, Blinken mit Taschenlampe), und dies so lange, in Abständen von einer Minute, bis eine Antwort (Signal 3 x pro Minute) erfolgt.

Die Gebiete im Überblick

Bregenzerwaldgebirge

Den Hauptanteil der Nordhälfte Vorarlbergs nimmt das Bregenzerwaldgebirge ein. Ein Meer von sanft geschwungenen Molasse-Bergwellen – Konglomerate, Sandstein und Mergel – prägt das Bergland über dem Unteren Alpenrheintal und den Vorderen Bregenzerwald etwa bis Dornbirn – Egg – Sibratsgfäll. Die Höhenlagen des Bregenzerwaldgebirges sind von einem Mosaik aus Waldflecken und leuchtenden Alpmatten überzogen. Immer wieder zerfurchen zahlreiche, über weite Strecken weglose Tobel und Schluchten, wie jene der Bregenzer Ach, das überwiegend anmutig wirkende Vorgebirge. Die Wildnis bestimmt hier sozusagen das untere Stockwerk, während sich das Leben in der oberen Etage abspielt.

Die geschindelten »Wälderhöfe« der Streusiedlungen gliedern sich harmonisch in die liebliche Umgebung. Heitere, leuchtend grüne Wiesenterrassen erinnern im Vorderwald an die ungeheuren Gletscherströme der Eiszeit. Ein ideales Urlaubsland für Wanderer, die es gerne gemütlich mögen.

Die Kreidezone des Hinteren Bregenzerwaldes lässt ab dem Höhenzug der Winterstaude, 1877 m, einen abrupten Landschaftswechsel erkennen. Wir befinden uns hier in der Formation des Helvetikum und somit, rein geologisch betrachtet, in den Westalpen, die das einstmals fjordartige Rheintal von den Ostalpen trennt. Die Bausteine des Helvetikum sind vorwiegend verhältnismäßig resistente Kalkgesteine und weiche Mergelschichten. Diese unterschiedliche Widerstandsfähigkeit der Gesteine hat den Abwechslungsreichtum der Formen während einer Fahrt in den Hinteren Bregenzerwald zur Folge; hier bis obenhin begrünte Bergkämme, dort so jäh

Rote Wand vom Walserkamm, die wuchtigste Erscheinung im Lechquellengebirge (Tour 6).

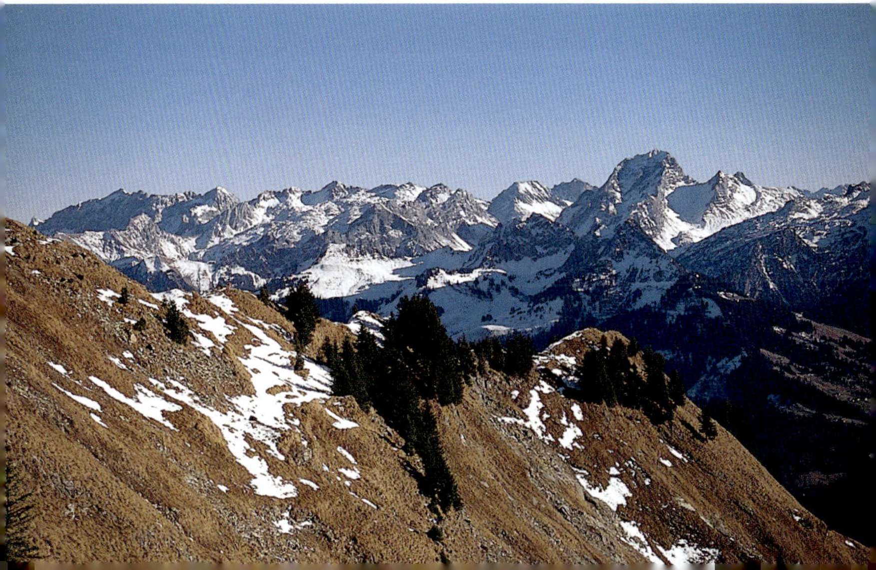

abstürzende Schrattenkalkwände. Charaktervolle Gebirgsstöcke stehen erhaben über ihrer Umgebung, sind jedoch keineswegs schwierig zu erklimmen.
Weiter taleinwärts ragen abweisende Bollwerke aus Fels in die Höhe. Südseitig fallen sie als angenehm begehbare Grasdächer ab. Sonnige Täler mit freundlichen »Wälderdörfern« schieben sich zwischen die markanten Felsriesen des Hinterwaldes – eine liebenswerte Erholungslandschaft. Wer hochgelegene Tourenstartpunkte schätzt, findet ganz in der Nähe, in den Damülser Bergen, ein lohnendes Betätigungsfeld. Auch auf der Fahrt von Dornbirn rheinaufwärts stechen den Anreisenden die trotzigen Wandriegel des Helvetikum ins Auge. Gerade dieses zunächst abschreckende Felsenreich mit erfrischenden Buchenmischwäldern ist wegen seiner Aussichtskanzeln besonders beliebt. Ab dem Hohen Freschen, 2004 m, schließt sich im Oberland beiderseits des Laternser Tals eine Flyschzone mit verwitterungsfreudigem Gestein an.
Die fast ausnahmslos grünen Bergkämme flankieren auch das von einem unwiderstehlichen Liebreiz geprägte vordere Große Walsertal. Ebenso wie schon das äußere Tal der Bregenzer Ach ist diese von der Lutz scharf eingesägte Kerbe selbst meist unbewohnt. Landschaftsprägend sind die Streusiedlungen an den unteren, oft von zahlreichen Tobeln zerfurchten Hanglagen.

Allgäuer Alpen

Der Bregenzerwald behält seinen Namen von Au taleinwärts zwar bis zum Hochtannbergpass bei. Das Bregenzerwaldgebirge jedoch wird

Alpenrosenblüte über dem hinteren Klostertal (Tour 31).

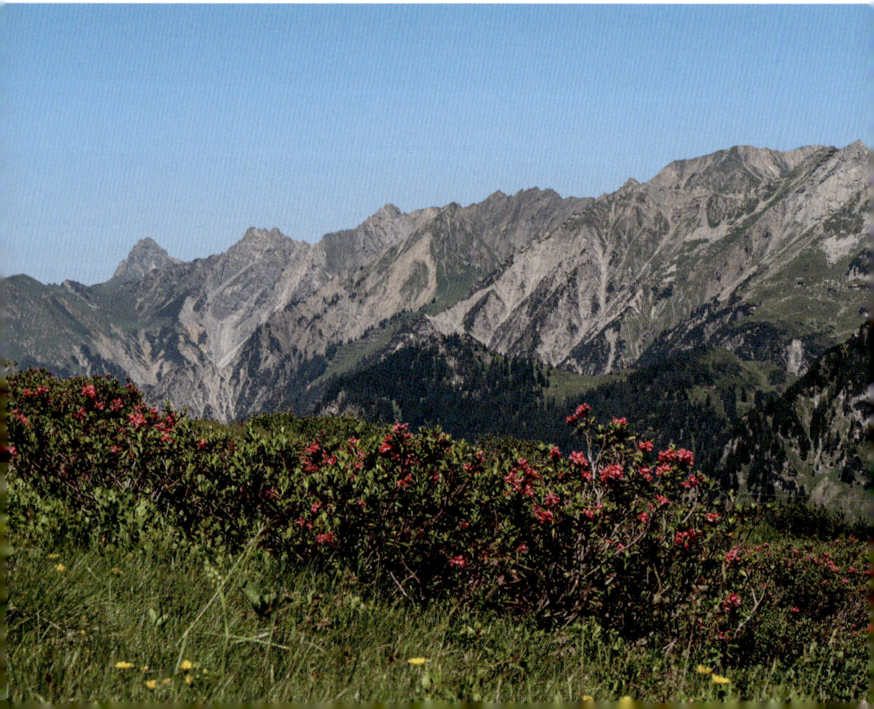

östlich der Bregenzer Ach von den Allgäuer Alpen abgelöst. Das innerhalb dieses Gebirges durch anstrengende Jochübergänge abgegrenzte Kleinwalsertal gehört politisch und siedlungsgeschichtlich zu Vorarlberg. Touristisch bildet es eine Einheit mit dem Allgäu und wirtschaftlich ist es der Bundesrepublik angegliedert. Somit hat es für unseren vorgestellten Wanderbereich keine große Bedeutung, wenn auch gerade hier ein paar besonders charakteristische Steilgrasberge locken.

Lechquellengebirge

Im Talschluss des Großen Walsertals mit seinem Biosphärenpark imponieren wuchtige, vorwiegend aus Hauptdolomit gemauerte Klötze und Riesenkeile der kalkalpinen Zone mit ihren abgeschiedenen Ödkaren. Die meisten sind stolze Zweitausender. Mit der markantesten Gipfelformation dominiert die Rote Wand, 2704 m.

Jenseits dieses Felskolosses nähren Formarinbach und Spullerbach den Lech. Die Lechquellen haben der gesamten Gebirgsgruppe zwischen dem Großen Walsertal und der Flexenstraße sowie zwischen Au und dem Klostertal ihren Namen gegeben: Lechquellengebirge, früher auch als Klostertaler Alpen bekannt. Höchste Erhebung ist die nicht ganz einfache Große Wildgrubenspitze, 2753 m,. Östlich der Straße Warth – Flexenpass beginnen die Lechtaler Alpen, von denen nur ein schmaler Streifen zu Vorarlberg zählt.

Ein Trumpf bei den Wanderern sind die wildromantischen Hochtäler und märchenhaften Seen. Von Bludenz zum Arlberg zieht das bereits erwähnte, weniger bekannte und waldreiche, von der Alfenz entwässerte Klostertal seine Furche.

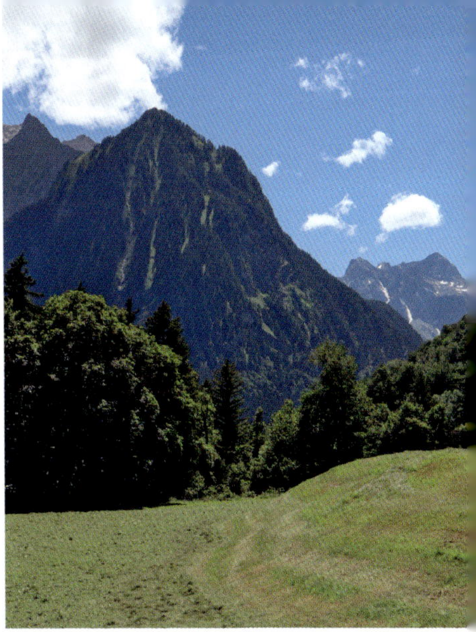

Am Eingang ins Brandnertal (Tour 39).

Verwall

Die Schattseite des Klostertals bestimmt das nahezu unbesiedelte, aus Kristallingesteinen aufgebaute, gletscherfreie Verwall, das zur Hälfte zum Nachbarland Tirol gehört. Diese schon zu den Zentralalpen zählende Gebirgsgruppe wird durch selten bestiegene, aber charaktervolle Berge gekennzeichnet. Bereits auf einfachen Hüttenaufstiegen, die vorbei an herabstürzenden Bergwassern führen, erlebt man im Klostertal eine respekteinflößende Hochgebirgsnähe.

Unter der ungeheuerlichen Vandanser Steinwand beginnt in Lorüns, gleich nach Bludenz, das Äußere Montafon. Die durch Gipfelwege erschlossene Itonskopfgruppe mit den sonnenverwöhnten Streusiedlungen von Bartholomäberg gehört streng gesehen zu den Nördlichen Kalkalpen. Riesige Muren wie in den Vandanser Tobeln und brachiale Bergstürze führen in der Außerfratte,

wie das Äußere Montafon auch bezeichnet wird, einprägsam die Lebendigkeit und zugleich Vergänglichkeit der Bergwelt vor Augen.
Südlich von Schruns betritt man bei Mauren nach einer zweiten Talenge die Innerfratte. Ebenfalls kristalliner Fels – Gneise und Hornblendegesteine – bestimmt das Bild der Montafoner Seite der Verwallgruppe bis hinauf zum Kops-Stausee. Dunkle Berge bestechen durch scharf geschnittene Konturen. Die viel helleren Gneisberge zeigen in der Regel etwas gediegenere Formen. Ein paar stolze Gipfel lassen sich ohne Schwierigkeiten anpacken.

Rätikon

Im Walgau scheidet die Ill zwischen Feldkirch und Bludenz die Nördlichen Kalkalpen von den Zentralalpen. Geologisch beleuchtet ist die Ill jedoch keineswegs ein Grenzfluss. Greifen doch die vielfältigen Bausteine der Nördlichen Kalkalpen zwischen Nüziders und Vandans als Lechtaldecke gipfelbildend auf die Zentralalpen über. Das Lechquellengebirge stellt sozusagen eine erdgeschichtliche Einheit mit dem überwiegenden Teil des Rätikon dar.
Die vielen, im Großen und Ganzen parallel verlaufenden, tief eingeschnittenen und von der Alpwirtschaft geprägten Rätikon-Seitentäler sind, wenn überhaupt, nur abschnittsweise bewohnt. Lebensader und touristische Hauptattraktion der Gebirgsgruppe ist das von einer grandiosen Zackenwelt überragte Brandnertal. Um 2400 Meter überragt die Rätikon-Monarchin Schesaplana die Alpenstadt Bludenz. Dazwischen

Die Oberzalimhütte liegt im Brandnertal zu Füßen des Respekt einflößenden Panüelerkopfs (Tour 40).

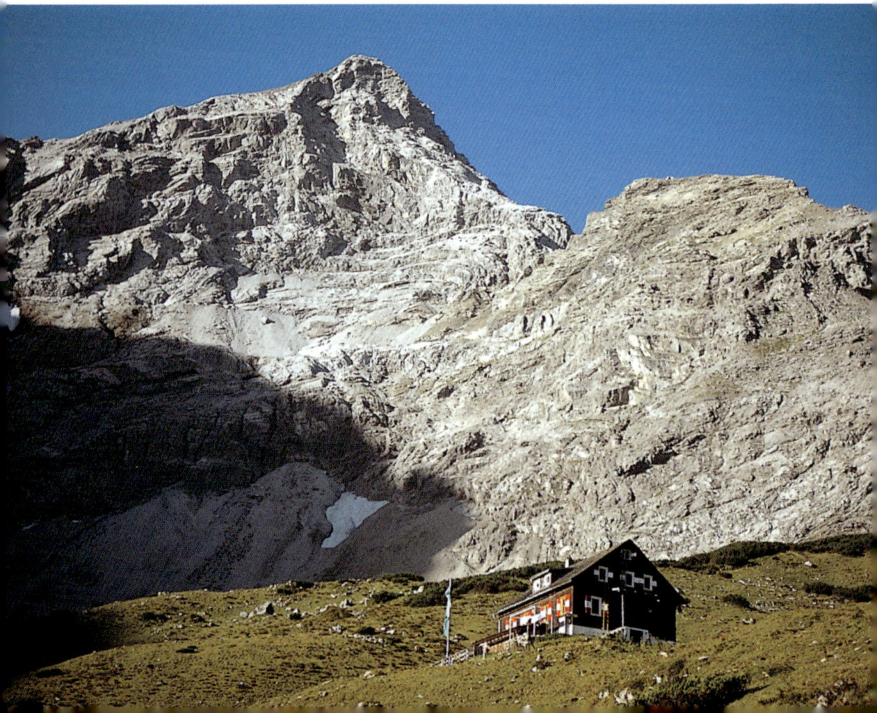

durchschreiten die Wanderer zwischen Maisfeldern und der Gletscherregion sämtliche Vegetationsstufen.
Das äußere Tal wartet mit zwei bedeutenden geologischen Sehenswürdigkeiten auf: der vom Alvierbach geschaffenen, wilden Bürser Schlucht und dem wüsten Schesatobel, einem ungeheuerlichen Bergrutsch. Beeindruckendster Blickfang des Brandnertals ist neben der genannten Schesaplana, 2965 m, und dem benachbarten Panüelerkopf, 2859 m, die Pyramide der nur mittels mäßig schwieriger Kletterei erreichbaren Zimba, 2643 m. Alles in allem ein süchtig machender Gebirgswinkel mit einer Unzahl markierter Wege zu Maiensäßen und Alpen, Wasserfällen und einprägsamen Aussichtsgipfeln und natürlich zum glanzvollen Lünersee.
Die Sedimentgesteine des Westrätikon wechseln östlich des Rellstals in die vorwiegend metamorphen Bausteine der Silvretta-Decke. Üblicherweise trifft man in diesem Bereich Glimmerschiefer, Phyllit- und Glimmergneise an. Aber auch vulkanische Gesteine kommen vor wie beispielsweise Amphibolit und Serpentin am Schwarzhorn, 2460 m, über dem berauschenden Gauertal. Zuhinterst baut sich in dem Tal eine dolomitenartige Riesentribühne auf, die Kalk-Kletterwände der Sulzfluh-Decke: die Sulzfluh, 2818 m,, die Drei Türme, 2830 m, und die Drusenfluh, 2827 m. Die vielen Höhenstufen sowie der bunte Gesteinswechsel bewirken eine äußerst vielfältige und örtlich recht unterschiedliche Flora.
Noch vor St. Gallenkirch zweigt das Gargellental ab. Dies scheidet den Rätikon von der Silvretta. Eine noch weitgehend unberührte, an Alpgebieten reiche Wanderregion.

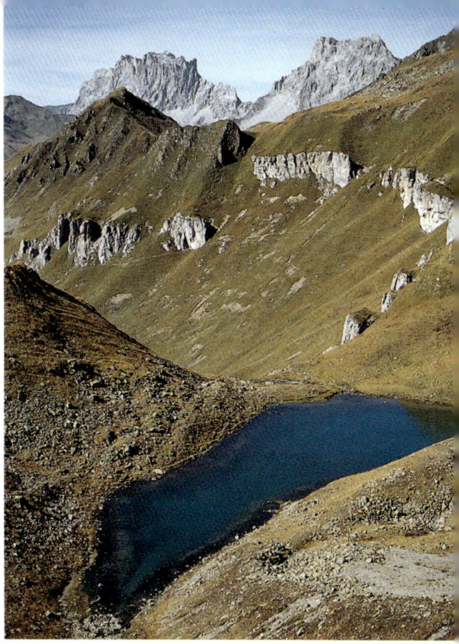

Der Gafiersee auf der Graubündener Seite des Osträtikon mit Drusenfluh- und Sulzfluh-Südwand (Tour 45).

Silvretta

Im äußersten Süden des Landes bildet die durch nordgerichtete Hochtäler gegliederte und vom »Urgestein« geprägte Silvretta mit den beiden großen Stauseen gleichzeitig das Grenzgebirge zur Schweiz und nach Tirol. Manche der betörenden Fels- und Firnmajestäten lassen sich dank der Silvretta-Hochalpenstraße und bequemer Güterwege immerhin begeisternd nahe auf den Leib rücken.
Bergblumen gedeihen in diesem Glanzgebirge noch in über 3000 m Höhe. Während einen im Sommer die blühenden Alpenrosenmeere ins Schwärmen geraten lassen, ist es im Herbst der flammende Farbenreigen der Beerensträucher, Heidegewächse und Zwergweiden, der die Sehnsucht nach weiteren Silvrettatouren weckt.

1 Pfänder, 1064 m

Rundtour über den Kanzelfelsen ★★

Bregenzer Parade-Hausberg im Dreiländereck

Trotz seiner bescheidenen Höhe besticht der vorwiegend bewaldete, mit wildromantischen Felsfluhen durchsetzte Pfänder durch ein außergewöhnliches Alpenpanorama, das rund 240 Gipfel beinhaltet: österreichische und deutsche, Schweizer und Liechtensteiner Namen. Steinböcke und Mufflons leben hier. Rühmenswert ist auch der malerische Bodenseeblick bis nach Konstanz und Ludwigshafen. Der vielleicht lohnendste unter den gemütlicheren Pfänderaufstiegen verbindet den Gebhardsberg und den Kanzelfelsen mit dem Hennenbühel bei Fluh. Auch der vorgestellte Abstieg über die im unteren Bereich steil abfallende Westseite erfreut mit einer Schleichwegroute.

KURZINFO

Talort: Bregenz, 414 m. Landeshauptstadt am Bodensee. Per Zug von München und Ulm erreichbar. Bregenz Tourismus, 6900 Bregenz, Tel. + 43 5574 49590, visit.bregenz.com.
Ausgangspunkt: Bahnhof, 398 m; Parkplatz.
Gehzeit: 5.15 Stunden.
Höhenunterschied: 720 Hm.

Anforderungen: Meist bestens bezeichnete Wander- und Waldwege sowie Pfade, kurze Abschnitte auf feuchter Pfadspur und Anliegersträßchen. Mäßig steile Steigungen. Meist ist der Känzeleweg schneefrei, dann ist die Tour auch während des Winters möglich.
Einkehr: Burg-Restaurant Gebhardsberg (Übernachtung), in Fluh (Übernachtung), Wirtshaus Pfänderdohle (nur Ende September bis Anfang Mai), Berghaus Pfänder und Gasthaus Pfänderspitze.

Pfänder-Alpenwildpark und Bregenzer Bucht.

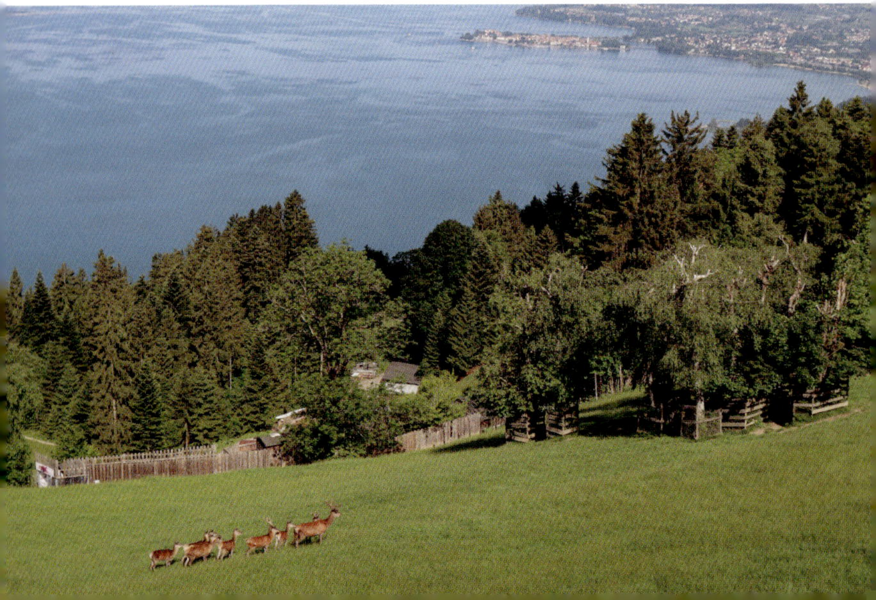

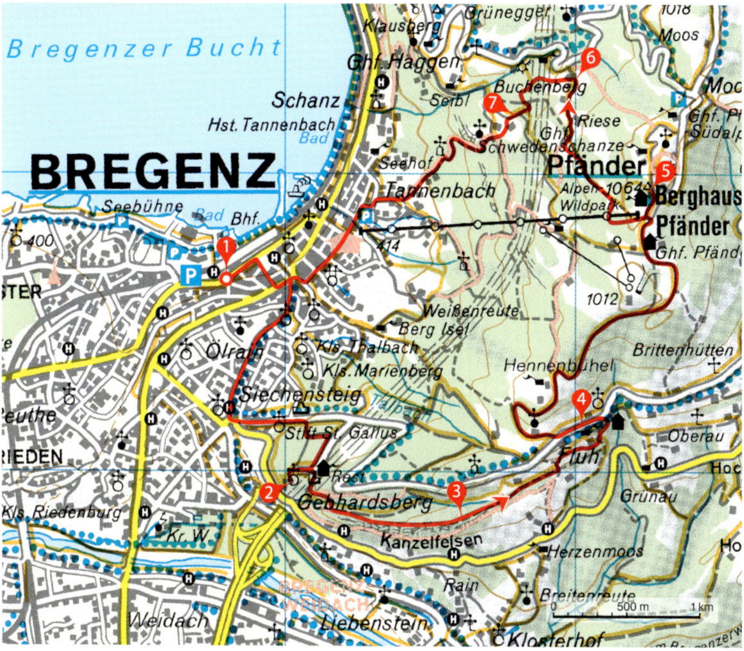

Der Wanderwegweiser »Gebhardsberg« zeigt uns am Bahnhof in **Bregenz (1)** die Richtung am Großparkplatz entlang. Die einfachste Route durch den östlichen Stadtteil lautet: Montfortstraße, Römerstraße links, Kirchstraße und Gallusstraße. An der Siechenkapelle stoßen wir wieder auf die Beschilderung zum **Gebhardsberg (2)**, 598 m, den wir ab der Landesbibliothek auf dem ansteigenden Waldwanderweg in Richtung Känzele mit einer Straßenquerung erreichen. Die Wallfahrtskirche steht auf den Mauerresten der einstigen Burg Hohenbregenz. Kitzlig ist der Tiefblick vom Burg-Restaurant über die Felsenflucht, zu deren Füßen sich der Pfändertunnel öffnet, aufs Rheintal.

Ein anregender, wurzeliger Naturlehrpfad führt nun entlang der jähen Wandabstürze des Kanzelfelsens durch Kiefernwald zum Ausblick auf dem **Känzele (3)**, 730 m. Nach kurzem Abstieg queren wir bei der Nagelfluhformation Felsawieble mittels Pfadspur die feuchte Wiese am Waldende. Auf einem Anliegersträßchen gelangt man zum Bergdörfchen **Fluh (4)**, 743 m, einem Ortsteil von Bregenz.

Das Schild »Pfänder« weist jetzt links auf einen Waldweg, der sich in Kurven über den Hennenbühel und durch den Bergwald emporschwingt. Zwischendurch wird wieder der Blick zum Bodensee frei. Am Walserstadel halten wir uns rechts. Nach einem unbedeutenden Höhenverlust geht es vom Wirtshaus Pfänderdohle auf asphaltierter Fahrbahn in letzten Windungen hinauf zur Bergstation der Großkabinenbahn mit erhöhter Aussichtsplattform. Vom Berghaus Pfänder sind es nur noch wenige Minuten auf einem Wanderweg am Gasthaus Pfänderspitze vorbei zum

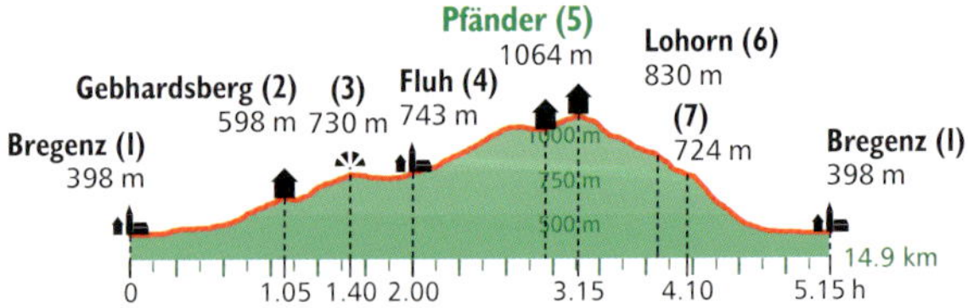

nahen **Pfänder (5)**, 1064 m, selbst. Wie Spielzeugdörfer wirken Bregenz und die Inselstadt Lindau. Jenseits des Rheindeltas säumen die Appenzeller Höhenzüge das riesige Dreiländer-Gewässer.

Falls wir nicht noch den sehenswerten Alpenwildpark besuchen möchten, rüsten wir uns für den Abstieg. Auf dem Wildpark-Rundweg, mit »Haggen über Lohorn« beschildert, und einem Wanderweg geht es zu einer Einöde und auf einem Güterweg zu den Höfen von Riese. Ein Anliegersträßchen verläuft weiter nach **Lohorn (6)**, 830 m, dann wieder ein Wanderweg durch den Wald zum Weiler **Altreute (7)**, 724 m. Das kurzweilige Pfadfinale an der Kapelle vorbei und mitunter in engen Kehren vollends hinunter zur Pfänderbahn verleitet nochmals zum Schwärmen.

Zurück zum Bahnhof in **Bregenz (1)** findet man ohne jegliche Orientierungsprobleme.

Tiefblick vom Känzele auf Kennelbach.

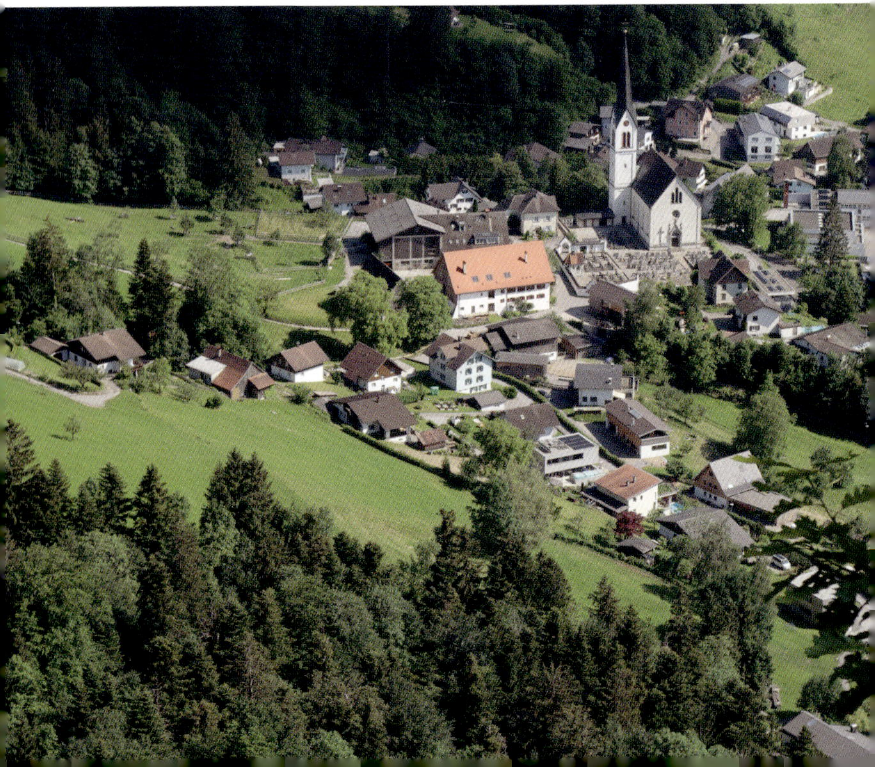

Staufen, 1465 m

Teilrunde über Schuttannen

★

Waldgipfelpaar an der Öffnung des Alpenrheintals

Kein Mensch würde während einer Fahrt auf der Rheintalautobahn beim Anblick des Waldkegels namens Staufen eine Südgratroute erwarten. Dieses luftige Höhenerlebnis, 1000 Meter über der ungestüm die Bergwelt verlassenden Dornbirner Ach, beinhaltet zu aller Freude auch noch einen erheiternden Leiterübergang zum Nordgipfel. Von dem mit Schrofen gespickten, wegen der betrüblichen Sturmschäden arg gelichteten Vertreter der helvetischen Kreide könnte man dann gleich steil zur Staufenalpe absteigen. Doch mehr hat man von der Tour, wenn man nach dem Westabstieg den Staufen-Rundgang vollendet, sozusagen eine kleine Runde in eine große Runde legt. Zudem gestaltet sich der Rückweg so etwas gemütlicher.

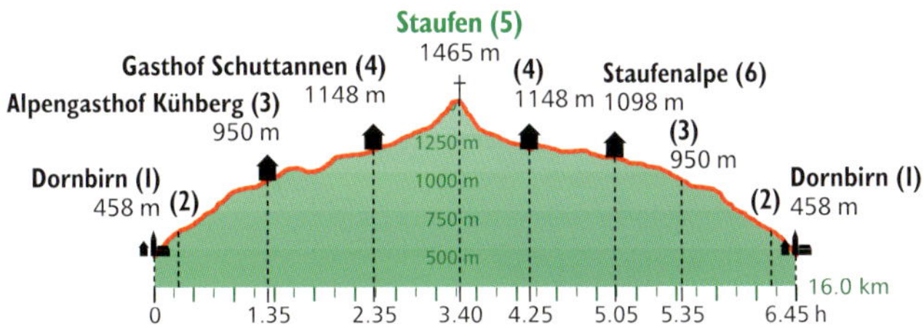

KURZINFO

Talort: Dornbirn, 437 m. Wirtschaftszentrum und größte Stadt Vorarlbergs am Austritt der Dornbirner Ach ins Rheintal. Per Zug von Bregenz erreichbar. Dornbirn Tourismus, 6850 Dornbirn, Tel. +43 5572 22188, dornbirn.info.

Ausgangspunkt: Bushaltestelle an der Karren-Seilbahn, 458 m; Parkplatz.

Gehzeit: 6.45 Stunden.

Höhenunterschied: 1100 Hm.

Anforderungen: Meist bestens bezeichnete Wander-, Güter- und Forstwege, Pfade und Steige (kurze Steigspur und zwei Leitern). Längerer mittelsteiler Anstieg und steiler Gipfelaufschwung.

Einkehr: Alpengasthof Kühberg, Gasthof Schuttannen (Übernachtung) und Staufenalpe.

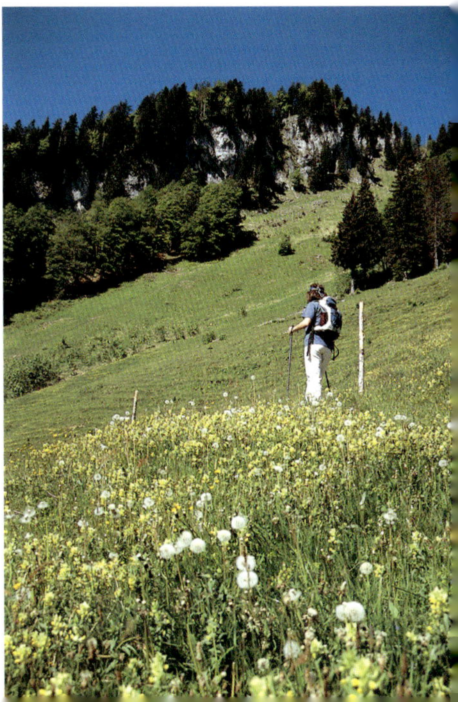

Weidegebiet der Staufenalpe unter dem schroffen Staufen.

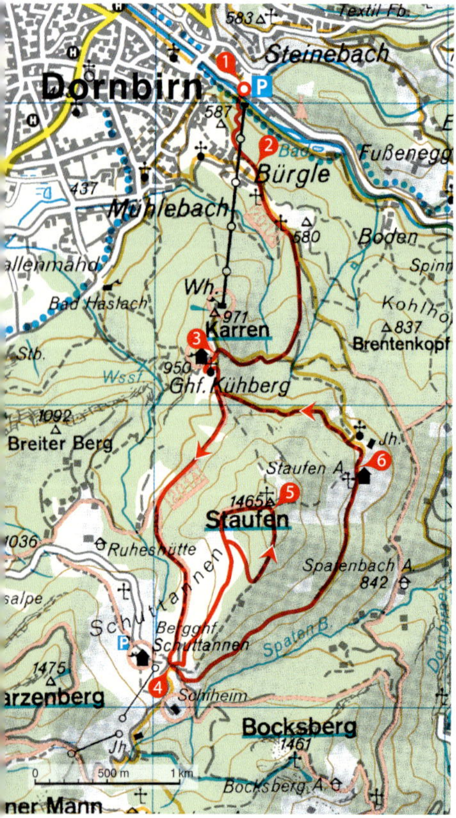

Die Beschilderung »Karren« weist an der Karren-Seilbahn in **Dornbirn (1)** über die Fußgängerbrücke der Dornbirner Ach. Ein teilweise mit Holzstufen angelegter, spürbar steigender Wanderweg wechselt später in einen Waldweg. Bei den Häusern von **Bürgle (2)**, 620 m, nimmt uns ein Güterweg auf, der zwischen zwei Bachtobeln verläuft. Teils steile Abschnitte bringen unseren Kreislauf ziemlich auf Trab. Im oberen Bereich schwenkt der Aufstieg westlich ab und zeigt sich von seiner angenehmeren Seite. Nahe dem Karren kommen wir zu dem auf einer freien Bergschulter einladenden **Alpengasthof Kühberg (3)**, 950 m. Hier beginnt der Staufen-Rundgang. In Richtung Schuttannen spazieren wir weiterhin gemächlich bergan durch den Bergwald. Wo der Rundgang unter dem Staufen als Forstweg zu fallen beginnt, lässt sich das Säntismassiv sehen. Nach kurzem Steig und der anschließenden Querung von Alpböden in einer Hochwanne erreicht man im Schuttannensattel unter den Felsabstürzen des Schönen Manns und dem bewaldeten Schwarzenberg auf einem Pfad den **Gasthof Schuttannen (4)**, 1148 m, mit Alpe.

Der Alpweg in Richtung Staufenspitze überwindet jetzt in einer Schleife einen Weidehang. Dann leitet etwas unterhalb des nach Waldschäden größeren Ausmaßes nur noch zwischendurch mit Fichten bestockten Südgrates eine dürftig markierte Steigspur hinauf zu einer kleinen Felswand. Prächtig gestaltet sich die Aussicht aufs weite Becken des Alpenrheins und ins Freschengebiet. Nach steilem Aufschwung gewinnt man über den obersten Grat den Südgipfel des **Staufen (5)**, 1465 m. Auf einem kurzen, witzigen Sprossenweg begeben wir uns in einen kleinen Sattel und statten dem nördlichen Nachbarn auch noch einen Besuch ab. Da taucht der seidene Schimmer des Bodensees aus der Versenkung auf, an den sich das sanft geschwungene oberschwäbische Hügelland anschließt. Im weiten Bogen von Nordost bis Südwest beschäftigen uns die zahlreichen Gipfel des Bregenzerwaldgebirges. Besonders lockend zeichnet sich jenseits der scharf eingekerbten Furche der Dornbirner Ach der sogenannte First scharf gegen den Berghimmel ab.

Steil leitet nach der Gipfelrast ein Steig in westlicher Richtung über einen Windwurfhang hinunter zum Beginn eines Alpwegs, der wenig später in den bekannten Weg zum **Gasthof Schuttannen (4)** mündet. Nach unbedeutendem Gegenanstieg führt die Fortsetzung des Staufen-Rundgangs zuletzt als Pfad leicht bergab zur **Staufenalpe (6)**, 1098 m. Ganz kurz davor setzt sich ein betagter, stämmiger Ahorn in Szene. Zwischendurch auf einem Forstweg bummelnd, geht's bald über Steilabstürzen meist flach in Richtung Karren-Bergstation. Kurz vor dem Alpengasthof **Alpengasthof Kühberg (3)** stoßen wir auf die bekannte Route nach **Dornbirn (1)**.

Von der Staufenalpe schaut man zum Hohen Freschen.

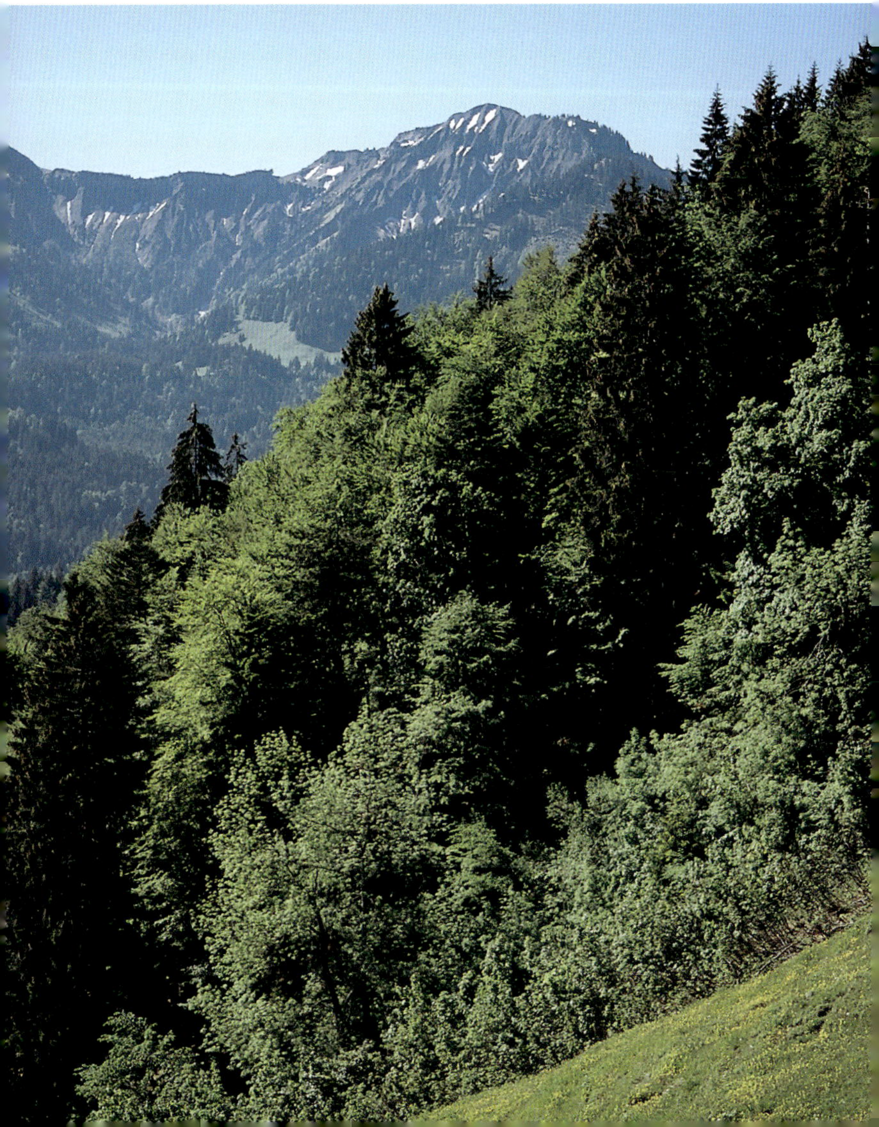

3 First und Hohe Kugel, 1645 m

Rundtour über den Treietpass ★★

Entspannendes Höhenwandern zwischen Ost- und Westalpen

Die idyllische Walsersiedlung Ebnit, bewacht von den beiden freistehenden Felstürmen der Großen und Kleinen Klara, ist über 650 Jahre alt. Dem Reizklima im fast 1100 Meter hoch gelegenen Dornbirner Stadtteil sagt man eine wahre Wunderwirkung nach. Nicht nur nahe Städter, auch Erholungssuchende und Bergwanderer aus dem weiteren Umkreis treibt es immer wieder hinauf in diese wohltuende Abgeschiedenheit. Schon allein die Anfahrt auf der abenteuerlichen Bergstraße ins Ebnit, entlang der wilden Dornbirner Ach durch die schaurig düstere Schaufelschlucht, ist ein großes Erlebnis. Doch erst die befreienden Höhen des Bregenzerwaldgebirges!

Als meistbesuchter Gipfel der Region gilt die Hohe Kugel. Wegen der leichten Erreichbarkeit, wegen der im Frühsommer betörenden Botanik, wegen seiner herausragenden Sonderstellung zwischen Ost- und Westalpen und nicht zuletzt wegen der fantastischen Aussicht. Bis in eine Höhe von 1500 Meter wälzte sich einst der Eisstrom durch die breite Talwanne des Alpenrheins hinaus ins Bodenseebecken. Die Sage erzählt, dass sich dort oben auch das Nachtvolk tummelt. Wer keine Erfahrungen im Umgang mit Hexen hat, tut demnach gut daran, rechtzeitig vor der Abenddämmerung den Abstieg hinter sich zu bringen. Der benachbarte etwa gleichhohe First, nicht zu verwechseln mit dem deutlich höheren Dornbirner First, findet dagegen deutlich weniger Zulauf.

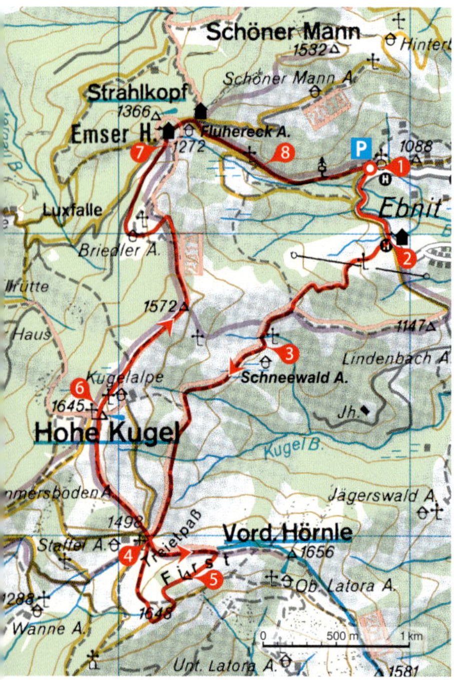

KURZINFO

Talort: Dornbirn, 437 m. Wirtschaftszentrum und größte Stadt Vorarlbergs am Austritt der Dornbirner Ach ins Rheintal. Per Zug von Bregenz erreichbar. Dornbirn Tourismus, 6850 Dornbirn, Tel. +43 5572 22188, dornbirn.info.

Ausgangspunkt: Bushaltestelle an der Kirche in Ebnit, 1075 m; Parkplatz.

Gehzeit: 5.00 Stunden.

Höhenunterschied: 800 Hm.

Anforderungen: Gut bezeichnete Pfade, Steige (ganz kurz drahtseilgesichert) und Güterwege, anfangs verkehrsfreies Sträßchen und Weidespur. Kurze Steilaufstiege. Bei Nässe unangenehm.

Einkehr: Heumöserstüble (Übernachtung), Emser Hütte (Übernachtung) und Pfarrer's Älpele.

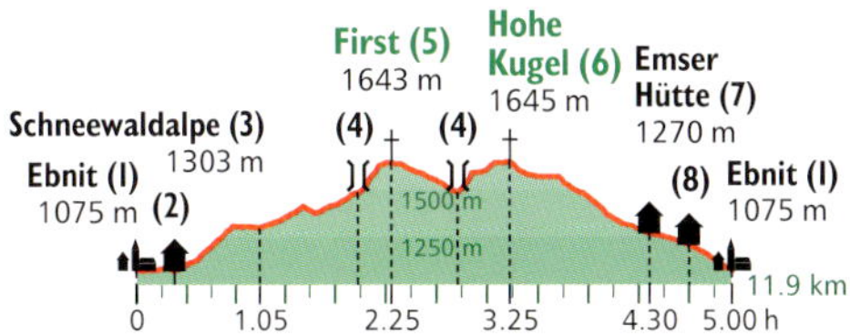

Ein verkehrsfreies Sträßchen bringt uns von der Kirche im hochgelegenen, sympathischen Bergdörfchen **Ebnit (1)** über zwei Quellbäche der Dornbirner Ach zur Heumöseralpe mit dem **Heumöserstüble (2)**, 1073 m. Dort lenkt der Wegweiser »Schneewaldalpe« auf eine steigende Weidespur, die Ausblicke zur Mörzelspitze und zum rechts davon aufragenden Alpkopf bietet. Nach Querung eines kleinen Wasserlaufs haben wir uns mit den Windungen eines anstrengenderen Waldpfades abzumühen.

Wo sich der Bergwald öffnet, zeigt sich im Süden die Pyramide des Hohen Freschen. Auf einer flachen Etappe schlendern wir nun über das bescheidene Weidegelände des Schneewaldecks mit einer winzigen Hütte und an der **Schneewaldalpe (3)**, 1303 m, vorbei, auf den First am Treietpass zu. Zur Rechten zeigt sich die Glatze der Hohen Kugel. Wieder im Wald wird ein Flyschtobel überschritten, durch den ein munteres Quellwasser plätschert. Erneut ansteigend kommt man zur Wegtafel »Oberes Fuassa«. In Richtung Treiet geht's danach ein kurzes Stück leicht bergab. Abermals gemütlich steigend sind weitere Sturzbächlein zu queren.

Vom **Treietpass (4)**, 1488 m, nahe der Staffelalpe weitet sich die Ausschau über die Rheintalebene in die Schweizer Berge. Die Beschilderung »First–Vorderhörnle« beachtend, klettert ein Steig über einen recht steilen Weidehang geradewegs empor auf den **First (5)**, 1643 m. Der Bodensee lässt etwas verschämt nur zwei Buchten sehen. Dafür beinhaltet der ringsum freie Blick über den Bergen des Laternser Tals das Gipfelreich des Rätikon. Ein Pfad führt westlich zum Aussichtskreuz auf dem höchsten Punkt. Fraxern und Rankweil, Feldkirch und der Ill-Auwald liegen uns zu Füßen.

Wir wählen jetzt den mit »Treiet–Fraxern« ausgeschilderten Pfad. Im Vergleich zu seiner Nordseite macht der First von Süden nicht viel her. Westlich um die »Weidewarze« her-

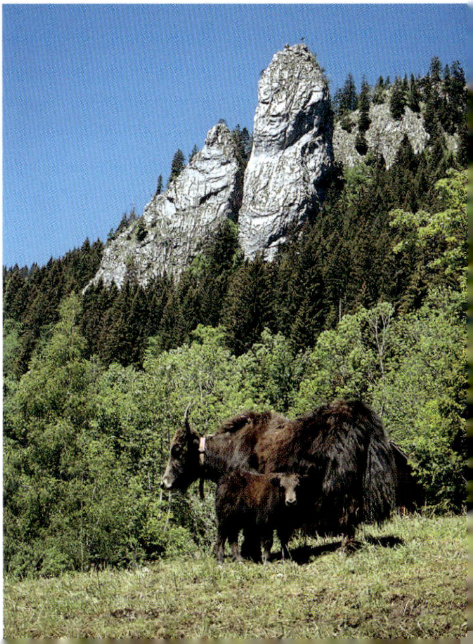

Den Ebniter Ortseingang bewachen die beiden Felstürme Große und Kleine Klara.

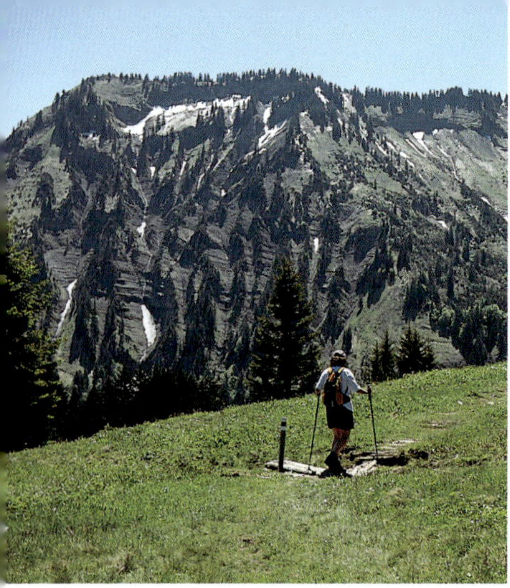

Vorderes Hörnle und First.

um geht es zurück zum **Treietpass (4)**. Ebenfalls kreislauffördernd erweist sich der Zickzack-Anstieg durch ein Fichtenjungwäldchen auf die **Hohe Kugel (6)**, 1645 m, die wir zuletzt über einen gemütlichen Bergrücken erreichen. Nur ein Katzensprung ist es ohne nennenswerten Höhenverlust zum nördlich vorgeschobenen Kugelkreuz. Von hier wird sogar die Bodensee-Verzweigung in den Untersee, Zeller See und Überlinger See sichtbar.

Über eine Viehweide bummeln wir nun zur Bergschulter Kühboden bei der Kugelalpe. Nach Überschreiten eines Höhenzugs beginnt die Route nach Ebnit erst im Wald bei einem Erdrutsch als Steig zu fallen. Es folgt ein sich zwischendurch verschmälernder und im Bereich weniger steiler Felsstufen drahtseilgesicherter Bergsporn. Ab dem Viehstall Briedler Alpe am Waldende gelangt man auf einem Alpweg hinunter zur **Emser Hütte (7)**, 1270 m, auf dem kleinen Bergsattel am Strahlkopf.

Unter einem markanten Felszahn die beiden Hütten des Fluherecks passierend kommt man zur eigenwillig gebauten Jausenstation **Pfarrer's Älpele (8)**, 1210 m. An einem Tobel bergab ist es nicht mehr weit nach **Ebnit (1)**. Als Alternativabstieg kann man auch den Pfad auf der anderen Bachseite über Schönblick wählen.

Wandergebiet Ebnit.

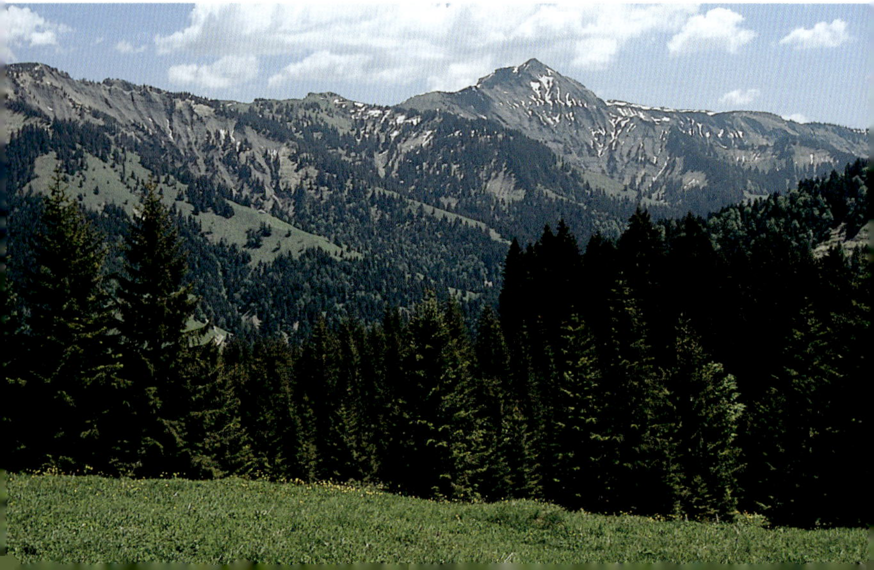

Hoher Freschen, 2004 m

4

Aus dem Laternser Tal auf dem Garnitzaweg ★★★

Einer der gefragtesten Aussichtsgipfel Vorarlbergs

Mit ziemlicher Sicherheit wurde der mit langen Graten besetzte Hohe Freschen, der wohl meistumworbene Gipfel des Bregenzerwaldgebirges, ja ganz Vorarlbergs, bereits in frühgeschichtlicher Zeit von Hirten besucht. Die Walgauer Rätoromanen nannten diesen historisch bedeutsamen Kulminationspunkt mit Weitblick ins Land der Alemannen »Walenkapf«. Bis zum Schwarzwald und Hegau, zu den Glarner und Bündner Alpen geht die visuelle Reise. Keine einzige Erhebung, die im weiten Umkreis die Schau behindern könnte. Ein Berg der Gegensätze. Sein grünes Gipfeldach, mitunter beinahe so flach wie ein Fußballplatz, stürzt in zerborstenen, 600 Meter hohen Steilflanken ab.

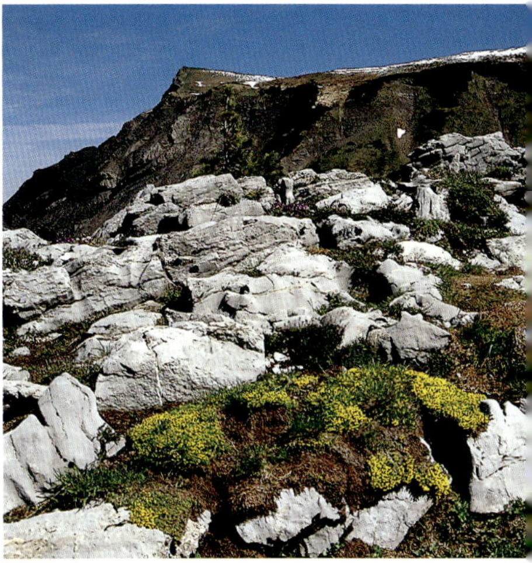

Lockend: die leichte Sonnenseite des beliebten Hohen Freschen.

Der wohl landschaftlich schönste unter den einfacheren Zugängen – man könnte ihn die Route der Wasserfälle nennen – führt aus dem hintersten Laternser Tal über die Garnitza- und Saluveralpen. Beim Freschenhaus entdecken aufmerksame Bergwanderer die Große Freschenhöhle. In gebückter Haltung kann man durchaus bedenkenlos die ersten paar Meter in die Schichtfugenhöhle eindringen. Die Gesamtlänge des Gangsystems beläuft sich gemeinsam mit der unterhalb der Hütte gelegenen Kleinen Freschenhöhle auf 823 Meter. Einen zweiten Eingang gibt es auf der Nordseite der Freschennase. Leider wurde der überwiegende Teil des ehemals reichen Tropfsteinschmucks von gedankenlosen Besuchern entfernt. Schutzpatron des nebenan stehenden Natursteinkirchleins mit Schindeldach und reizvollem Glockenturm ist der heilige Bernhard, der Schutzpatron der Bergwanderer.

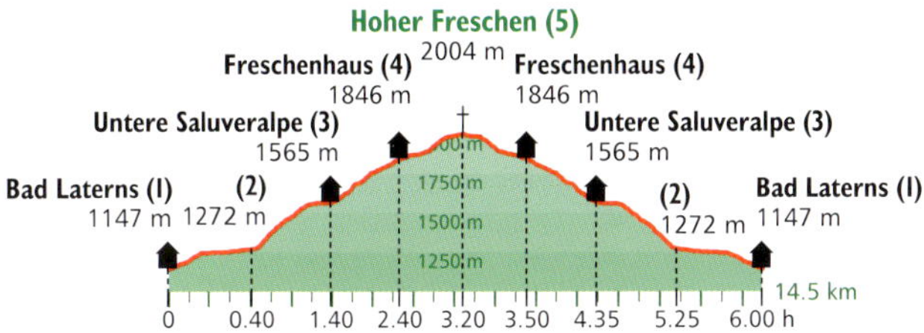

KURZINFO

Talort: Laterns, 921 m. Verstreute Walsersiedlung an den Sonnenhängen des Laternser Tals. Mit dem Bus von Rankweil erreichbar (Zug von Bregenz). Laterns Tourismusbüro, 6830 Laterns, Tel. +43 5526 2124, laterns.at.

Ausgangspunkt: Bushaltestelle am Gasthaus Bad Laterns, 1147 m; Parkplatz.

Gehzeit: 6.00 Stunden.

Höhenunterschied: 860 Hm.

Anforderungen: Vorbildlich bezeichnete Steige, Pfade und Güterwege. Längerer steiler Aufstieg.

Einkehr: Untere Saluveralpe und Freschenhaus (Übernachtung).

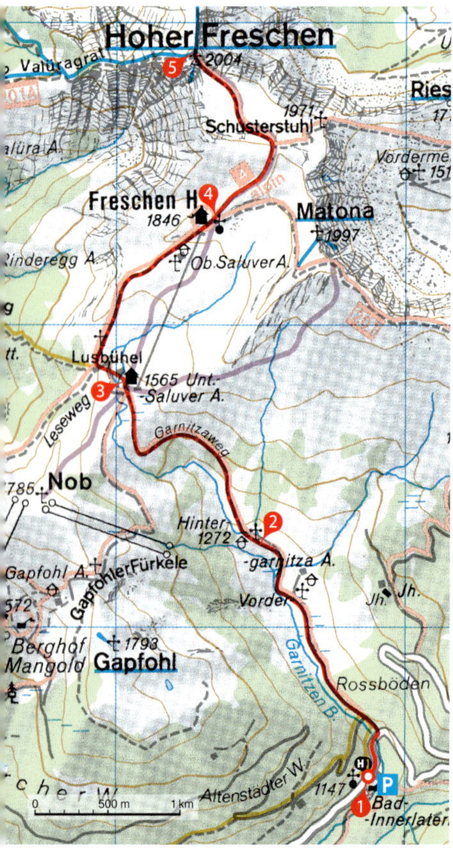

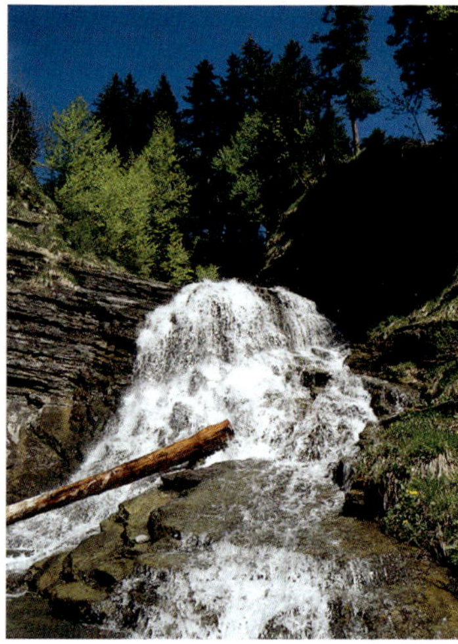

Wasserfall bei der Hintergarnitza-Alpe nahe Bad Laterns.

Wir nehmen vom Gasthaus **Bad Laterns (1)** im gleichnamigen Ort, der nur aus der Einkehr und einer Kapelle besteht, bis zur Badbrücke über den Garnitzabach mit der Furkajochstraße vorlieb. Nebenan steht noch die alte überdachte Holzstraßenbrücke. Der Garnitzaweg, ein Güterweg, steigt am brausenden Wildbach durch ein Waldtälchen in Richtung Alpe Garnitza. Bald schon stimmt der Bach eine leisere Melodie an. Wir betreten in der Zone schlecht verfestigter Flyschgesteine den malerischen Alpkessel der Vordergarnitza-Alpe, eingerahmt von steilen und nur mit einzelnen Waldflecken bekleideten Bergflanken. Durch einen felsigen Einschnitt auf der linken Talseite strömen in der Sonne glitzernde Gießbäche. Wo sich drei Wasserläufe vereinigen, gehen wir über eine Brücke.

Nach der **Hintergarnitza-Alpe (2)**, 1272 m, trägt uns bei einem versteckten, mehrstufigen Wasserfall ein Holzsteg über den ungestümen

Bergbach. Anschließend mühen wir uns über einem düsteren Tobel auf teilweise felsdurchsetztem Steig am Rand eines Weidehangs empor. Die Route quert mehrere Sturzbäche und zeigt abermals eine beeindruckende Wasserfallreihe mit anschaulicher Felsschichtung. Entlang licht bewaldeter Flanken steigt unser Steig jetzt weniger steil an. Enziane säumen den Weg. Bald treten wir hinaus auf sonnige Weideböden und erreichen die stattliche **Untere Saluveralpe (3)**, 1565 m, mit Sennereibetrieb.

Dort überschreitet man ein glasklares Bächlein und bummelt auf einem Pfad an kleinen Kaskaden zu einem Alpweg. Nach der zweiten Kehre zweigt abermals ein Pfad ab, der am »Lusbühel« (Sattel zwischen Freschen und Nob) einen Ziehweg kreuzt. Im Südosten reckt sich das Felsbollwerk der Roten Wand. Auf dem Saluverweg, einem mäßig steilen Steig, wandern wir in Richtung Freschenhaus – rechts beeindruckt der Felsenwulst der Matona – zu einem Absatz. Neben den Rätikon-Königen bestechen ein paar elegante Silvrettaspitzen. Der unverkennbare Säntis präsentiert seine gezackte Breitseite. Da kommt Lebensfreude auf! Schon nähert man sich der Oberen Saluveralpe und nach einem kleinen Aufschwung auf der Freschennase, einem grünen Schrofenrücken, dem **Freschenhaus (4)**, 1846 m, mit Kirchlein und Botanischem Garten, über dem sich die Große Freschenhöhle öffnet. Der Alpenvereinsstützpunkt der Sektion Vorarlberg überrascht sogar mit Bodenseeblick.

Abgesehen vom steilen Grassteig zwischen Freschensattel (auch Mellensattel) und Gipfelplateau erfordert der Schlussaufstieg auf dem Freschenweg zum begehrten Ziel **Hoher Freschen (5)**, 2004 m, keine Anstrengung mehr. Über wüsten Abstürzen mit einem scheinbar unendlichen Horizont kann man die Rucksackbrotzeit in vollen Zügen genießen.

Der Abstieg erfolgt auf dem Aufstiegsweg.

Säntismassiv vom Freschenaufstieg.

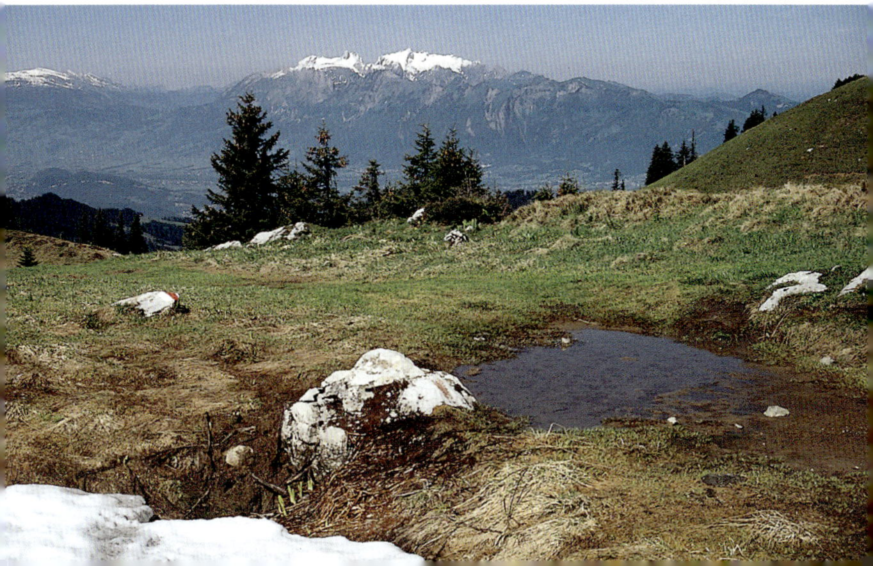

5 Hohes Känzele, 635 m

Rundtour von Feldkirch ★

Mini-Bergtour nach Altstadtbummel

Der alte Warenumschlagplatz und Bischofssitz Feldkirch im Dreiländereck lädt mit seinen heimeligen, gepflasterten Altstadtgassen kulturhistorisch interessierte Wanderer zu einem beschaulichen Bummel ein. Das Mittelalter ist hier an der Grenze zum Nachbarstaat Liechtenstein noch allgegenwärtig. Den besten Überblick über die charmante »Montfortstadt«, wegen ihrer großen Anzahl an Schulen bei der Landesbevölkerung auch gerne als Studierstädtle bezeichnet, gewinnt man vom Känzelefelsen. Wen nach dem Gipfelabstieg zur Göfiser Straße eine Tourenverlängerung reizt, der wird vielleicht in Erwägung ziehen, durch den Tilliswald und über den Hohen Sattel auf stillen Wegen weiter nach Rankweil zu wandern.

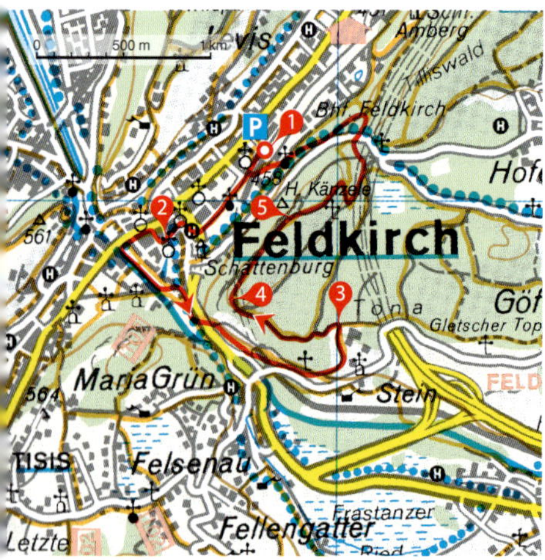

KURZINFO

Talort: Feldkirch, 450 m. Bezirkshauptstadt des Oberlandes an der Mündung der Ill ins Rheintal, nahe der Grenze zu Liechtenstein. Mit dem Zug von Bregenz erreichbar. Stadtmarketing und Tourismus, 6800 Feldkirch, Tel. +43 5522 9009. feldkirch.travel.
Ausgangspunkt: Bahnhof, 456 m; Parkplatz.
Gehzeit: 2.30 Stunden.
Höhenunterschied: 200 Hm.
Anforderungen: Bestens bezeichnete Fußgänger-, Wander- und Forstwege sowie Pfade. Lediglich ein mäßig steiler Aufstieg.

Unsere kleine Stadtvisite führt vom Bahnhof in **Feldkirch (1)** aus auf einem Gehweg an den Parkplätzen vorbei in Richtung Innenstadt und durch die Fußgänger-Unterführung in die Altstadt. Links über dem Montfortbrunnen thront die stattliche Schattenburg, die einzige noch bestehende Grafenburg Vorarlbergs.

Nach einem Rechtshaken nehmen wir am Rathaus, früher Tuch- und Kornhaus, die romantische, enge Schmiedgasse. Diese leitet uns zu den beiden gusseisernen Brunnen auf dem **Marktplatz (2)**. Die Marktstraße mit den lebendigen Häuserfronten nimmt einen gefangen. Es sind ehrwürdige Bürger- und Patrizierhäuser mit anheimelnden Laubengängen, Portalen und Erkern. Man schlendert direkt auf den bewundernswert bemalten Gasthof Lingg zu, geht im Eck links in die Kreuzgasse und an der Frauenkirche St. Sebastian und am Churer Tor vorbei in die Montfortgasse. Nach dem Wasserturm passiert man am Zunftplatz auf einem Fußgängerweg illaufwärts den Pulverturm und das Landeskonservatorium. Nach dem Park und Unterqueren der Bundesstraßenbrücke verläuft der spannende Uferwanderweg, der Walgauweg, in Richtung Känzele am Klettergarten vorbei durch die Illschlucht.

Am oberen Ende des Göfiser Ortsteils **Stein (3)**, 535 m, beachten wir weiterhin die Beschilderung »Känzele« und wandern auf einem Waldweg fortwährend leicht bergan durch den Steinwald. Ab einer Kehre leitet der linke Pfad erst mal zum Aussichtspunkt **Niederes Känzele (4)**, 583 m. Wir befinden uns an der Südwestecke der von leuchtenden Felsriegeln geprägten helvetischen Gebirgszone, die hier in einen Flyschstreifen mit weicheren Formen wechselt. Von den Ruhebänken begeistert neben der unerwartet schö-

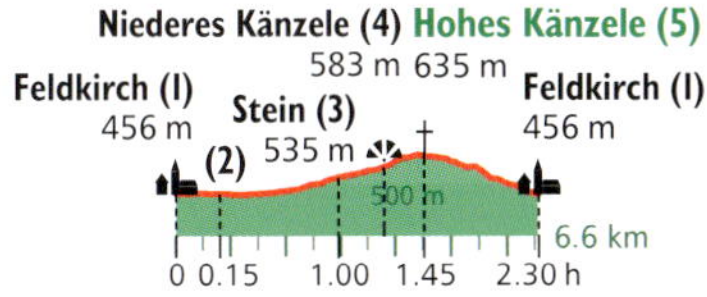

nen Aussicht in die eidgenössische Bergwelt ein überwältigender Tiefblick auf die eng gedrängten Häuser des Altstadtkerns. Weitere Ausblicke bereichern die Route zum Miniaturgipfel **Hohes Känzele (5)**, 635 m.

Der Richtungszeiger »Gasserplatz« weist nun auf talwärts führende Forstwegkehren. Kurz vor der Einmündung in die Straße nach Göfis halten wir uns an die Abzweigung zur Schattenburg. Der teilweise mit Holzstufen angelegte Pfad quert später die Straße. Zuletzt kommen wir auf einem Fahrweg an der Elendbild-Kapelle vorbei und treffen kurz darauf wieder am Bahnhof in **Feldkirch (1)** ein.

Bei Feldkirch öffnet sich der Walgau zum Rheintal.

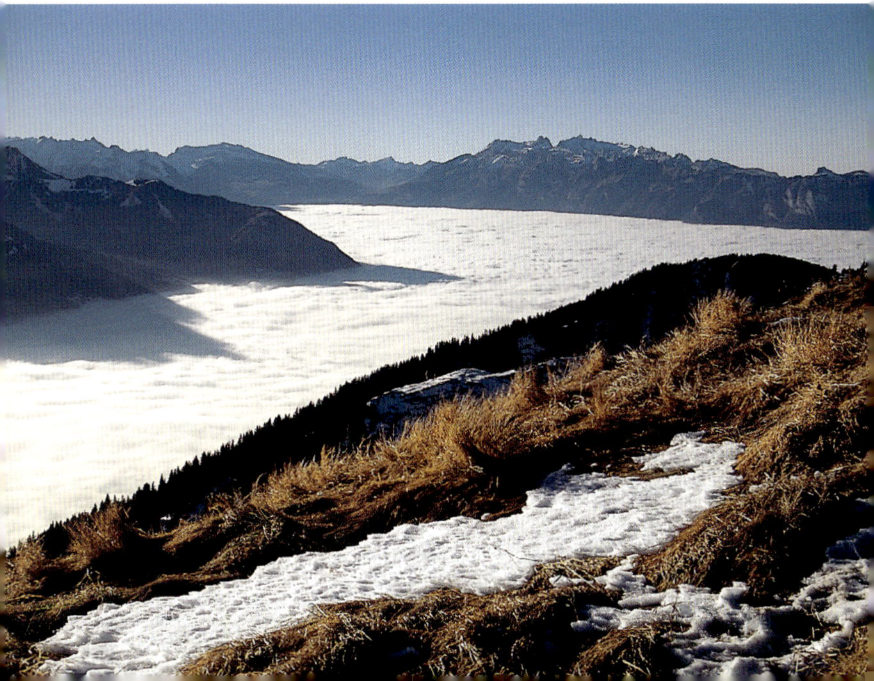

6 Kuhspitze und Hüttenkopf, 1976 m

Rundtour über die Tälispitze ★★★

Auf den kitzligen Grasschneiden des Walserkamms

Man muss schon genau wissen, was man sich und seinen Begleitern zutrauen darf, wenn man zwischen dem Laternser Tal und dem Großen Walsertal die packende Überschreitung eines der anspruchsvollsten Abschnitte des Walserkamms ins Auge fasst. Neckisch scharfe Rasenschneiden über beiderseits jäh abstürzenden Bergflanken und exponierte, mit dürftigen Tritten besetzte Schrofenrippen dulden kein ängstliches Zaudern, aber auch keinen Übermut. Bergsteigerischer Kennerblick und die uneingeschränkte Fähigkeit souveränen Überwindens wechselnder Schwierigkeiten sowie vollständig abgetrocknete Grate sind hier unverzichtbar.

Die aus steilsten, berüchtigt lawinenträchtigen Flyschflanken aufgebaute Gipfelkette, durch eine ganze Reihe von wilden Tobelkerben gegliedert, erstreckt sich vom Muttkopf bei Düns bis hin zum Furkajoch. Unsere Drei-Gipfel-Tour beinhaltet den einzigen Zweitausender des gesamten Kammverlaufs: die Tälispitze. Sie ist das erste und leichteste Ziel der spannungsgeladenen Unternehmung. Im Übrigen: Sämtliche »Spitzen« dieser Region werden von den Walsern »Spitz« genannt.

Luftig: die Grattour Tälispitze – Kuhspitze (vorne).

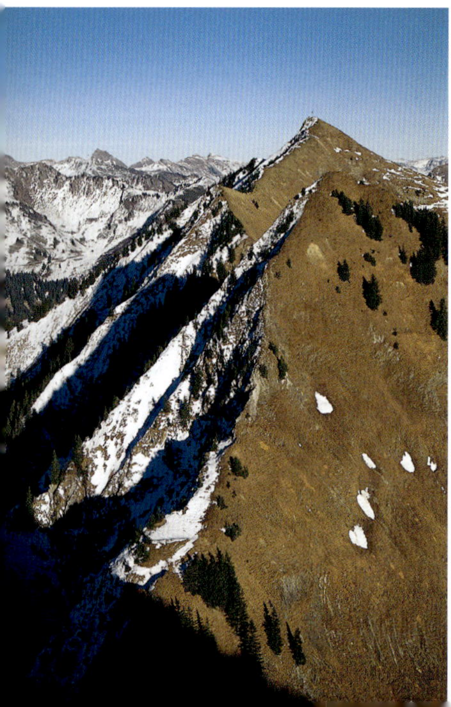

KURZINFO

Talort: Thüringerberg, 877 m. Streusiedlung am Südhang des Walserkamms. Bus ab Bludenz (Zug ab Bregenz). Großes Walsertal Tourismus, 6700 Bludenz, Tel. +43 5554 5150, vorarlberg-alpenregion.at.

Ausgangspunkt: Bushaltestelle am Feuerwehrhaus, 877 m; Parkplatz an der Kirche.

Gehzeit: 7.30 Stunden.

Höhenunterschied: 1300 Hm.

Anforderungen: Teilweise bezeichnete Pfade, Steige und längere ausgesetzte Steigspuren sowie Güter- und Forstwege. Kurze Steilaufstiege. Nur für Geübte mit guten Nerven und Erfahrung im kniffligen Steilgras. Kleine, leichte Schrofenkletterei (I), meist gut gestuft. Trittsicherheit, Schwindelfreiheit, Ausdauer und zuverlässiges Wetter erforderlich. Keinesfalls bei Nässe! Bis zur Tälispitze mittelschwer.

Einkehr: Alpenheim Gaßneralpe (Übernachtung).

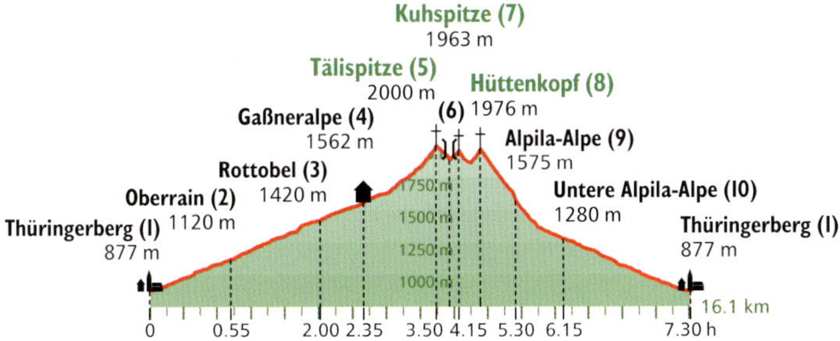

Beim Gemeindeamt in **Thüringerberg (1)** beginnt ein asphaltierter Güterweg, der hauptsächlich über Bergwiesen in weiten Schleifen zur verstreuten Parzelle **Oberrain (2)**, 1120 m, ansteigt. Von Anfang an begeistert jenseits des Walgaubeckens der westliche Rätikon mit dem kühnen Felsenhorn Zimba und der eisbedeckten Schesaplana. Hinter dem Hohen Frassen, zu dessen Füßen sich auf der anderen Seite der Lutz-Waldschlucht die verstreute Walsersiedlung Raggal hinbreitet, erspäht man das stattliche Felstrapez der Roten Wand.

Ein bis zu einem Ausblick noch asphaltierter Forstweg wechselt an einer Verzweigung in Richtung St. Gerold in einen flachen Waldweg und kurz darauf in einen Pfad, der abschüssig an steilen Wald- und Strauchhängen entlang führt. Dabei tritt in einer Kehre völlig unvermutet

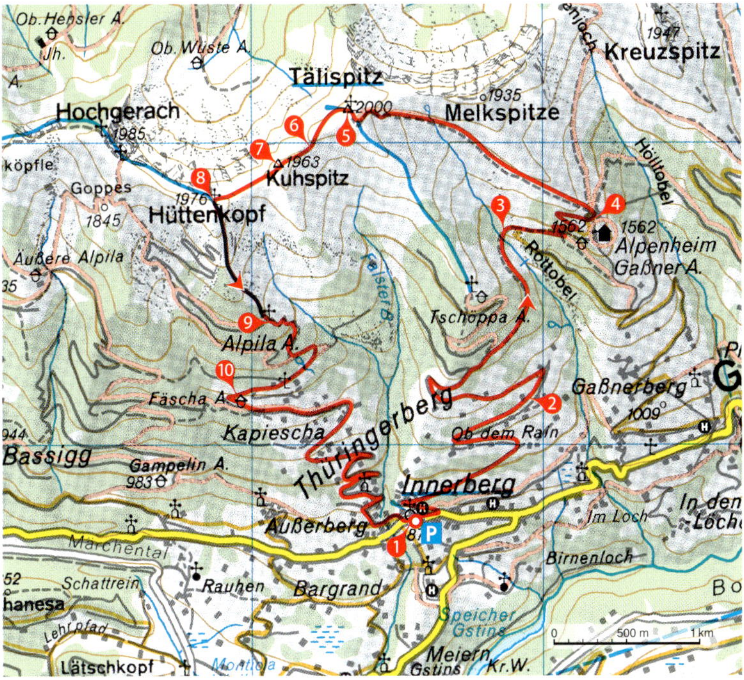

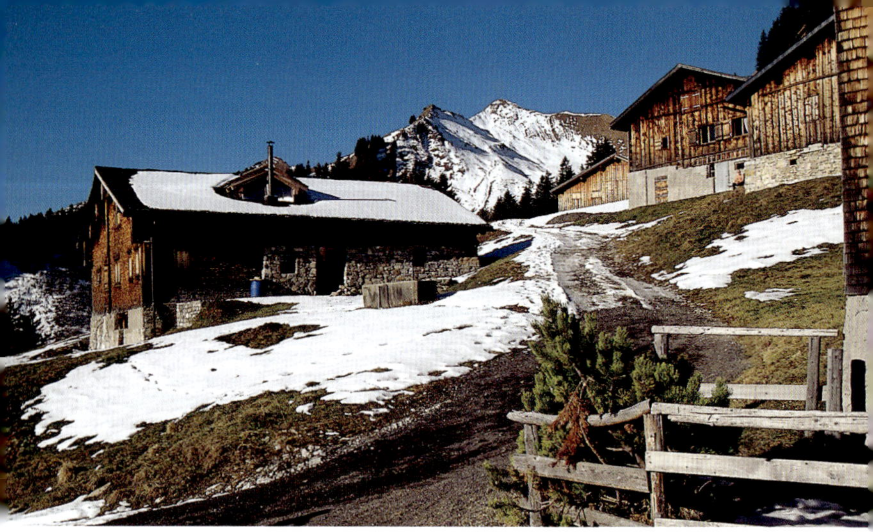

Die Tälispitze über der Gaßneralpe, der höchste Gipfel des Walserkamms.

westlich des Frassen der rundliche Regent Vorarlbergs auf, der Piz Buin. Wir überschreiten den **Rottobel (3)**, 1420 m, und gelangen zuletzt auf dem von St. Gerold über Gaßnerberg kommenden Güterweg zum Hüttendörfchen **Gaßneralpe (4)**, 1562 m, mit Tiefblick auf das Dörfchen Marul. Die Mischalpe mit einem knappen Dutzend Schweinen und das bewirtschaftete Alpenheim stehen auf einer Geländestufe am Südostrücken der Melkspitze. Hier wird eine Alpsennerei betrieben.

Nach einer Stärkung weist die Tafel »Tälispitze« auf einen Ziehweg. Dieser quert in angenehmer Steigung die von Lawinenabgängen gezeichnete Flanke der Melkspitze hinein ins sogenannte Täli. Ein Pfad leitet zu einem winzigen Schuppen in einer Weidemulde. Vom Fuß des ersten Gipfelziels mühen wir uns auf einem kräftig anziehenden, spärlich markierten Steig empor und streben über den felsdurchsetzten Südostgrat ohne jegliche Probleme der **Tälispitze (5)**, 2000 m, zu. Im Norden erheben sich über dem Laternser Tal der Hohe Freschen und die Matona. An klaren Tagen reicht die Sicht bis zum »Schwäbischen Meer«. Über Marul beschäftigen uns hinter dem Lechquellengebirge das westliche Verwall mit der herausragenden Felskrone des Patteriol und die fast vollständig zu sehende Silvretta.

Nun geht's an den kernigen Mittelteil. Auf dem mit einzelnen mickrigen Wetterfichten verzierten, südwestgerichteten Grasgrat leiten Steigspuren, zuletzt mit kitzliger Schau in das nördliche Kar, zu einer **Scharte (6)**, 1890 m. Der ausgesetzte Abstieg erfordert Schwindelfreiheit. Jeder einzelne Tritt will gewissenhaft gesetzt sein. Über ein paar Absätze erklimmen wir dann auf weiterhin anregender und begrünter Schneide die **Kuhspitze (7)**, 1963 m. In ihrer ganzen Pracht entfaltet sich vom Gipfel Nummer zwei die Talschaft des Montafon.

Beim technisch ein wenig anspruchsvollen, steilen Gratabstieg in die folgende Scharte, 1870 m, wird eine Schrofenrippe links auf meist guten Tritten umgangen, was eine leichte, aber sorgsame Kletterei (I) erfordert. Ein wieder deutlich ausgetretener, harmloser Steig führt uns schließlich im Zickzack an Lawinenverbauungen entlang auf den **Hüttenkopf (8)**, 1976 m. Aller guten Dinge sind drei: Aufatmend fällt die Anspannung von uns ab.

Auf dem südseitigen, im unteren Teil bewaldeten und vergleichsweise gemütlichen Grasrücken zur **Alpila-Alpe (9)**, 1575 m, lässt sich jetzt unbeschwert die Blütenpracht bewundern. Die Wandermarkierung lenkt zwischen den Hütten hindurch auf einen undeutlichen Pfad, der die obersten Güterwegschleifen abkürzt. Der ab der **Unteren Alpila-Alpe (10)**, 1280 m, asphaltierte Kapieschaweg über steile Bergwiesen an verstreuten Höfen vorbei nach **Thüringerberg (1)** entpuppt sich als recht genussreicher Panorama-Abstieg.

Blick von Thüringerberg übers Walgaubecken in den zentralen Rätikon.

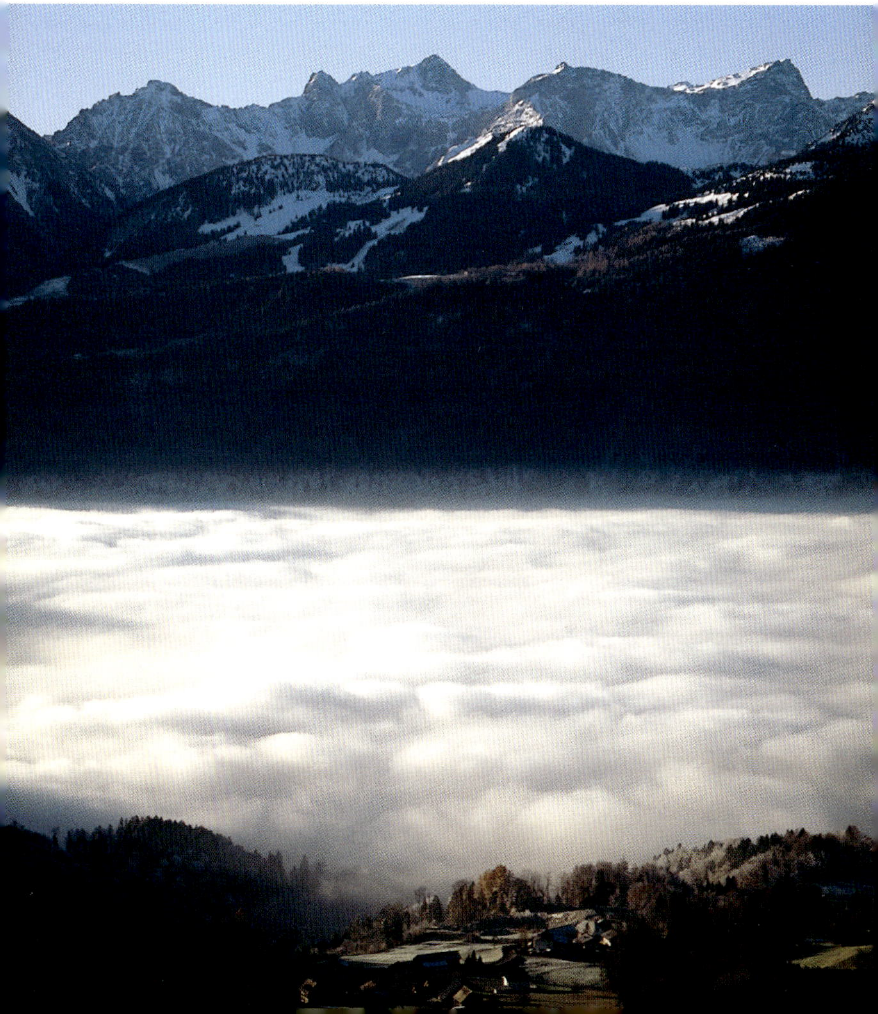

7

Falvkopf, 1849 m

Teilrunde von Blons

★

Wo im Winter die Lawinen donnern

Überragt von steilen Waldflanken liegt hoch über der »unzivilisierten« Lutzfurche die heimelige Walsertaler Streusiedlung Blons. Eine Gebirgsidylle? Im Winter bergen die zwischen dem Schutzwald und vor allem darüber bloßliegenden Graspleisen nach anhaltendem Neuschneezuwachs, bei Windverfrachtung oder plötzlicher Erwärmung eine große Gefahr. Den Wert eines Schutzwaldes kann man erst ermessen, wenn dieser seine Schutzfunktion verliert oder wenn er fehlt und somit technische Vorkehrungen erforderlich werden. Immer wieder haben schwere Lawinenabgänge das Große Walsertal überschattet und unvorstellbare Not über die Bevölkerung gebracht. Am 11. Januar 1954 wurden allein in der Gemeinde Blons 115 Bewohner verschüttet, 57 davon fielen dem Weißen Tod zum Opfer. Die verheerenden Schneewalzen fegten zahlreiche Bauernhöfe und Alphütten weg wie Spielzeughäuschen. Allein 18 Höfe gingen auf das Konto der Falvkopflawine. Diese Katastrophe war Anlass zu umfassenden Lawinenverbauungen in vielen österreichischen Gebirgsregionen. Um die winterlichen Probleme und die daraus folgenden Maßnahmen vor Ort ein wenig näher kennen zu lernen, bietet sich der eigens zu diesem Zweck angelegte Rundwanderweg auf das heute weitgehend »gezähmte« Lawinenungeheuer Falvkopf an.

KURZINFO

Talort: Blons, 903 m. Streusiedlung auf der Sonnenseite des mittleren Großen Walsertals. Bus ab Bludenz (Zug ab Bregenz). Großes Walsertal Tourismus, 6700 Bludenz, Tel. +43 5554 5150, vorarlberg-alpenregion.at.

Ausgangspunkt: Bushaltestelle in Esch, 300 m vom Ortsende taleinwärts, 890 m; Parkplatz kurz vorher.
Gehzeit: 6.00 Stunden.
Höhenunterschied: 960 Hm.
Anforderungen: Bestens bezeichnete Güterwege und Steige, anfangs Mautsträßchen. Mäßig- und mittelsteile Anstiege.

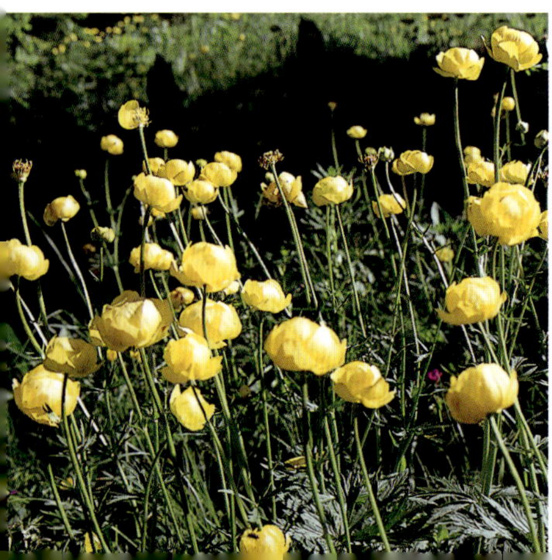

An der Bushaltestelle in **Esch (1)**, 300 Meter nach dem Ortsende von Blons, beginnt das über aussichtsreiche Bergwiesen und durch kleine Waldflecken ansteigende Mautsträßchen in Richtung Hüggen. Dieses windet sich an den Parzellen Walkenbach und **Valentschina (2)**, 1180 m, vorbei bis zum Valentschina-Parkplatz am Beginn des Bergwaldes.

Trollblumen säumen den Aufstieg zum Falvkopf.

Talauswärts liegt unter dem Hohen Frassen das schmucke Walserdorf Raggal. Über den Häusern von Garsella ragt die Kellaspitze auf, links davon das etwas höhere Breithorn, und jenseits des Ladritscher Tobels zeigt sich das grüne Türtschhorn. Feierlich gestaltet sich auch die alpine Umrahmung des Talschlusses. Auf einem schattigen Güterweg wandern wir hinauf zu den beiden am Südfuß des Falvkopfs auf einer Lichtung stehenden Hütten von **Hüggen (3)**, 1480 m. Hier wird nun auch der Blick zu den hohen westlichen Rätikonbergen mit dem Brandnertal und in den Walgau frei.

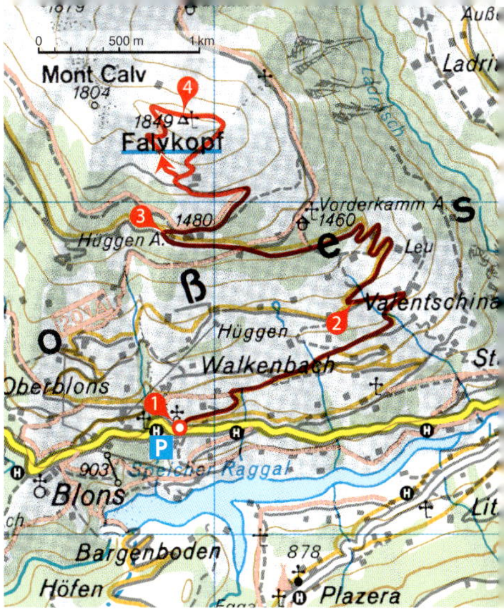

Unser Güterweg in Richtung Falvkopf verschwindet daraufhin wieder im Wald. An den zwei Arbeiterhütten für die Lawinenschutzbauten setzt der Falvkopfrundweg an. Wir folgen dem mit gelben Punkten ausgewiesenen Verbauungsweg vorschlagsweise erst nach links in nordwestliche Richtung. Schon 1907 begannen an diesen Hanglagen die Verbauungs- und Aufforstungsmaßnahmen. Im engen, kräfteschonenden Zickzack bringt uns der vorzüglich angelegte Steig zum Beginn der leider unschönen, aber nun mal bitter notwendigen, wehrhaften Stahlträgerkonstruktionen.

Wo das schlanke Kirchlein von Blons in Erscheinung tritt, löst an der natürlichen Waldgrenze ein Jungwald die alten Baumbestände ab. Alpenrosen und Blaubeeren stricken einen dichten Zwergstrauchteppich. Wir stehen jetzt mitten im Schussfeld der einstigen Hüggenlawine. Beim Unterqueren der Verbauungsmonster gilt es das Kopfeinziehen nicht zu vergessen. Vom **Falvkopf (4)**, 1849 m, schaut man nordseitig zu den beiden Alpsiedlungen Sera-Alpe und Hinterkammalpe über dem Ladritscher Tobel. Der aufschlussreiche Überblick zeigt nun auch die Gipfel des Walserkamms sowie die Bergspitzen ums Furkajoch und um Damüls.

Auf dem anfangs ostgerichteten Abstieg, in gleicher Manier und ebenfalls mit dem gelben Punkt bezeichnet, trifft man noch alte Holzverbauungen an. An einer Gabelung entscheidet man sich für die linke Variante und stößt bald darauf bei den Arbeiterhütten wieder auf den bekannten Güterweg nach **Esch (1)**.

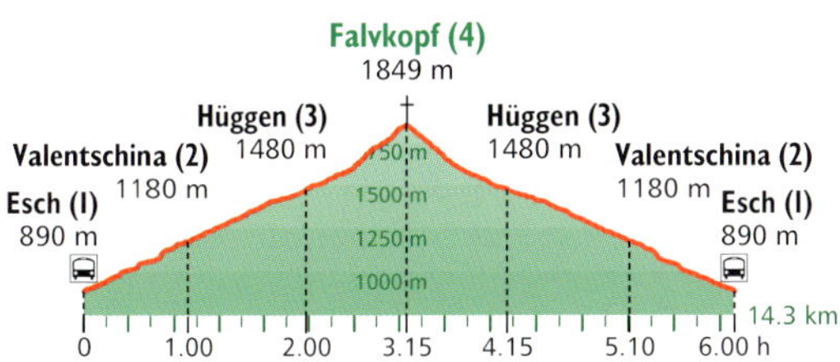

8 Brüggelekopf, 1182 m

Rundtour über Kaltenbrunnen ★

Vorgebirgs-Ausflug im Äußeren Bregenzerwald

In Alberschwende stehen mehrere alte Wälderhäuser, die nach gelungener Tour einen kleinen Dorfspaziergang lohnen. Im örtlichen Heimatmuseum kann man die früher übliche Raumaufteilung bestaunen: Küche, Stube und Gaden. Der Ort liegt auf einer unbenannten Passhöhe zwischen dem Rheintal und dem Tal der Bregenzer Ach. Der einstige Rheingletscher hat diesen Bergsattel bei seinem »Überfließen« ausgeweitet.

Das sanfte Vorgebirge um Alberschwende mit dem malerischen Mosaik aus Weilern, Wald- und Wiesenflecken überblickt man am besten auf dem direkt am Dorfrand fußenden Brüggelekopf. Über den südwestlich unterhalb gelegenen Lorenapass sollen die ersten Siedler in den Bregenzerwald gekommen sein.

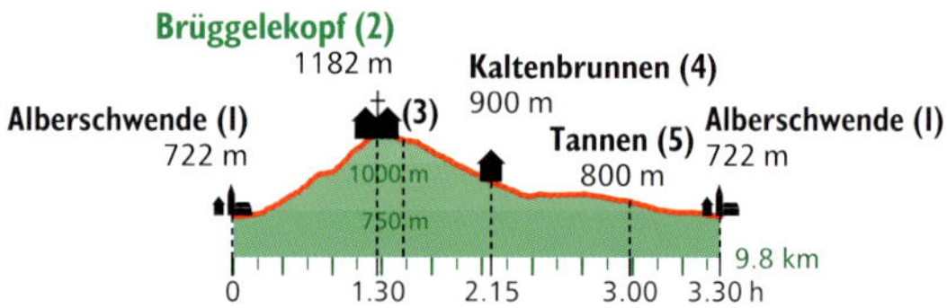

KURZINFO

Talort: Alberschwende, 722 m. Erholungsort überm Tal der Bregenzer Ach, am Eingang vom Rheintal in den Vorderwald. Bus von Dornbirn (Zug von Bregenz). Tourismusbüro, 6861 Alberschwende, Tel. +43 5579 4233, alberschwende.at.

Ausgangspunkt: Bushaltestelle am Kirchplatz, 722 m; Parkplatz.

Gehzeit: 3.30 Stunden.

Höhenunterschied: 480 Hm.

Anforderungen: Gut bezeichnete Pfade, Wander- und Alpwege. Überwiegend steiler Aufstieg.

Einkehr: Alpengasthof Brüggele (Übernachtung) und Wirtshaus Alpenrose (Übernachtung) in Kaltenbrunnen.

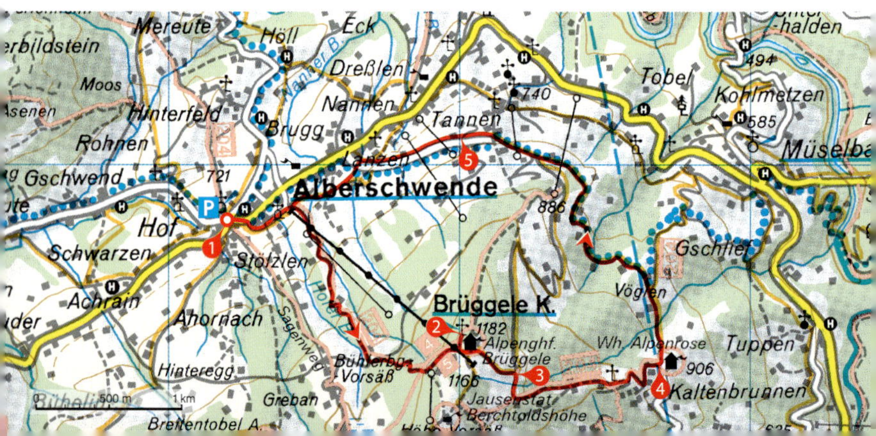

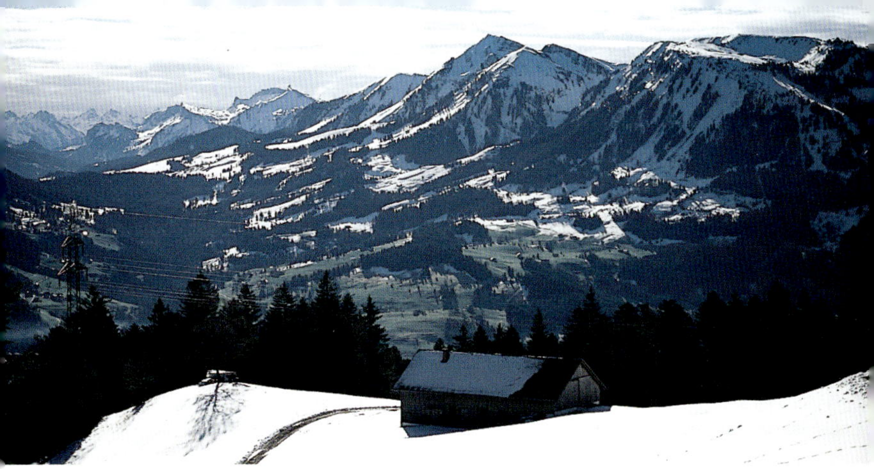

Auf dem Brüggelekopfabstieg zeigt sich die Winterstaude.

Vom Kirchplatz in **Alberschwende (1)** mit der 800-jährigen Linde folgen wir ein kurzes Stück der Bregenzerwaldstraße in Richtung Müselbach, bis bei einem Kirchlein die Beschilderung »Brüggelekopf« auf das Sträßchen zum Ortsteil Bühel weist. Dort zweigt bei einem Marienhäuschen die rot-weiß markierte Route in Richtung Brüggelekopf ab. Wenig später leitet leitet ein Anliegersträßchen aufwärts über Wiesen. Vor dem oberen zweier Häuser finden wir rechts eine Grasspur. Die gewohnte Farbmarkierung zeigt uns, dass wir auf dem richtigen Weg sind. Die schweißtreibende Aktion über den steilen, sonnigen Hang empor eröffnet herrliche Tiefblicke auf das hübsche Dorf.

Nach einer Hütte mühen wir uns den wurzeligen und knackigen Pfad bergan zum Alpengasthof Brüggele und erreichen in Kürze den **Brüggelekopf (2)**, 1182 m. Prächtige Ausblicke ergeben sich auf Bodensee und Appenzeller Berge, Bregenzerwaldberge und Allgäuer Alpen.

Der Waldschopf des Brüggelekopfs bei Alberschwende.

Zurück am Alpengasthof Brüggele weist das Schild »Kaltenbrunnen« auf einen asphaltierten Alpweg, beim **Brüggele-Vorsäß (3)**, 1120 m, auch Alpe Unterbrüggele, auf einen Feldweg. Wir überschreiten ein Bächlein und spazieren erst auf einem Waldpfad und später auf einem Güterweg bergab zur Feriensiedlung mit dem Gasthaus Alpenrose in **Kaltenbrunnen (4)**, 900 m.

Der Wanderweg in Richtung Alberschwende mündet bald in einen Alpweg. Beim Beginn des Asphalts in der Parzelle Vöglen achte man auf die linke Abzweigung. Über die Lichtungen nördlich um den Brüggelekopf herum und an den Häusern von **Tannen (5)**, 800 m, und Lanzen vorbei geht es, zuletzt auf einem Pfad, zurück nach **Alberschwende (1)**.

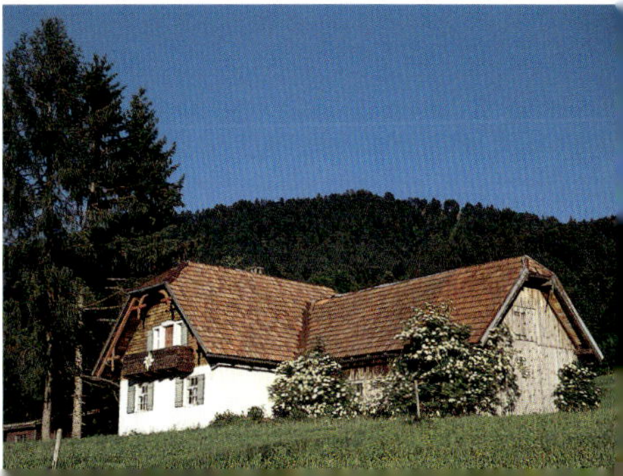

9 Hochälpelekopf, 1464 m

Rundtour vom Bödele ★

Gipfelziel für alle Fälle

Der rheintalseitig bis zum Scheitel hinauf bewaldete Hochälpelekopf ist ein beliebter Aussichtsberg und ein alter Skiberg der Dornbirner. Seine einfache Besteigung wird nicht nur durch Fernblicke bis in den Rätikon belohnt, sondern gewährt auch eine prächtige Schau aufs Fohramoos. In der von Spirken bewachsenen, über 1100 Meter hoch gelegenen Moorlandschaft gedeihen neben Wollgräsern, verschiedenen Seggen- und Beerenarten sowie Torf- und Laubmoosen unter anderem auch die Rosmarinheide und der Rundblätterige Sonnentau. Sehenswert ist der hinter der Bödele-Kapelle versteckte, waldumschlossene Bödelesee.

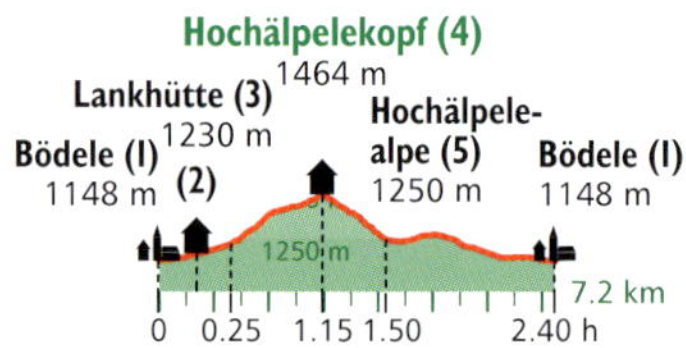

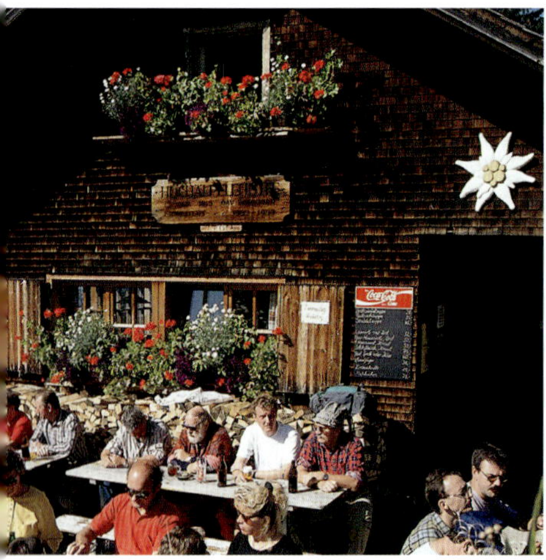

Heimelig: die Hochälpelehütte.

KURZINFO

Talort: Schwarzenberg, 696 m. Malerisches Dorf über dem Bregenzer-Ach-Tal, Mittlerer Bregenzerwald. Mit dem Bus von Dornbirn erreichbar (Zug von Bregenz). Tourismusbüro, 6867 Schwarzenberg, Tel. +43 5512 3570, schwarzenberg.at.
Ausgangspunkt: Bushaltestelle in Bödele auf der gleichnamigen Passhöhe, 1148 m; Parkplatz.
Gehzeit: 2.40 Stunden.
Höhenunterschied: 360 Hm.
Anforderungen: Gut bezeichnete Alpwege und Pfade. Kurzer mittelsteiler Anstieg.
Einkehr: Meierei Oberlose und Hochälpelehütte (Übernachtung).

Die ursprünglichen Vorsäßhütten auf dem **Bödele (1)** werden heute als Ferienwohnungen vermietet. Das Schild »Lank über Oberlose« lenkt uns auf dem Gehsteig zu einem Weidedurchgang. Dort beginnt ein Alpweg. An Ferienhäuschen leicht bergan wandernd gelangen wir unter einem Schlepplift hindurch zur alten **Meierei Oberlose (2)**, 1185 m, und beim Lanklift zur **Lankhütte (3)**, 1230 m. Hier wechselt die Route in einen breit ausgetretenen Pfad. Die gelbweiße Markierung weist uns stets unmissverständlich den richtigen Kurs. Im Bereich des Skilifts mühen wir uns nun mittels Kehren den grasigen Lankhang hinauf. Immer weiter schweift das neugierige Auge über den Bodensee.

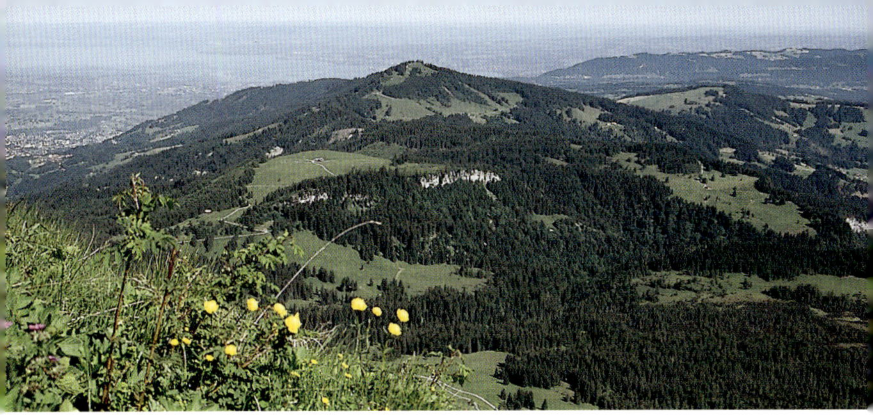

Hochälpelekopf von Süden.

Vom Aussichtspunkt mit dem Lankkreuz, 1360 m, bietet sich ein schöner Tiefblick zur Bödele-Bergschulter mit dem Naturschutzgebiet Fohramoos. Dort unten begegneten sich einstmals die sowohl aus der Silvretta wie auch aus dem Gebiet des Bregenzerwaldes »herbeiströmenden«, unvorstellbaren Massen der Eiszeitgletscher. Erhebliche Waldschäden fressen sich wie ein Geschwür die Berghänge hinauf.

Über den bewaldeten Höhenrücken streben wir nun gemütlicher dem **Hochälpelekopf (4)**, 1464 m, entgegen. Kurz vor dem höchsten Punkt öffnet sich unerwartet der Blick übers weite Rheintal. Leider behindern die Bäume etwas die Aussicht. Unter anderem bereichern auch die Allgäuer Berge und das Lechquellengebirge die Rundschau. Nach Norden zu dehnen sich die sanft geschwungenen Molasse-Bergwellen des Vorderen Bregenzerwaldes aus.

Nur ein paar Schritte sind es hinunter zur netten, kleinen Hochälpelehütte der Alpenvereinssektion Vorarlberg. In südliche Richtung führt uns anschließend eine Fahrspur über sonniges Weidegelände talwärts. Unter uns dehnen sich Feuchtwiesen aus. Bald treffen wir bei der **Hochälpelealpe (5)**, 1250 m, ein, ehemals Hämmerlesälpele genannt. Nebenan lohnen die Benediktuskapelle und der Tümpel mit spezifischer Pflanzen- und Tierwelt einen Blick. Der Weißenfluhweg, ein Alpweg, führt mit kleinem Gegenanstieg unter unserem Gipfelziel vorbei und durch Wald und über Alpweiden zurück nach **Bödele (1)**.

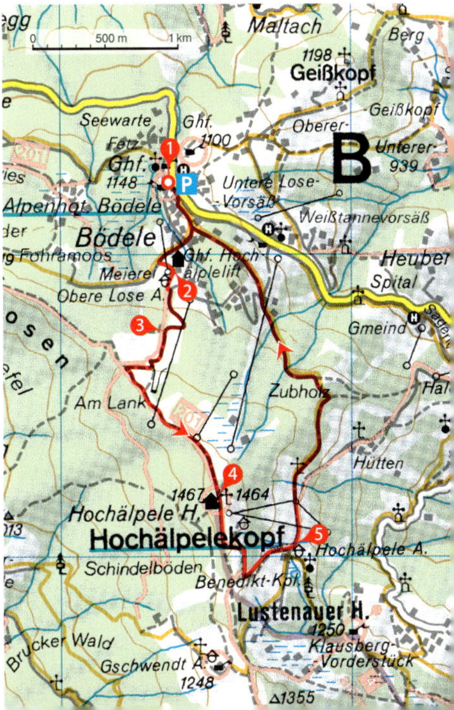

10 Hittisberg, 1328 m

Rundtour über den Westgipfel ★

Allgäuer Ableger zwischen Bolgenach und Subersach

Die bescheidene Gipfelhöhe des Hittisbergs könnte eine gemächliche Waldbummelei vortäuschen. Wer sich diesen Dorfberg am Rand der Allgäuer Alpen jedoch als Auftakt für die neue Bergsaison ausgewählt hat, dessen Kreislauf wird möglicherweise wahre Kapriolen schlagen. Der Anlass, wieso man auf den Hittisberg steigt, liegt natürlich nicht im Hang zur Askese begründet, sondern neben der kurzweiligen Routenführung in der kitzligen Talschau und den herrlichen Weitblicken bis zu den Schweizer Gipfeln.

Eine alte Chronik weiß im Übrigen davon zu berichten, dass die einsame und geheimnisvolle Felswildnis der Fluhen und Höhlen hinter dem Hittisberg von jeher die Fantasie der Talbewohner beschäftigt hat. Die fleißigen Venedigermännlein sollen dort nach Golderz gegraben haben: »Hiodum Hittisberg hieud vor uralta Zita in Flühna und Höhla d'Venediger g'husat. Das sieud Männdle und Wible gsing, ganz klinn Lüt, frumm und gschid.«

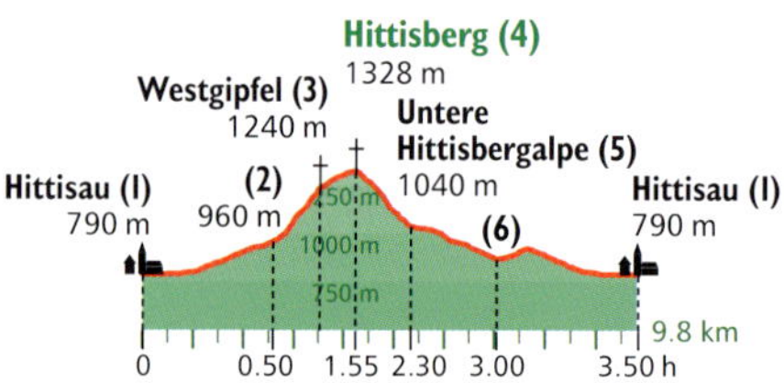

KURZINFO

Talort: Hittisau, 790 m. Metropole des Vorderen Bregenzerwaldes auf kleiner Wiesenebene zwischen Bolgenach und Subersach. Mit dem Bus von Dornbirn erreichbar (Zug ab Bregenz). Hittisau Tourismus, 6952 Hittisau, Tel. +43 5513 6209250, hittisau.at.

Ausgangspunkt: Bushaltestelle am Gemeindeamt, 790 m; Parkplatz.

Gehzeit: 3.50 Stunden.

Höhenunterschied: 590 Hm.

Anforderungen: Gut bezeichnete Güterwege und Steige, kurze Pfadspuren. Längerer sehr steiler Aufstieg. Bei Nässe nicht empfehlenswert.

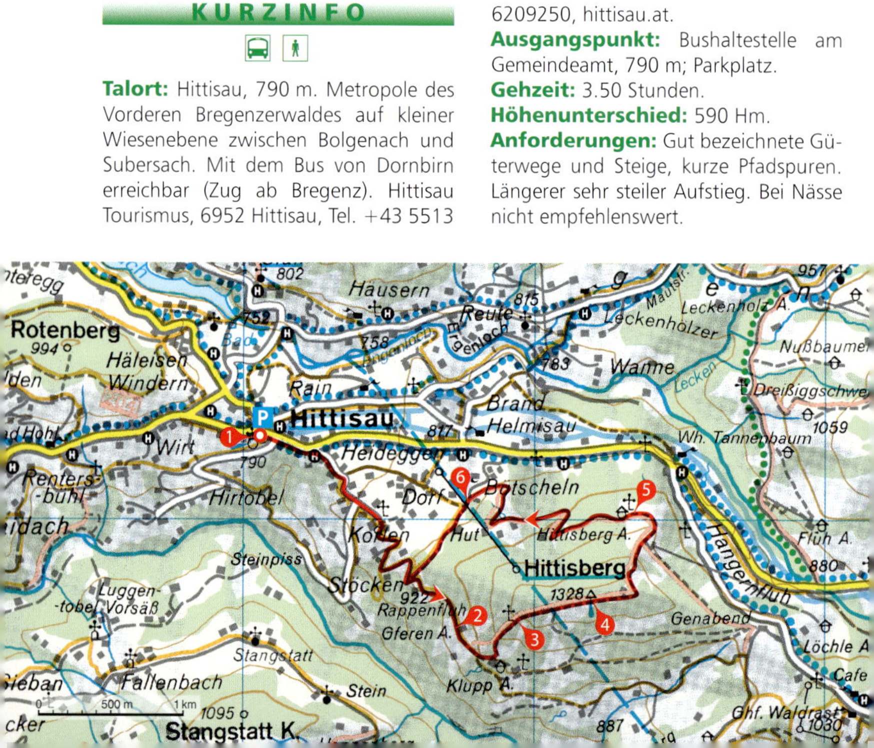

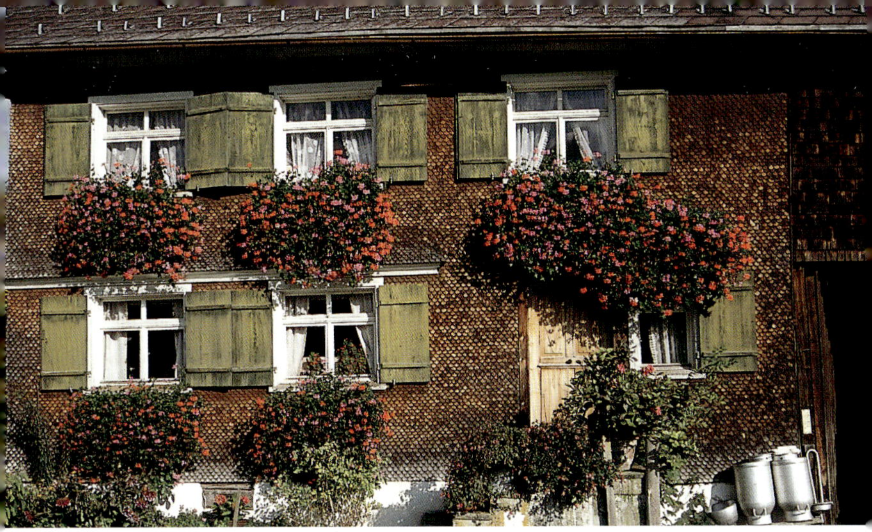

Bewahrtes Hittisauer »Wälderhaus«.

Wir folgen von der Bushaltestelle am Gemeindeamt in **Hittisau (1)** der Straße in Richtung Sibratsgfäll, bis am Gasthof Ochsen im Ortsteil Heideggen der Wegweiser »Hittisberg« auf einen asphaltierten Güterweg zeigt. Im Weiler Korlen, 840 m, beachten wir die Beschilderung »Hittisberg über Gferenalpe«. Vom Ortsende geht's über Wiesenhänge in wenigen Kehren hinauf zu den Häusern von Stöcken, 920 m. Zur Linken erheben sich die Mischwaldflanken der Nagelfluhkette. Jenseits des Subersachtals baut sich der Winterstaudenkamm auf.

Ein flacher Alpweg führt uns durch Bergwald. An der Gabelung nach der **Gferenalpe (2)**, 960 m, halten wir uns an die steigende Route und folgen kurz darauf dem knackig steilen, aber schattigen Zickzacksteig in Richtung Hittisberg. An einer Privathütte weitet sich der Blick zum Hohen Ifen und zu den Gottesackerwänden.

Vom Kreuz auf dem sogenannten **Westgipfel (3)**, 1240 m, des Hittisbergs, einem Vorsprung im Kammverlauf mit Bodenseesicht, weist die Beschilderung »Hittisberg-Ost« den Weiterweg. Jetzt geht's nur auf dem anfangs mit Gebüsch zugewachsenen Steig noch sanft bergan und später über den schmalen und beiderseits überraschend steil abfallenden Kamm flach hinüber zum **Hittisberg (4)**, 1328 m.

Bei einer Alphütte gibt der Wegweiser »Hittisbergalpe« die Abstiegsrichtung an. Unter uns erstreckt sich das Balderschwanger Tal. Über den steilen und überwiegend bewaldeten Nordhang leitet ein Steig zur Hittisbergalpe. Dort achten wir auf den Wegweiser »Hittisau«, queren kurz weglos einen Weidefleck und erreichen – wieder auf einem Steig – nach einem Waldstück die **Untere Hittisbergalpe (5)**, 1040 m.

Auf einem Alpweg spazieren wir nun meist durch Wald hinaus nach **Bütscheln (6)**, 870 m. Dort lassen wir uns von einem leicht ansteigenden Fahrweg an einem Anwesen vorbei und von einer Wiesenspur nach Stöcken leiten. Ab hier folgen wir dem bekannten Weg nach **Hittisau (1)**.

11 Winterstaude und Bullerschkopf, 1877 m

Rundtour über den Tristenkopf ★★★

Klassisches Höhenerlebnis im Reich des Helvetikum

Der von der Klause der Bregenzer Ach bei Schwarzenberg bis zur Talfurche der Subersach insgesamt 15 Kilometer lange Winterstaudenkamm in der widerstandsfähigen geologischen Zone des Helvetikum spielt eine deutliche Schlüsselrolle. Trennt er doch den eher hügeligen Vorderwald vom alpinen Antlitz des Hinterwaldes. Eine Überschreitung des herausragenden zentralen Abschnitts dieses Gebirgszugs von der Stongerhöhe zum Bullerschkopf mit Auf- und Abstieg über die ernsthaft in Erscheinung tretende Nordflanke ist ein echter Klassiker unter den Bregenzerwaldtouren. Wahrlich ein Gang auf der Scheidelinie zweier Bergwelten.

Zusammen mit dem aus dem eigentlichen Kamm etwas vorspringenden Tristenkopf und der namenlosen, aber deutlichen Erhebung zwischen der Hohen Kirche und dem Bullerschkopf würzen unsere landschaftlich spannende Unternehmung insgesamt sechs Gipfel und Gipfelchen. Mit den beiden Abstechern zur Niedere und auf den Nägelekopf wären es sogar acht.

KURZINFO

Talort: Egg, 561 m. Moderne Großgemeinde im Tal der Bregenzer Ach, Mittlerer Bregenzerwald. Bus ab Dornbirn (Zug von Bregenz). Tourismusbüro, 6863 Egg, Tel. +43 5512 2426, egg-bregenzerwald.com.

Ausgangspunkt: Schetteregg (auch Amagmach), 1075 m; Parkplatz. Wanderbus von Egg-Großdorf.

Gehzeit: 6.30 Stunden.

Höhenunterschied: 1000 Hm.

Anforderungen: Gut bezeichnete, im Abstieg grob steinige Steige, Ziehwege und Güterwege, kurze Pfadspuren. Längere steile Aufstiege. Ausgesetzte, drahtseilgesicherte Passagen erfordern Trittsicherheit, bei Nässe nicht zu empfehlen.

Einkehr: Brongenalpe, Schettereggalpe, Untere Falzalpe.

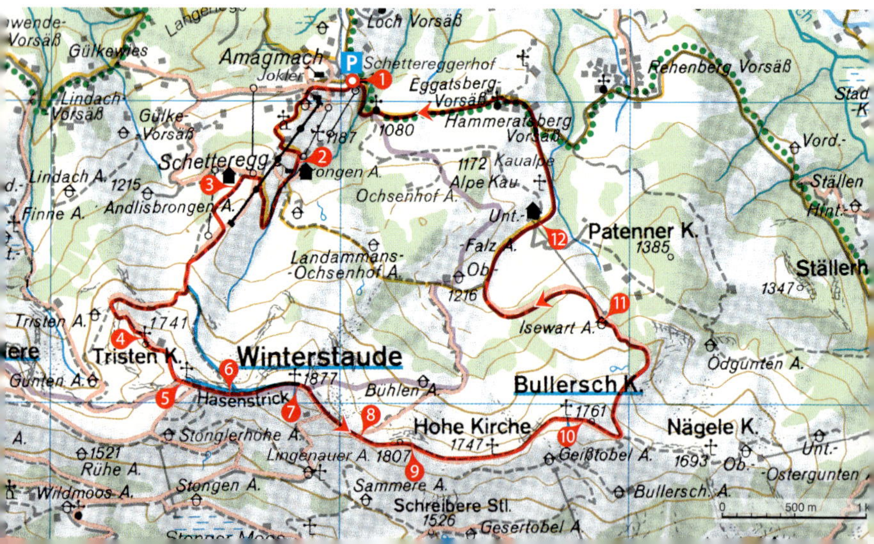

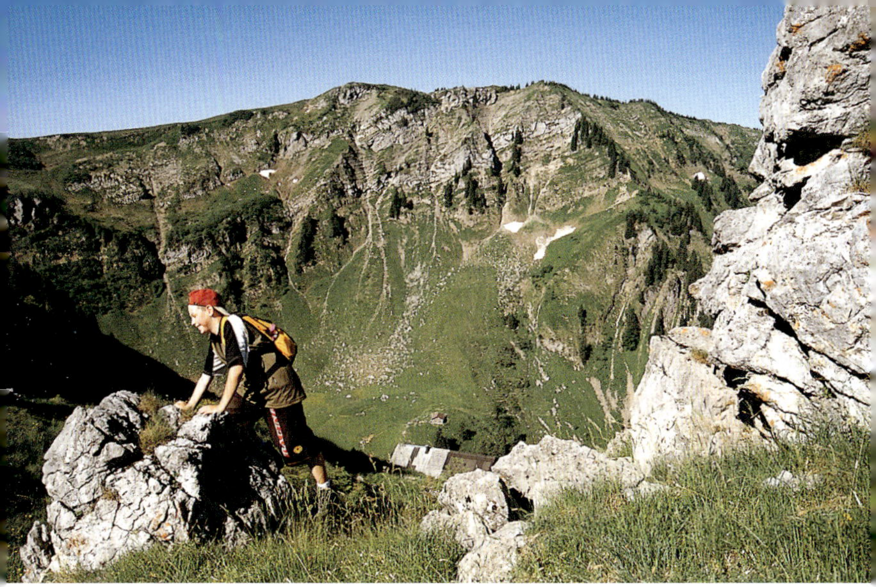

Unweit des Tristenkopfs erhebt sich die Niedere.

In **Schetteregg (1)** führt zunächst ein Sträßchen an der Winter-Sesselbahn vorbei zur riesigen Feriensiedlung und dann von dort ein Güterweg über Wiesen bergan zur **Brongenalpe (2)**, 1190 m. Vor uns baut sich linker Hand die Winterstaude auf, rechts schließt sich der Tristenkopf an und jenseits der Subersach versammeln sich die Allgäuer Vorberge. Auf einem gemütlichen Ziehweg hinein in einen Alpkessel begleitet uns das Rauschen eines Bergbachs. In einer Schleife streben wir der **Schettereggalpe (3)**, 1245 m, zu und folgen ab dieser dem mit »Tristenkopf« beschilderten Viehpfad. Pfadspuren passieren eine Markierungsstange zum Rücken nahe der Bergstation. Im Osten besticht die markante Felspyramide des Hochvogels. Der Steig an einer Fichtenreihe empor heizt ein. Durchs Geäst schimmert der Bodensee. Anschließend zwingen Felshöcker zum Queren lawinengeschundener Strauchhänge. In mitunter abschüssigem Gelände umrunden wir einen weiteren Bergrücken und erklimmen über der Tristenalpe, 1570 m, mit Schafstall wieder anstrengende Grashänge. Tief unter uns öffnet sich die Talweitung von Egg. Gegenüber einer Hochwanne ragt die Niedere auf, hinter deren Kammhöhe bald die Damülser Mittagspitze her-

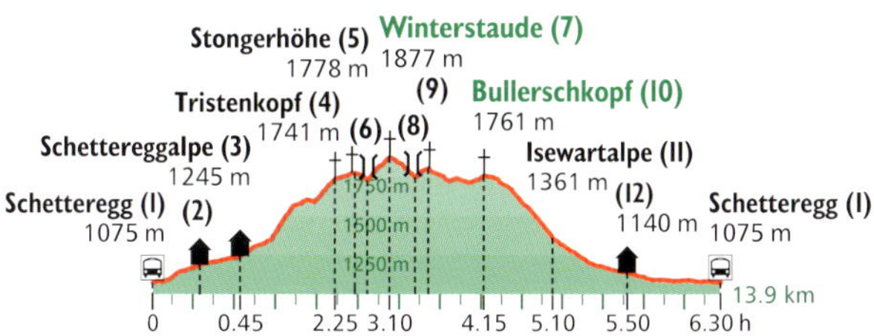

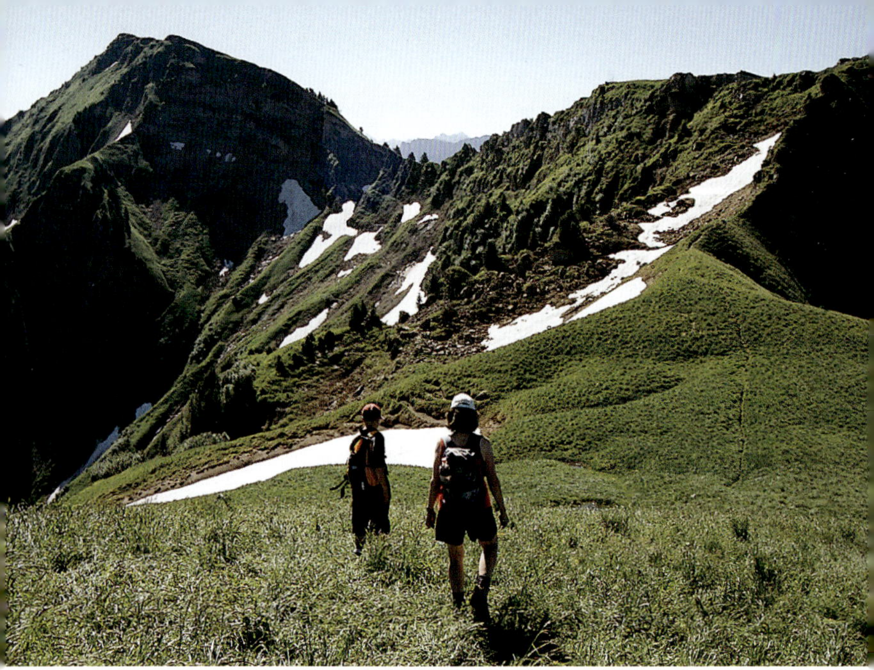

Blick vom Tristenkopf auf Winterstaude und Stongerhöhe.

überschaut. Schafe leisten uns Gesellschaft bis auf den **Tristenkopf (4)**, 1741 m, der Blicke zum Freschen und in die Appenzeller Alpen bietet. Den nahen Süden bestimmt die wuchtige Kanisfluh.

Pfadspuren leiten nun ganz kurz in eine Grasmulde, bevor ein steiler Steig die **Stongerhöhe (5)**, 1778 m, zugänglich macht. Weitere Allgäuer Paradegipfel lassen uns ins Schwärmen geraten. Nach einem Holzkreuz beginnt der ausgesetzte und Trittsicherheit erfordernde, leicht fallende Hasenstricksteig auf einem teilweise mit Drahtseilen entschärften Schrofenkamm. Ab dem **Hasenstricksattel (6)**, 1730 m, wo der direkte Aufstieg von der Bahn einmündet, gelangt man nur wenig neben dem blumenreichen Westgrat zur **Winterstaude (7)**, 1877 m.

Lechquellengebirge und Rätikon-Majestäten im Visier, bringt uns der mit »Bullerschkopf« beschilderte Steig über den Südostgrat zum **Bühler Sattel (8)**, 1750 m, und auf die **Hohe Kirche (9)**, 1807 m. Eine beachtliche Felsfaltung im Blickfeld, gewinnen wir über eine namenlose Zwischenerhebung, 1747 m, mit winzigem Kreuz den genau genommen sechsten und letzten Gipfel für heute, den breiten **Bullerschkopf (10)**, 1761 m.

Auf steilem und mitunter grob steinigem Nordabstieg kommt man zur **Isewartalpe (11)**, 1361 m. Ein meist über Weidegebiete führender Ziehweg wechselt im Alpkessel, in dem die **Untere Falzalpe (12)**, 1140 m, steht, in einen Güterweg. Auf diesem gelangt man mit zufriedenem Rückblick zur Winterstaude talauswärts über die Vorsäße Hameratsberg, Eggatsberg und Finkenberg wieder nach **Schetteregg (1)**.

BREGENZER ACH

Die schluchtenreiche Bregenzer Ach ist der letzte große, zumindest noch teilweise erhaltene Wildfluss Vorarlbergs. Von ihren Quellbächen auf dem Tannberg bis zur Mündung bei Bregenz überwindet sie, bei einer Lauflänge von 65 km, ein Gefälle von 1300 Höhenmetern. Unnachgiebig hat sie zwischen der Kanisfluh und der Mittagsfluh bei Au sowie zwischen dem Hinteren und dem Vorderen Wald durch die imponierende Klause bei Bersbuch enge Quertäler in den widerspenstigen helvetischen Kalkfels gefressen, der hier als Streifen von den Westalpen herüberzieht. Und auf seinem abenteuerlichen Weiterweg von Egg bekam der bereits erfahrene Gebirgsfluss in der Molassezone noch so manche hartnäckige »Nagelfluh-Nuss« zu beißen.

Bei Kennelbach wird die Bregenzer Ach endgültig in die Freiheit entlassen. Wenig später zeigt das Naturdenkmal Sandplatte die fesselnde Struktur wandernder Sandwellen. Diese skurrilen Kunstwerke erzählen von einer vor Urzeiten versteinerten Meeresküste. Das von der Ach unablässig transportierte Geröll hat in diesem Bereich Strudeltöpfe, Rinnen und die herrlichsten Naturbadewannen ausgeschürft. Ein äußerst fotogenes Entdeckungsreich, für Kinder ein Abenteuer-Spielplatz der Superklasse.

Der Fluss nimmt, was die Besiedlungsart anbelangt, im Bregenzerwald eine gewisse Sonderstellung ein. Da von Kennelbach aufwärts die breiten Talsohlen fehlen, leben die Menschen – ganz anders als im benachbarten Allgäu oder im Lechtal – an den Bergflanken und oben auf den Hochflächen. Die einengenden, dunklen Schluchten geben allenfalls Stoff für Sagen und Märchen her, nicht aber für Bauplätze. Eine Ausnahme bilden die saftiggrünen Talbecken bei Bezau und Schnepfau sowie zwischen Au und Schoppernau. Auch Mellau schmiegt sich direkt ans Achufer.

Umfangreiche Begradigungen, besonders im Unterlauf, und zwei Wasserkraftwerke haben die Ach, früher ein gefürchteter »Wildwasser-Wüstling«, gefügig gemacht. Längsdämme und Querbuhnen schnüren ihren Gestaltungsdrang stark ein. Bleibt zu hoffen, dass die noch ursprünglichen Flussabschnitte mit ihren spezifischen Lebensgemeinschaften und ihrer unverwechselbaren Ausstrahlung auch für die kommenden Generationen bewahrt werden können.

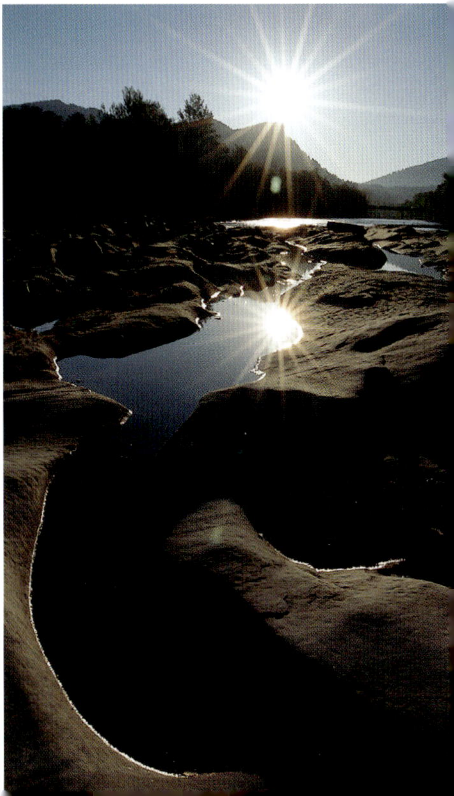

Wildfluss Bregenzer Ach.

12 Guntenkopf und Mörzelspitze, 1830 m

Teilrunde mit Besuch der Hangspitze ★★★

Von Gipfel zu Gipfel auf dem lockenden First

Die verhältnismäßig einsame und überaus empfehlenswerte Begehung des kompletten, nordseitig steil abfallenden Dornbirner Firstes von der Hangspitze bis zur Mörzelspitze, in der Regel einfach First genannt, führt über mehrere begrünte Zwischenerhebungen. Erfreulicherweise überragen diese kleinen Tourenhäppchen den Kammverlauf nur wenig und stellen, abgesehen von einer gewissen Kondition und einem sicheren Tritt auf schmalen Graten, keine besonderen Ansprüche an die Bergwanderer. Das anstrengendste an der ziemlich ausgedehnten Route ist der im Mittelteil gepfeffert steile Waldaufstieg zur Hangspitze, den sich früher sogar das Vieh erkämpfen musste. Die Entschädigung dafür: Mitte Juni lustwandelt man auf dem Weiterweg zum Gipfel durch wahre Trollblumenmeere. Von den ständig wechselnden Landschaftsbildern gar nicht zu reden.

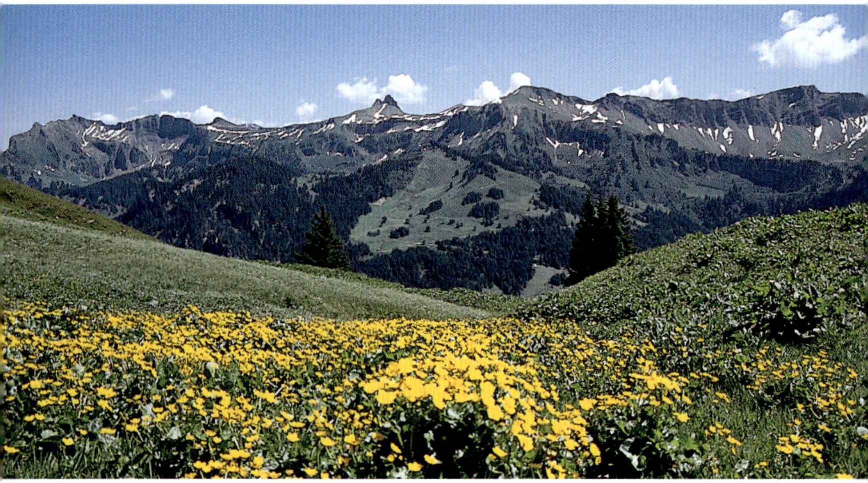

Bei der Obergüntenstallalpe bestechen die Damülser Berge.

KURZINFO

Talort: Mellau, 688 m. Ferienort an der Doppelschleife der Bregenzer Ach, Hinterer Bregenzerwald. Bus ab Dornbirn (Zug von Bregenz). Mellau Tourismus, 6881 Mellau, Tel. +43 5518 2203, mellau.com.

Ausgangspunkt: Bushaltestelle am Gasthof Sonne, 688 m; Parkplatz.

Gehzeit: 9.15 Stunden.

Höhenunterschied: 1480 Hm.

Anforderungen: Überwiegend spärlich bezeichnete und kurzzeitig ausgesetzte, gelegentlich auch undeutliche Steige und Güterwege. Langer, steiler und mitunter abschüssiger Aufstieg. Trittsicherheit und Kondition nötig. Vorsicht bei Nässe!

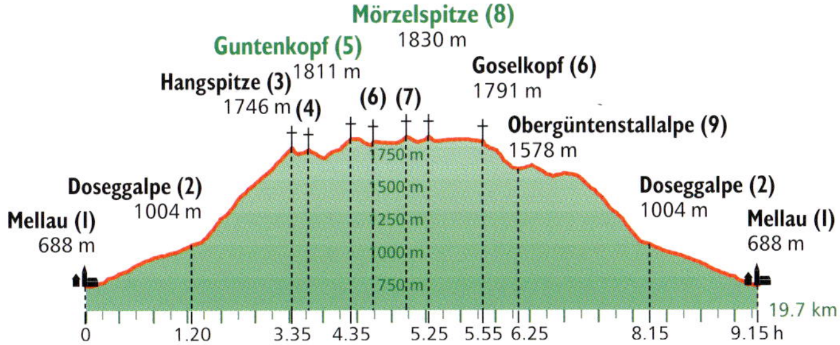

Wir halten uns am Gasthof Sonne in **Mellau (1)** in Richtung Dosegg zum Ortsteil Übermellen. Auf dem mit »Hangspitzweg« beschilderten Mautsträßchen, anfangs in asphaltierten Kehren, lassen wir die Tour, die bereits hier Ausblicke in die Damülser Berge gewährt, erst mal gemütlich angehen. Bergauf durch Mischwald und an ein paar Hütten vorbeispazierend erreichen wir die **Doseggalpe (2)**, 1004 m, mit Kapelle. Unbezwingbar wirken die Abstürze über uns. Im Talschluss des waldreichen Mellentals steht der runsendurchzogene Freschen. Hinter dem Hüttendach protzt die gewaltige Kanisfluh.
Ein anstrengender Waldsteig, am unteren Gebäude mit »Hangspitze« beschildert, quert nach einer Weide einen meist trocken liegenden Bachgraben und bringt über unerwartet abschüssiges Gelände den Puls im Nu auf Trab. Nur selten bietet ein bescheidenes Erholungsstück Gelegenheit aufzuatmen. An einem winzigen Brünnlein wird man sich gerne eine prickelnde Erfrischung gönnen. Später mühen wir uns nicht mehr ganz so steil zwischen Fichtengruppen empor zur wenig abseits des Aufstiegs verfallenen Unteren Hangalpe. Oberhalb zweier Alpwannen beeindruckt der etwas höhere Guntenkopf. Hier zeigt sich nun auch auf dem langen Kamm zwischen dem Klipperen im Osten und dem Felsriegel der Sünserspitze das markante Horn der Damülser Mittagspitze.

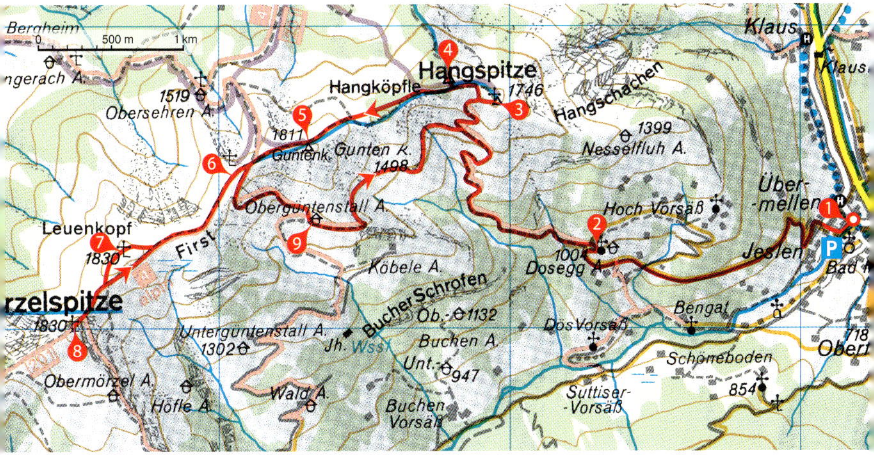

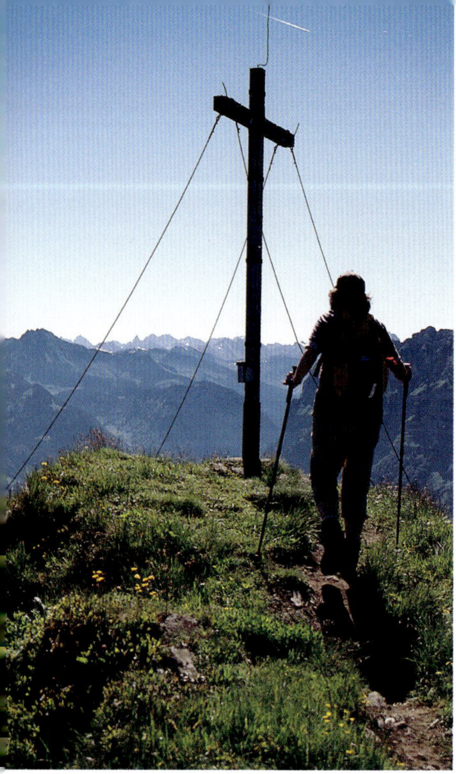

Die Hangspitze bei Mellau, eine prächtige Aussichtswarte.

Nach der ebenfalls längst verfallenen Oberen Hangalpe setzt unter einem Schrofengürtel bald ein kurzzeitig flacherer Abschnitt an. Auf die Bezeichnung achtend, folgt über Grashänge und durch letzte mit Latschen durchmischte Waldstücke das nochmals anstrengende Finale zur etwas platzarmen, fast allseits steil abstürzenden **Hangspitze (3)**, 1746 m. Weit schweift das Auge hinaus über die bewaldeten Vorberge und das Rheintalbecken zum riesigen Dreiländergewässer und in die Ostschweizer Berge, denen rechts im Vordergrund die Mörzelspitze zur Seite tritt. Links des Freschen lässt sich am Horizont die vergletscherte Schesaplana sehen. Und hinter der Auer Talenge grüßen die rassigen Allgäuer Steilgrasberge.

Wir gehen kurz zurück und steigen in Richtung Mörzelspitze über einen kleinen Rücken ab in eine Mulde. Ein spärlich markierter Steig bringt uns daraufhin durch Wald zum **Hangköpfle (4)**, 1729 m. Dieser kaum nennenswerte Latschenkuppen-Abstecher ist lediglich für Gipfelsammler erwähnenswert. Zurück auf der Hauptroute, betreten wir nun den eigentlichen First. Über der bergrutschgefährdeten Nordflanke geht's mitunter ausgesetzt zum Guntensattel, 1650 m.

Des Weiteren passieren wir nördlich durch Krummholz eine unbedeutende Zwischenerhebung zum Ansatz des zu Beginn ziemlich steilen und grasigen, im weiteren Verlauf mit Strauchwerk und Zwergfichten bekleideten Ostgrates auf den **Guntenkopf (5)**, 1811 m. Auch das Schlussstück treibt abermalig die Schweißperlen auf die Stirn. Neue alpine Prunkstücke treten auf die Bühne: Im Süden bestechen die Drei Türme, die Drusenfluh und die Zimba, während im Westen der füllige Säntisstock die Aufmerksamkeit auf sich zieht.

Über der Obergüntenstallalpe verschmälert sich der First bei einer auffallend geschichteten Felsrippe wieder. Dann gelangt man über einen kurzen begrünten Rücken in den Obersehrensattel, 1733 m. Anschließend gewinnt man auf teilweise von Gesträuch überzogenem und mit ein paar Felsstufen aufwartendem Bergscheitel über den kaum nennenswerten **Goselkopf (6)**, 1791 m, und die Leuenkopf-Ostschulter, 1800 m, den **Leuenkopf (7)**, 1830 m. Fast durchwegs begeistert dabei in der Ferne der Bodensee. »Leue«ist die alemannische Bezeichnung für Lawine.

Über die Kammhöhe zwischen Hochblanken und Ragazerblanken spitzelt jetzt deutlich die imponierende Rote Wand. Gemütlich bummeln wir über einen freien Rücken zu einem Sattel, 1770 m, und überwinden auf abermals felsdurchsetztem Grat den harmlosen Gegenanstieg zur **Mörzelspitze (8)**, 1830 m, dem Hauptgipfel des Firstgrates. Hervorragend gestaltet sich von unserem heutigen Endziel der Tiefblick auf Bregenz.

Nach der Gipfelbrotzeit wandern wir kurz zurück und umgehen den Leuenkopf ostseitig auf einem ebenfalls dürftig bezeichneten Steig. Hinter dem **Goselkopf (6)** weist die Beschilderung im Obersehrensattel die im Mittelteil undeutliche Abstiegsroute zur **Obergüntenstallalpe (9)**, 1578 m. Ein allerletzter Gegenanstieg für heute führt auf eine Bergschulter, wo ein kurzzeitig breiterer, bald undeutlicherer Alpsteig talwärts leitet zur verfallenen Guntenalpe. Nicht mehr lange, dann mündet die Querung der während des Hangspitzaufstiegs genannten beiden Alpwannen wieder in die bekannte Route zurück zur **Doseggalpe (2)** und nach **Mellau (1)**.

Nach der Doseggalpe genießt man den freien Blick übers Mellental zur Sünserspitze.

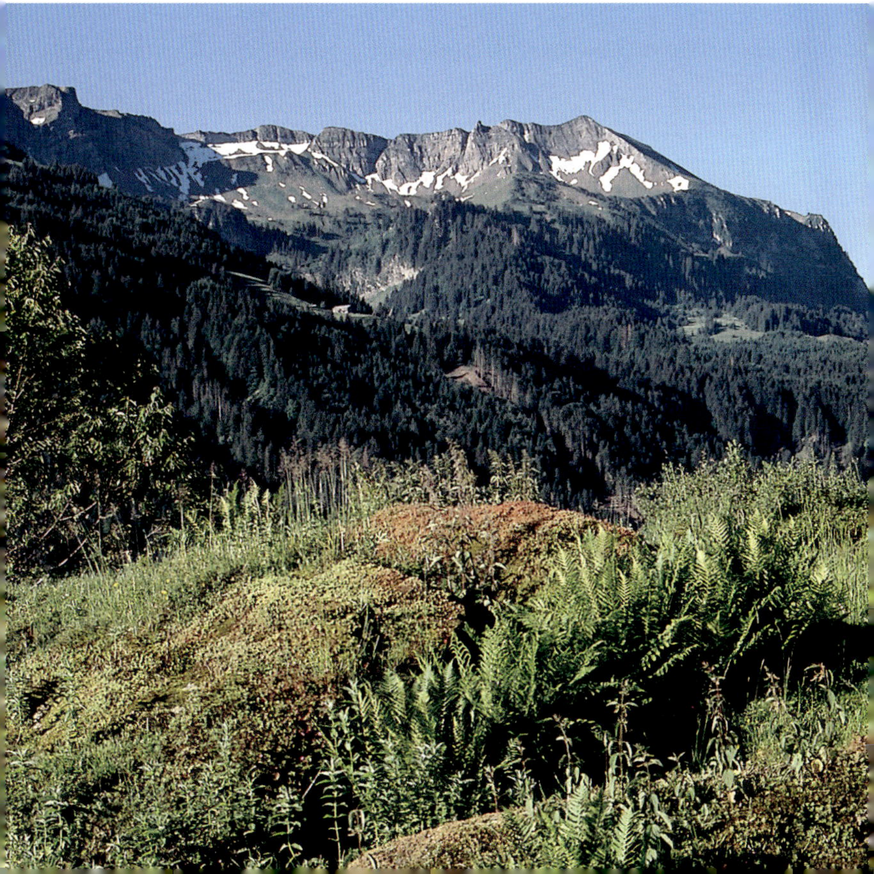

13 Kanisfluh, 2044 m

Über die Feuersteinalpe ★★

Der sagenhafte Gigant vom Hinteren Wald

Sedimentschichtungen aus der jüngsten Jurazeit mit lotrechten Partien wölben den düster und abweisend wirkenden, viergipfligen Bergstock der Kanisfluh zu majestätischer Größe auf. Ein archaisches Faltengesicht. So schaut der auffälligste Geselle des Bregenzerwaldgebirges vom eingekesselten Hinteren Wald hinaus in den offeneren Vorderwald. Schützend auch, als wolle er die Auer vor negativen Einflüssen bewahren. Vollkommen anders die Südostseite über der Talfurche des Argenbachs und die Südwestseite. Zum Nachbarn Klipperen hin offenbart der ehedem berühmt-berüchtigte Edelweißberg den Wanderern ein nahezu konstant geneigtes Grasdach. Ganz und gar nichts Gigantisches mehr – ja, der ideale Gipfelaufstieg.

Die Sage erzählt von einem neidischen, über sein Lebensende hinaus bitter gestraften Bauern aus dem Inneren Wald. Dieser muss Nacht für Nacht als Geist mit einer durch sein Verschulden zu Tode gefallenen Kuh auf dem Rücken von der Bregenzer Ach den unerhört beschwerlichen Weg bis auf den Kanisfluhgipfel steigen. Und dies mehrmals ohne Pause, bis der Morgen graut. Manchem braven Bürger hat der stöhnende Bauersmann dabei schon den Schlaf geraubt. Wenn gellendes Gelächter vom Gipfel erschallt, weiß man unten im Tal, dass der geisternde Unhold dem Rindvieh wieder ein Haar ausgerissen hat. Dies ist sein einziger Lohn für jeden Leidensgang. Doch erst wenn er ans letzte Haar geht, wird die geplagte Seele ihre ewige Ruhe finden können.

KURZINFO

Talort: Au, 791 m. »Metropole« des Hinterwaldes an der Felsenge der Bregenzer Ach. Mit dem Bus von Dornbirn erreichbar (Zug von Bregenz). Tourismusbüro, 6883 Au, Tel. +43 5515 2288, au-schoppernau.at.

Ausgangspunkt: Bushaltestelle an der Kirche im Hauptort Jaghausen, 791 m; Parkplatz.

Gehzeit: 7.15 Stunden.

Höhenunterschied: 1260 Hm.

Anforderungen: Gut bezeichnete Pfade und Steige, Güterwege. Langer steiler Aufstieg. Etwas Ausdauer erforderlich.

Einkehr: Alpengasthof Edelweiß (Übernachtung).

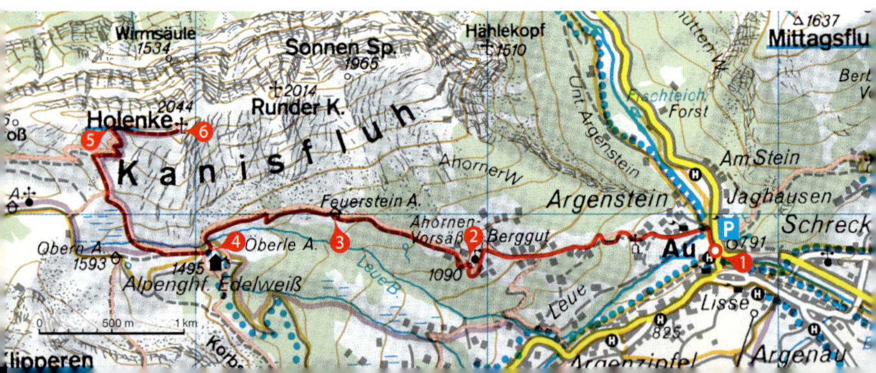

An der Kirche in **Jaghausen (1)** nehmen wir kurz den Gehsteig an der nach Mellau führenden Bundesstraße, gehen über die untere Achbrücke und folgen dem Sträßchen in Richtung Kanisfluh zum ruhigen Ortsteil Argenstein. Hinter den letzten Häusern leitet ein Pfad durch Mischwald empor und ein anschließender Güterweg durch das überwiegend im alten Stil erhaltene Ahornen-Berggut, später durch das **Ahornen-Vorsäß (2)**, 1090 m. Schön ist der Ausblick zu den Allgäuer Bergspitzen hinter Schoppernau und in das gegenüber dem Argenbach beginnende Lechquellengebirge.

Der weiterhin zu unserem Gipfelziel ausgeschilderte Aufstieg, zwischendurch als Wanderweg, passiert nach einem Waldflecken die **Feuersteinalpe (3)**, 1350 m.

Unter der breiten Südostabdachung der Kanisfluh geht's über kärgliche Alpweiden recht gemütlich an der Waldgrenze entlang, linker Hand der Klipperen.

Nach Querung des Leuebachs folgen wir am **Alpengasthof Edelweiß (4)**, 1495 m, dem Pfad links des Bachtälchens. Dieser wechselt ab den Weideböden der Obern Alp in einen etwas anstrengenden Zickzacksteig, der über die grasige Südwestflanke empor zum **Hählesattel (5)**, 1870 m, klettert. Schlicht »grasig« gilt natürlich fürs zeitige

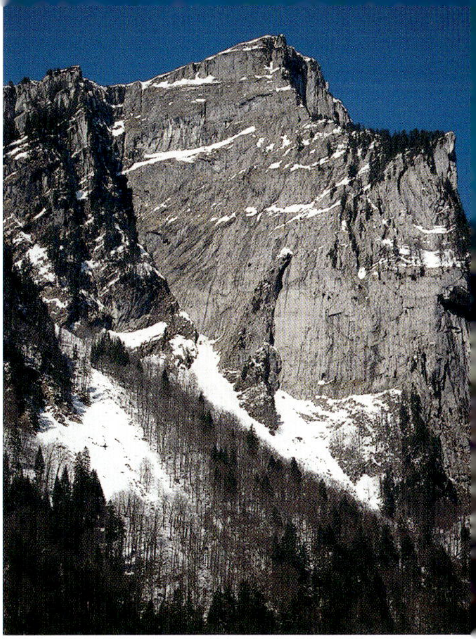

Kanisfluh-Ostabstürze.

Frühjahr oder den Herbst, im Bergsommer lustwandelt man über märchenhafte Kalkflora-Teppiche.

Der problemlosen Kammlinie folgend, stehen wir bald auf dem Hauptgipfel der **Kanisfluh (6)**, 2044 m, dem Holenke. In der Ferne tauchen jetzt namhafte Vertreter der Lechtaler Alpen und der Silvretta auf. Und der festliche Talblick über die schaurig jähe Wand zum quirlig glitzernden Silberfaden der Bregenzer Ach bleibt für immer unvergesslich.

Der Abstieg erfolgt auf demselben Weg.

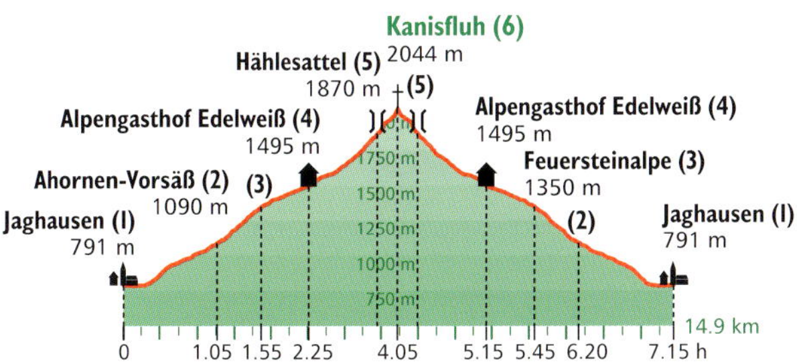

14 Elsenkopf und Damülser Mittagspitze, 2095 m

Rundtour mit Hochblanken und Portlahorn ★★★

Sechs Zweitausender und zwei Winzlinge

Zugegeben, unter den acht Gipfeln dieser befreienden und dazu überwiegend einfachen, wenn auch etwas langen Kammwanderung über den Walser Weidegebieten der Damülser Berge sind ein paar dabei, die es kaum wagen, ihre Nase selbstbewusst über die Kammhöhe zu erheben. So etwas wie eine alpine Mogelpackung also? Na ja, vielleicht ein bisschen. Jedenfalls tragen sie allesamt bis auf eine Ausnahme einen Namen, manche davon sogar einen recht wohlklingenden: Elsenkopf, Damülser Mittagspitze, Hohes Licht, Hochblanken, Ragazerblanken, Hübscher Bühl, Portlerhorn. Und fünf davon schaffen locker die 2000-Meter-Grenze. Da geht doch jedem Gipfelsammler das Herz auf!

Nach der vom Alpinschriftsteller Walther Flaig festgelegten Gebirgsgruppeneinteilung nimmt die Mittagspitze, ein formenschönes Felsenhorn, hinter dem Glatthorn den zweiten Platz in der Höhenrangskala des Bregenzerwaldgebirges ein. Der Hochblanken fällt auf Platz drei. Wählt man als Trennlinie zum Lechquellengebirge jedoch statt des etwas umstrittenen Faschinajochs die orografisch geeignetere, da eindeutig tiefer gelegene Unterdamülser Furka nordwestlich des Glatthorns, so würden unsere beiden Rundenhöchsten sogar auf die Spitzenplätze aufrücken.

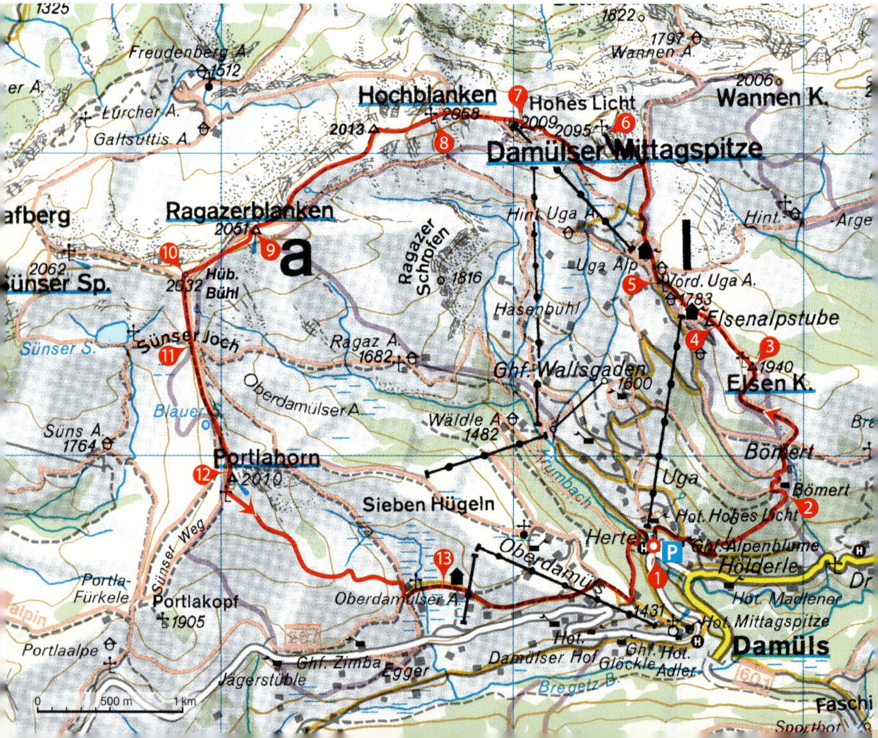

KURZINFO

Talort: Damüls, 1424 m. Verstreuter Luftkurort und Wintersportdorf an der Furkastraße. Bus ab Dornbirn (Zug ab Bregenz). Damüls – Faschina Tourismus, 6884 Damüls, Tel. +43 5510 620, damuels.at.
Ausgangspunkt: Bushaltestelle Uga-Seilbahn am unteren Ortsbeginn, 1370 m; Parkplatz.
Gehzeit: 7.45 Stunden.
Höhenunterschied: 1350 Hm.
Anforderungen: Meist beschilderte Steige und Pfade, kurzzeitig nur Spuren, Güterwege; kleiner ausgesetzter und seilgesicherter Gipfelaufstieg. Längere steile Aufstiege. Trittsicherheit und Ausdauer erforderlich, bei Nässe und Nebel nicht zu empfehlen.
Einkehr: Bömert, Berggasthof Elsenalpstube (Übernachtung), Vordere Uga-Alpe und Oberdamülser Alpe.

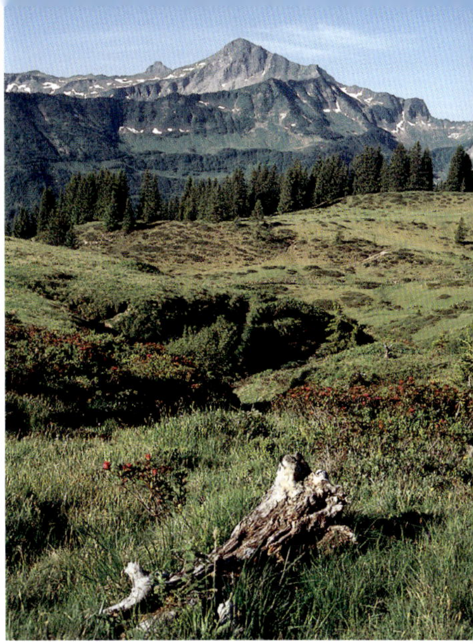

Unterwegs zum Elsenkopf zeigt sich das Glatthorn.

Bei der Uga-Seilbahn am Ortseingang von **Damüls (1)** nehmen wir das Sträßchen bergan in Richtung Elsenkopf. Nach den letzten Häusern hält ein Güterweg auf den rassigen Bergscheitel des Zafernhorns zu. Wenig später folgen wir an einer Abzweigung im Wald dem knackig steilen Ziehweg. Nicht lange, dann wechselt die Frühsport-Route in einen Steig. Nach einem Weidedurchgang kommen wir auf einer kleinen Schulter zur Alphütte **Bömert (2)**, 1640 m. Im Osten steht der mächtige Zitterklapfen und hinter dem Faschinajoch schiebt sich die Rote Wand ins Bild.

Nach erneutem Ziehwegstück weist das Täfelchen »Elsenkopf« auf einen Pfad. Kurz darauf betreten wir die idyllische Hochmulde namens Böden, wo ein Quellbach gequert wird. Rot-weiße Pflöcke zeigen die Richtung über unterschiedlich steile Zwergstrauchhänge mit Alpenrosen und Blaubeeren. Ein Steig überwindet den zuletzt wieder deutlich ansteigenden Gipfelhang zum **Elsenkopf (3)**, 1940 m. Im Halbkreis zwischen Allgäuer Alpen und Rätikon gibt es plötzlich einiges zu bestaunen, auch den gesamten noch vor uns liegenden Tourenverlauf. In

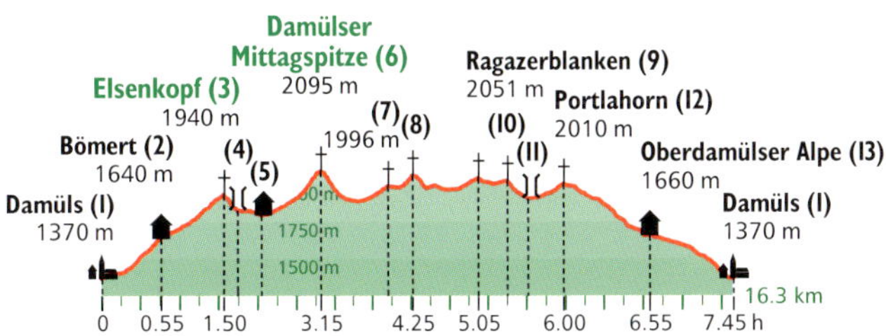

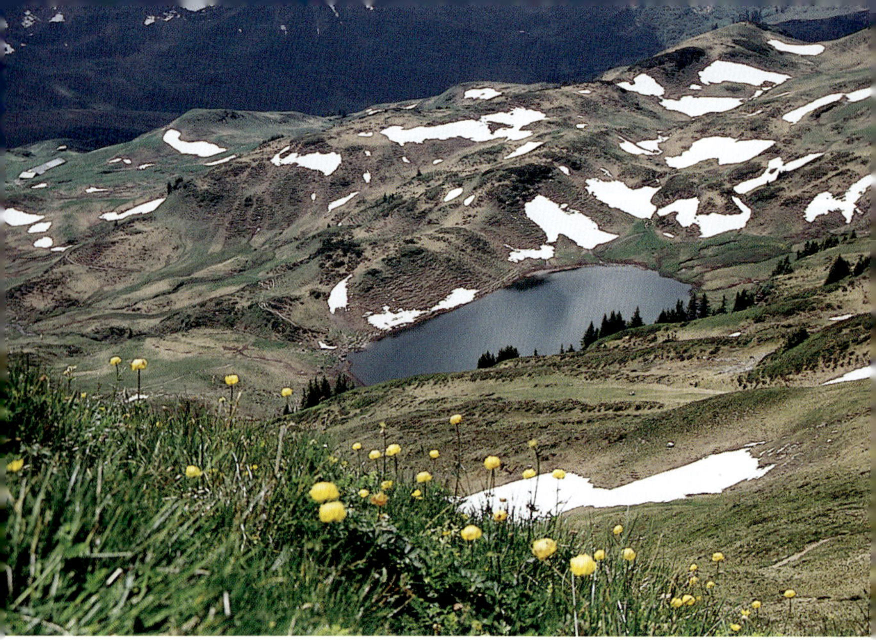

Sünsersee unterhalb des Hübscher Bühel.

unmittelbarer Nähe beeindruckt das kühne Horn der Mittagspitze.

Ein mit Gebüsch bewachsener, steiler Grat mit hohen Felsstufen führt in den **Elsensattel (4)**, 1830 m, und über eine unscheinbare, grasige Zwischenerhebung zur Ugalift-Bergstation mit der Elsenalpstube. In Kürze bringt uns ein Güterweg zum Sattel Ugner Höhe, wo die **Vordere Uga-Alpe (5)**, 1795 m, und weitere Alphütten stehen. In Richtung Mittagspitze geht's nun, ab der obersten Hütte auf einem Pfad, über gestufte Weidehänge bergan. Ein wadenschindender, teilweise felsdurchsetzter Zickzack-Steig klettert unter Abbrüchen, ein paar Meter ausgesetzt und seilgesichert, über eine Rasenflanke empor. Auf ihm wollen wir, zuoberst den Südgrat benutzend, der **Damülser Mittagspitze (6)**, 2095 m, aufs Dach steigen. Was für eine Talschau zur Enge von Mellau! Ganz weit hinten, ist das nicht die königliche Bernina? Ringsum ein schier endloses Meer von Gipfeln.

Wir steigen zurück zum Wegweiser am Fuß des Gipfelaufbaus, halten uns rechts und wählen ganz kurz danach den mitunter undeutlichen Ziehweg. Dieser mündet bald in einen Fahrweg, der gleich wieder von einem gemütlichen, später unbezeichneten Pfad verlassen wird. Von einem Sattel, 1956 m, hat man im Nu über einen kleinen Grasrücken die unbedeutende und leider durch eine Liftstation verbaute Zwischenerhebung **Hohes Licht (7)**, 1996 m, erreicht, auch als Spitzes Grätle bekannt. Womit wir zurück auf dem Kamm wären, der sich vom Klipperen bis zum Sünserblanken erstreckt (auch Sünserspitze). Bald nach dem Hochblankensattel, 1976 m, fordert der steile Steig in wenigen Kehren über die Nordflanke auf den **Hochblanken (8)**, 2068 m, abermals unser Engagement. Die Walser Bezeichnung »Blanken« bedeutet so viel wie Steilrasenhalde.

Ein wieder bequemer Pfad bringt uns in den nächsten Sattel, 1978 m, von dem Steigspuren auf kurzem aufschwingenden Grat ein wenig abschüssig zu einem namenlosen Gipfelchen, 2013 m, mit kleiner Schachthöhle führen. Auch im Folgenden lässt es sich ohne jegliche Schwierigkeiten über die geräumige Kammhöhe bummeln. In einer winzigen Einsattelung, 1980 m, stößt man nach ein paar Minuten wieder auf den genussreichen Höhenweg. Die offizielle Route umgeht diese Zwischeneinlage südseitig. Über einen harmlosen Rücken besteigt man den **Ragazerblanken (9)**, 2051 m, der ebenfalls abseits der Damülser Runde liegt.

Direkt vor dem Kreuz fällt ein Steig steil ab zur Hauptroute. Von der folgenden Scharte, 1980 m, ziehen sich Pfadspuren hinauf zum einsamen **Hübscher Bühel (10)**, 2032 m. Sein Besuch lohnt vor allem wegen des bezaubernden Tiefblicks zum Sünsersee. Pfadlos geht es jetzt südseitig zu einem nahen Wegweiser und, zurück auf dem Rundkurs, vollends hinunter in das **Sünserjoch (11)**, 1911 m. Über eine kurze begrünte Rippe gelangt man zum Blauen See und gewinnt auf einem schrofigen Gratsteig rasch das **Portlahorn (12)**, 2010 m, unsere Nummer acht.

Auf den Rätikon zuhaltend zeigt die Beschilderung nach einem Minirücken den Bergsporn-Abstieg zur **Oberdamülser Alpe (13)**, 1660 m. Wo wir in einem Weidegebiet auf einen Güterweg stoßen, folgen wir diesem an einem Teich mit Rastplatz und an der genannten Alpe vorbei zum Ortsteil Herte. Bald darauf trifft man auf einem Waldpfad wieder beim Uga-Lift in **Damüls (1)** ein.

Geselliges Treiben bei der Alpe Bömert oberhalb von Damüls.

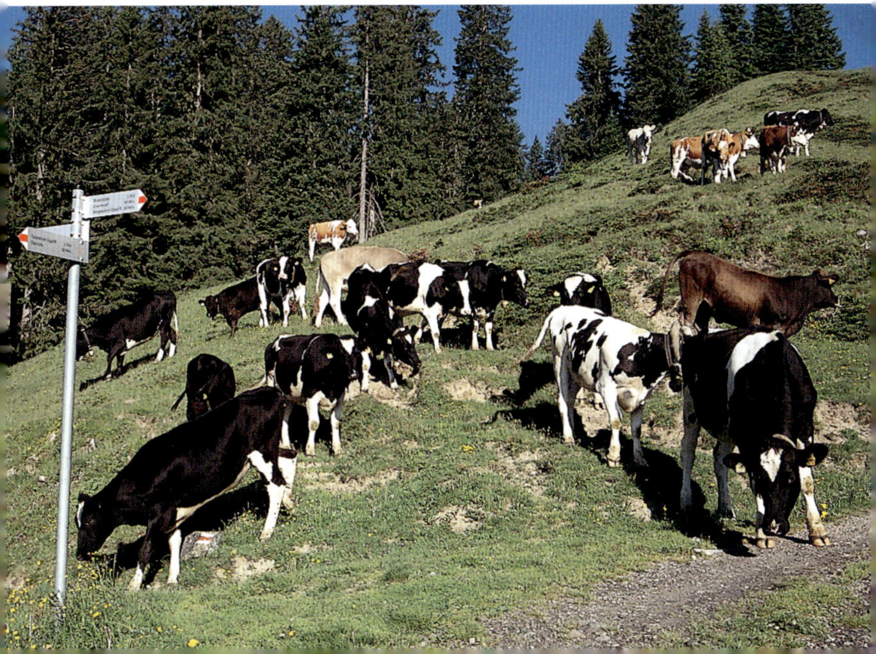

15 Steinmandl und Grünhorn, 2039 m

Teilrunde durch das Subersachtal ★★★

Stille Grattour in den Walsertaler Bergen

In den naturräumlich zum Allgäu zählenden, politisch jedoch großteils zu Vorarlberg gehörenden Walsertaler Bergen entdecken Alpenwanderer nach einem Gang durchs gottverlassene Subersachtal zur Schwarzwasserhütte im hintersten Schwarzwassertal zwischen zwei freundlichen Grasbergen eine wilde Schrofenschneide. Ob sich die beiden Gipfelziele über diese abenteuerliche Nabelschnur zu einer Runde verbinden lassen? Und ob, für erfahrene Gratliebhaber, die gerne mal ein wenig Luft unter den Sohlen spüren mögen, ist der Übergang vom Steinmandl zum Grünhorn eine geradezu erstklassige Tourenerweiterung in dieser wilden Berglandschaft, im Banne des Hohen Ifen. Wer von der leuchtenden, eigenwillig gekippten Schrattenkalk-Bastion gar nicht loskommt und nach der Grasduo-Begehung und einer schmackhaften Brotzeit in der freundlichen Alpenvereinsstation trotz bereits respektabler Gehzeit noch frische Kräfte verspürt, der sollte den etwa zweistündigen Zusatzaufstieg nicht auf die lange Bank schieben. Mit deutlich weniger Aufwand und ebenfalls problemlos wären allerdings vom Starzeljoch die Hochstarzel oder von der Ochsenhofer Scharte die Ochsenhofer Köpfe mit dem Muttelbergkopf und dem Walmendinger Horn einzuhamsen.

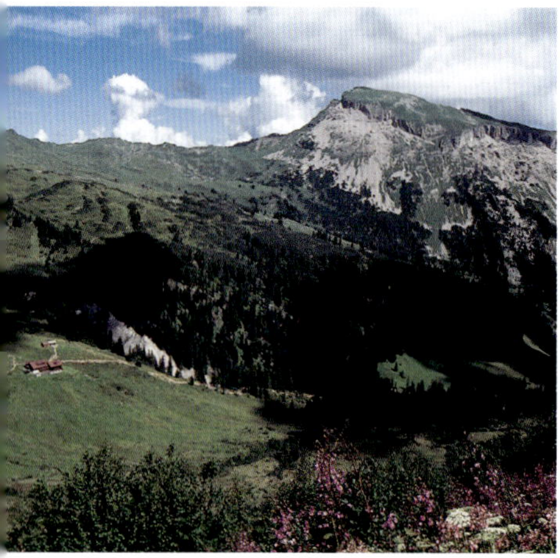

Der Hohe Ifen mit seinem Schrattenkalkdach über der Schwarzwasserhütte.

KURZINFO

Talort: Bezau, 650 m. Hauptort des Bregenzerwaldes in einer Talweitung der Bregenzer Ach. Mit dem Bus von Dornbirn erreichbar (Zug von Bregenz). Bezau Tourismus, 6870 Bezau, Tel. +43 5514 2295, bezau-bregenzerwald.com.

Ausgangspunkt: Schönenbach-Vorsäß, 1025 m; Parkplatz am Beginn der Alpsiedlung. Zu erreichen von Bezau auf Mautsträßchen, Wanderbus von Bezau.

Gehzeit: 1. Tag: 3.15 Stunden, 2. Tag: 6.30 Stunden.

Höhenunterschied: 1400 Hm.

Anforderungen: Überwiegend bezeichnete, zum Teil steinige Steige, Steigspuren und Güterwege. Längerer steiler Aufstieg. Kurzes luftiges Schrofengelände mit leichten, gut gestuften Kletterstellen (I) verlangt Trittsicherheit und Schwindelfreiheit. Nur für ausdauernde Geübte. Nicht bei Nässe!

Einkehr: Schwarzwasserhütte (AV-Sektion Schwaben, Übernachtung Anfang Juni bis Anfang Oktober, Tel. +43 5517 30210, schwarzwasserhuette.com).

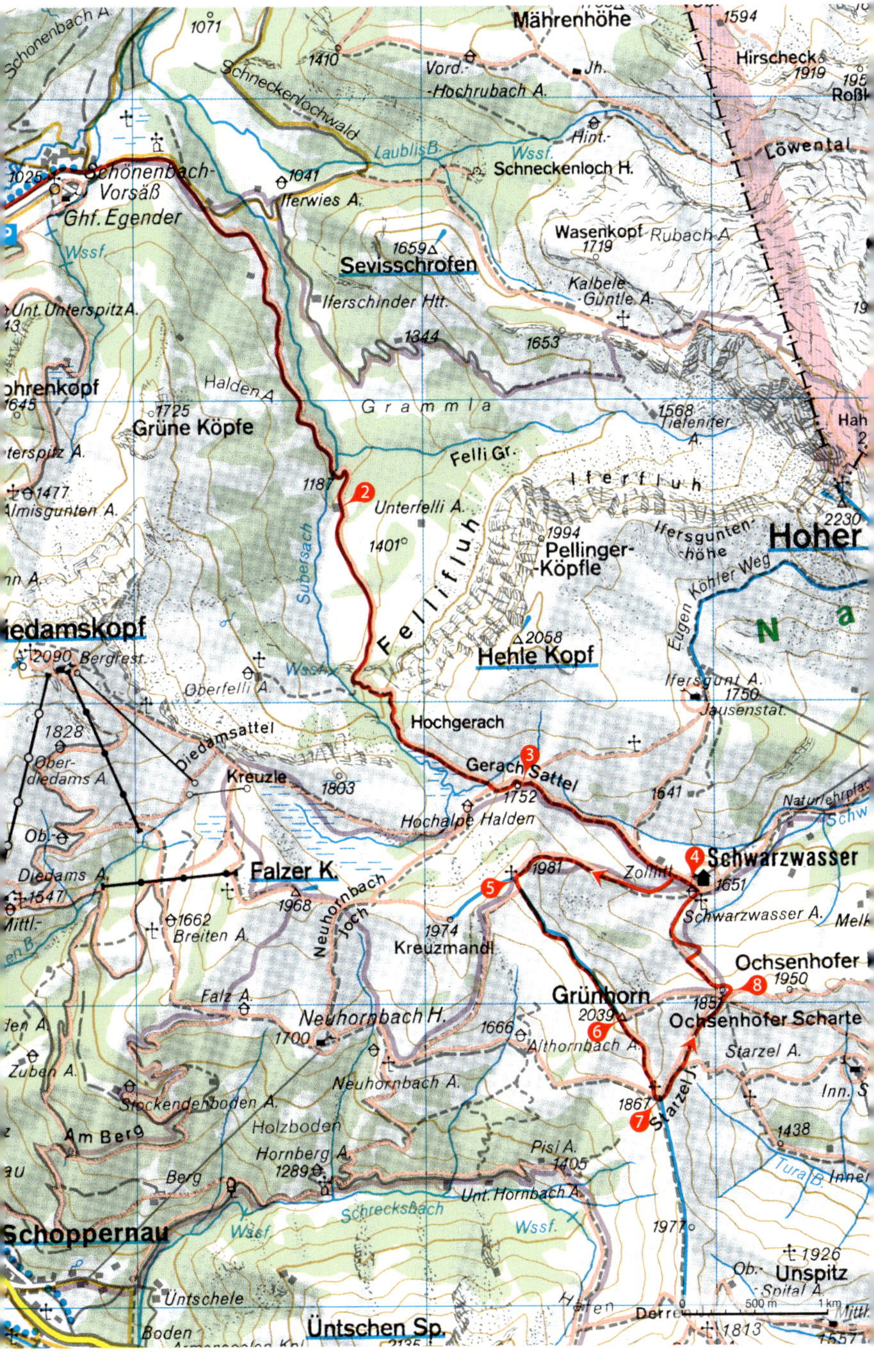
Mährenhöhe
Hirscheck
1919
Vord.-Hochrubach A.
Schneckenlochwald
Laubli B.
Hint.-Schneckenloch H.
Löwental
Schönenbach-Vorsäß
Ghf. Egender
1041
Iferwies A.
Sevisschrofen
1659
Wasenkopf
1719
Rubach A.
Kalbele-Güntle A.
Iferschinder Htt.
1344
1653
Unt. Unterspitz A.
Grüne Köpfe
1725
Halden A.
Grammla
1568
Tiefeniter A.
Felli Gr.
Iferfluh
1187
Unterfelli A.
1401
1994
Pellinger-Köpfle
Ifersgunten-höhe
2230
Hoher
Eugen Köhler Weg
Fellifluh
Subersach
2058
Hehle Kopf
2090
Bergrest.
Oberfelli A.
Ifersgunt A.
1750
Jausenstat.
Hochgerach
1828
Ober-diedams A.
Diedamssattel
Kreuzle
1803
Gerach Sattel
1752
Hochalpe Halden
1641
Schwarzwasser
1651
Zollhtt.
1981
Falzer K.
1968
Neuhornbach Joch
1974
Kreuzmandl
Schwarzwasser A.
Diedams A.
1547
1662
Breiten A.
Ochsenhofer
1950
Grünhorn
2039
1851
Ochsenhofer Scharte
Falz A.
Neuhornbach H.
1700
1666
Althornbach A.
Starzel A.
Zuben A.
Neuhornbach A.
Stockendenboden A.
Holzboden
1867
Starzel J.
Am Berg
1438
Hornberg A.
1289
Pisi A.
1405
Berg
Unt. Hornbach A.
Schrecksbach
Schoppernau
1977
1926
Ob. Unspitz
Spital A.
Üntschele
Üntschen Sp.
Boden
1813
0
500 m
1 km

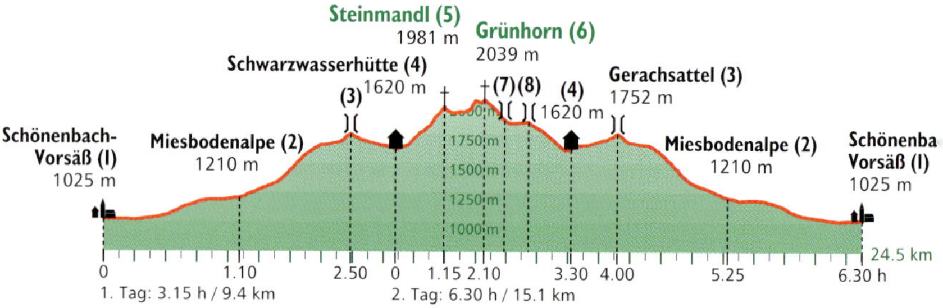

Nach kurzem Spaziergang auf dem Sträßchen vom Parkplatz nach **Schönenbach-Vorsäß (1)** leitet der Güterweg in Richtung Schwarzwasserhütte über eine Bachbrücke und Weideböden ins einsame Tal der jungen Subersach, den kecken Sevischrofen vor Augen. Der angenehm steigende Weg hält bald auf die gewaltige Fellifluh zu, kesselförmige Felswände. Die hochgereckte Ifennase rückt ins Blickfeld. Auf dem Flachstück zur Subersachbrücke wechseln Alpweiden und Waldflecken. Nach der **Miesbodenalpe (2)**, 1210 m, mit Blick auf die markanten Grünen Köpfe löst im Talschluss unterhalb eines Felsriegels mit Wasserfall ein meist steiniger Steig den Fahrweg ab. Serpentinen überwinden, zum Teil am Rand einer Schlucht, die steilen Strauchhänge empor zu den sonnigen Feuchtwiesen der Subersach-Quellwasser. Wir streben auf einem flachen Pfad und zwischen Hehlekopf und Steinmandl über einen Weidehang gemütlich dem **Gerachsattel (3)**, 1752 m, mit der Hochalpe Halden zu.

Auf der Wasserscheide Rhein-Donau öffnet sich vor uns das Schwarzwassertal, rückblickend baut sich der Diedamskopf auf. Mit ausgezeichneten Blicken zum Hohen Ifen wandern wir sanft bergab zur **Schwarzwasserhütte (4)**, 1620 m, die sich für eine Übernachtung anbietet.

Am nächsten Tag geht es erst ein kleines Stück auf dem bekannten Weg zurück. Dann folgt links in Richtung »Steinmandl« ein mäßig steiler, später zum Teil mit Latschen bewachsener Zwergstrauchrücken. Über anstrengende Grashänge und an ein paar mickrigen Fichten vorbei, die einen ständigen Lebenskampf führen, gewinnt man das mit einem instruktiven Rundblick gesegnete **Steinmandl (5)**, 1981 m. Mächtig beeindruckt der Dolomitklotz des Widdersteins. Einen besonderen Blickfang geben auch die Majestäten der Allgäuer Hochalpen ab sowie die imposanten Kalk-Trutzburgen jenseits der Bregenzer Ach.

Das manchmal schmale, lediglich zu Beginn harmlose Auf und Ab zum Grünhorn weist zwischendurch nur Steigspuren auf. Latschen und Sträucher behindern das Vorwärtskommen. Mitunter kitzlige Stellen in gut gestuftem Fels, manchmal neben dem Grat, warten wiederholt mit leichter Kletterei (I) auf. Aus einer Scharte setzt ein knackiger Aufstieg zu einer Zwischenerhebung an. Über einen nahen Grassattel und einen letzten Steilaufschwung gelangt man schließlich auf das **Grünhorn (6)**, 2039 m.

An einer Gabelung geradeaus haltend ins **Starzeljoch (7)**, 1867 m, verfolgt man den nun angenehmen

Grasgrat. Dann quert man über Weidehänge zur **Ochsenhofer Scharte (8)**, 1851 m (rechts die Ochsenhofer Köpfe), und wandert durch Buschwerk im Bogen hinunter zur Schwarzwasserhütte und auf dem bekannten Weg zurück nach **Schönenbach-Vorsäß (1)**.

Etwas knifflig: die Überschreitung Steinmandl – Grünhorn (Allgäuer Alpen).

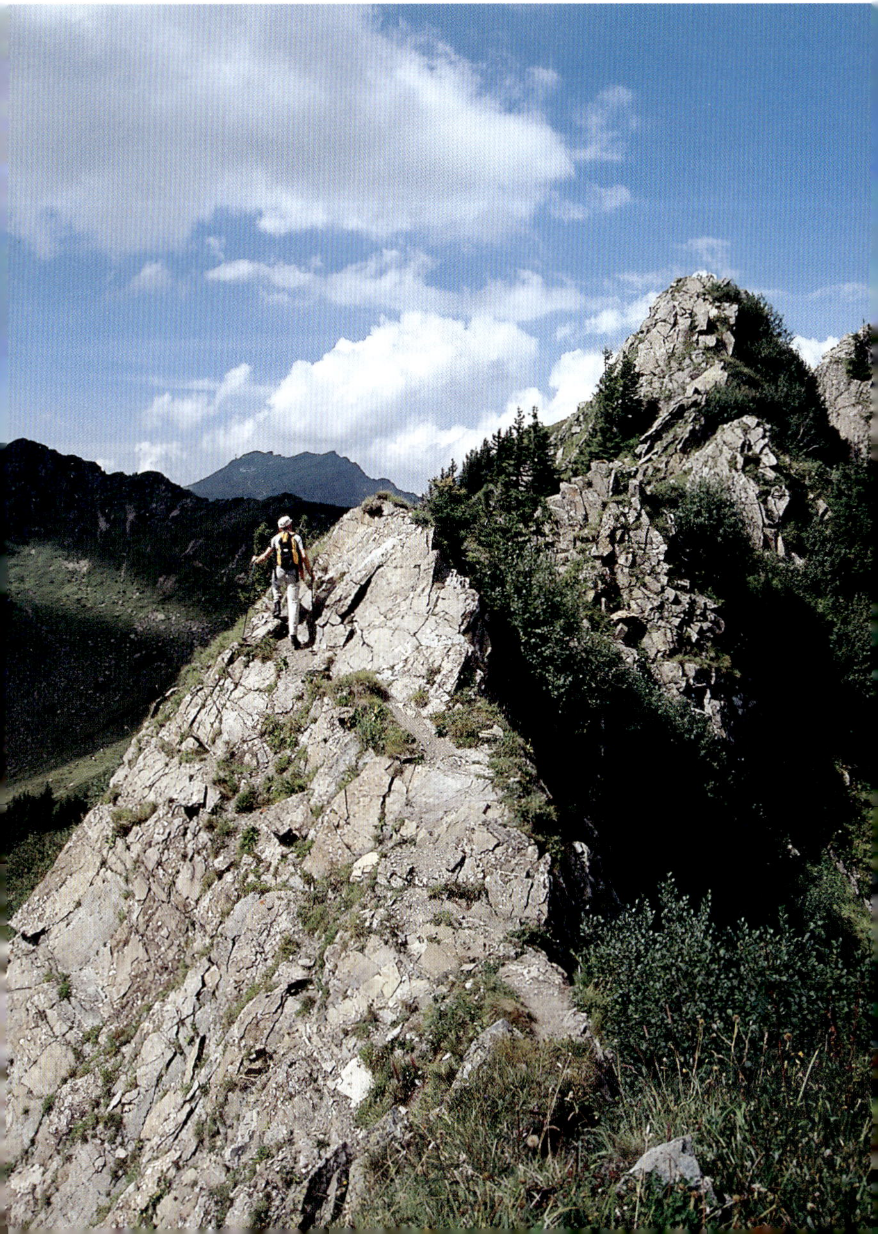

STOLZE »FREIE WÄLDER«

Die uralte Autonomie der »freien Wälder«, wie sich die Bewohner des Bregenzerwaldes heute noch stolz nennen, ist es wert, etwas näher beleuchtet zu werden. Die Besiedlung des Gebietes geht auf das 10. Jahrhundert zurück. Der Name bedeutet so viel wie »Wald der Bergwasser«. Er bezieht sich auf eine Zeit, in der das Landschaftsbild von undurchdringlichem Urwald beherrscht wurde. Alemannische Bauern aus der Umgebung von Bregenz rodeten auf Wunsch der Grafen von Bregenz diese »unbrauchbare« Waldwildnis und erbauten Herrenhöfe.

1290 wechselte der gesamte Bregenzerwald gegen ein Pfand von 1000 Mark in Silber vom Besitz Kaiser Rudolphs an den Grafen Hugo von Montfort. Keine hundert Jahre darauf verkaufte das Haus Montfort den etwa in der zweiten Hälfte des 14. Jahrhunderts durch Alemannen besiedelten Hinterwald an die Österreichischen Herzöge. Den Vorderen Bregenzerwald erhielten diese erst später dazu.

Die Obrigkeit setzte kaum einen Fuß in die abgelegene und unwirtliche Gegend des Hinteren Bregenzerwaldes. So konnte sich eine Bauernrepublik entwickeln, die ihre Gesetze selbst verfasste. Die »freien Wälder« ließen sich nur ungern von Außenstehenden dreinreden. Sogar die hohe Gerichtsbarkeit übten sie selbst aus. Die im Jahre 1871 erbaute Steinsäule Bezeggsul bei Bezau erinnert an das hölzerne Rathaus der politisch selbstständigen, »freien Landgemeinde«, das hier bis 1897 auf acht Säulen stand. Zur Versammlung stiegen die Ratsherren über eine Leiter durch eine Öffnung des Bodens in den Rathaussaal. Anschließend wurde die Luke durch eine Falltüre abgeschlossen, die man erst wieder entfernte, wenn die zu behandelnden Angelegenheiten durch gemeinsame Beschlussfassung geregelt waren. Abgeschieden vom Äußeren Bregenzerwald, wurden die Gesetze »hinter den Stieglen« – damit ist der südlich von Egg beginnende Hinterwald gemeint – nach Landesbrauch festgelegt.

Auf der Ebene der Gemeinde Andelsbuch trafen sich auf der sogenannten Wahlwiese die vier Bewerber zur Wahl des Landammanns für den Hinterwald. Der damals übliche Wahlvorgang war das krasse Gegenteil einer geheimen Wahl. Die aus den vier Bezirken Egg und Andelsbuch, Schwarzenberg und Bezau auserwählten »Wälder« stellten sich unter vier markante Bäume. Auf ein Kommando hin strebten die Wähler zu ihrem Kandidaten. Wer von den meisten Wählern umringt war, galt für die kommenden Jahre als nominierter Ammann.

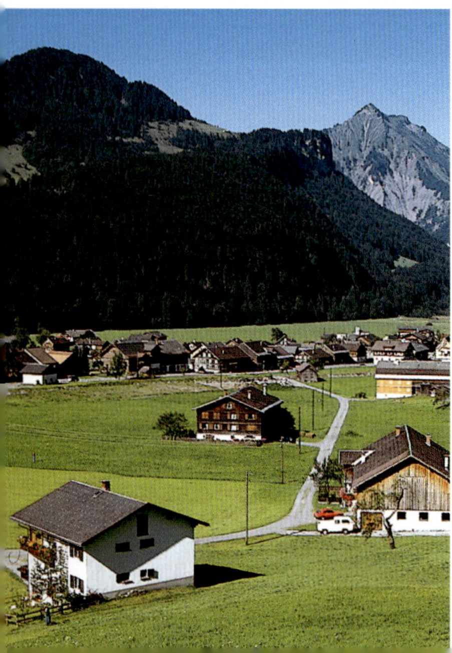

Bizau.

Güntlespitze und Üntschenspitze, 2135 m

16

Rundtour durch das Schrecksbachtal

★★★

Inmitten wallender Steilgrasmäntel

Der Hintere Bregenzerwald ist bekannt für seine kraftstrotzenden, vor allem in früheren Zeiten verheerenden Gebirgsbäche. Der Schrecksbach hinter Schoppernau ist ein solches Ungetüm. Er macht seinem Namen zeitweise alle Ehre. An dem unheilvollen Wildwasser entlang entführt uns ein einprägsamer Weg in die urige südliche Flyschzone der Allgäuer Berge über dem sich hier schluchtartig verengenden Tal der Bregenzer Ach. Das Markenzeichen dieses Gebirgswinkels sind die riesenhaft wallenden Steilgrasmäntel. Als beispielhafte Gestalten wollen wir die Güntlespitze und ihre grüne Schwester, die respekteinflößende Üntschenspitze, als Höhepunkte für eine überraschend unproblematische, wenn auch tagesfüllende Rundwanderung auswählen. Nach dem südseitigen Abstieg erwartet uns der wildromantische Gang auf dem »Felderweg«, der zu Ehren des Schoppernauer Heimatdichters und Autodidakten Franz Michael Felder (1839–1869) eingerichtet wurde.

KURZINFO

Talort: Schoppernau, 852 m. Straßendorf im letzten Talkessel des Bregenzerwaldes. Mit dem Bus von Dornbirn aus erreichbar (Zug von Bregenz). Tourismusbüro, 6886 Schoppernau, Tel. +43 5515 2495, au-schoppernau.at.
Ausgangspunkt: Bushaltestelle an der Sparkasse, 840 m; Parkplatz.
Gehzeit: 9.15 Stunden.
Höhenunterschied: 1420 Hm.
Anforderungen: Großteils gut bezeichnete Steige und Güterwege, kurze Pfade und Wanderwege. Kleine steile Anstiege. Ausdauer erforderlich. Nicht bei Nässe.

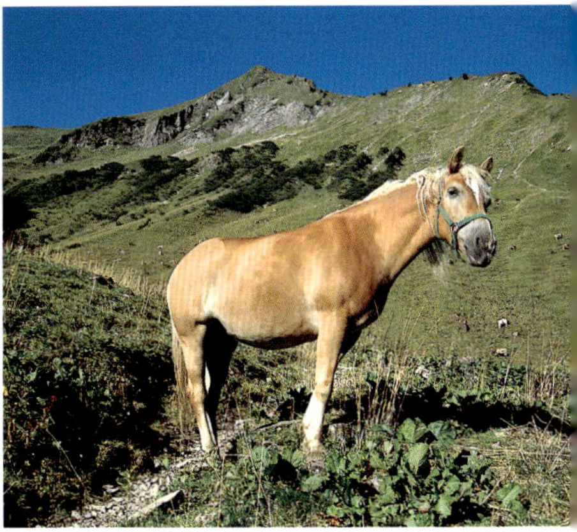

Am Nordaufstieg zum Häfnerjoch.

Wir nehmen an der Sparkasse in **Schoppernau (1)** mit seinen alten Wälderhäusern den Gehsteig ins Oberdorf und lassen uns vom Wegweiser »Üntschenspitze« den Kurs zeigen. Der Anblick dieses von hier aus scharf geschnittenen Graskegels steigert die Vorfreude nochmals gehörig. Auf der anderen Seite der Bregenzer Ach besticht das mächtige Massiv der Hochkünzelspitze. Ihr Gemäuer wird als erstes von der Sonne geweckt. Ab dem Teerende steigt ein Güterweg durch erfrischenden Wald meist deutlich bergan. Bald stoßen wir auf das von vielen Felsblöcken übersäte Bett des Schrecksbachs. Wenig später ist ein vom Falzerkopf niederstürzender Seitenbach zu überschreiten. Eine Serpentine überwindet die folgende Steilstufe.

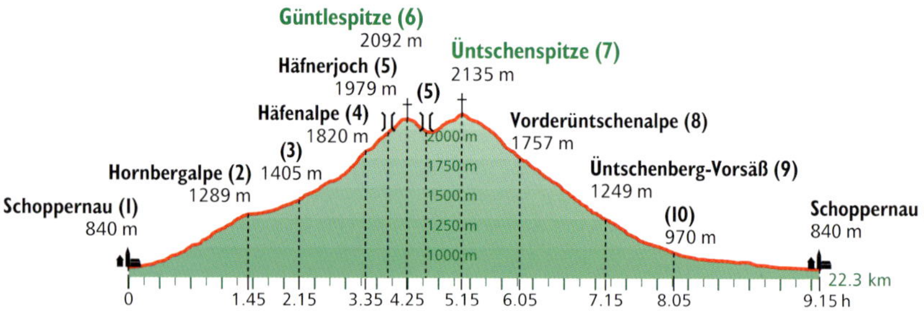

Vom winzigen Andachtshäuschen unter dem kleinen Weidegebiet der **Hornbergalpe (2)**, 1289 m, wandern wir hinein ins enge Schrecksbachtal. Ein Behelfssteg legt sich über einen weiteren Sturzbach. An der Verzweigung nach einem Bachtobel halten wir uns an die Route in Richtung Häfnerjoch zum Unteren Lager der Althornbachalpe. Unter dem wallenden Gras- und Gebüschmantel der Üntschenspitze ist es dann nicht mehr weit zur privaten **Pisialpe (3)**, 1405 m, am Fuß des Grünhorns. Ein breiter Alpsteig leitet nun südwärts mit Querung mehrerer Bachrinnen durch ein buckliges Weidegebiet am Schrecksbach-Oberlauf auf die Güntlespitze zu. Talauswärts bestimmt die Kanisfluh das Bild. Auch von Osten weiß sich unser Gipfelziel Nummer zwei mit recht rassigen Gratschneiden in Szene zu setzen. Wo der unbeachtete Auf-

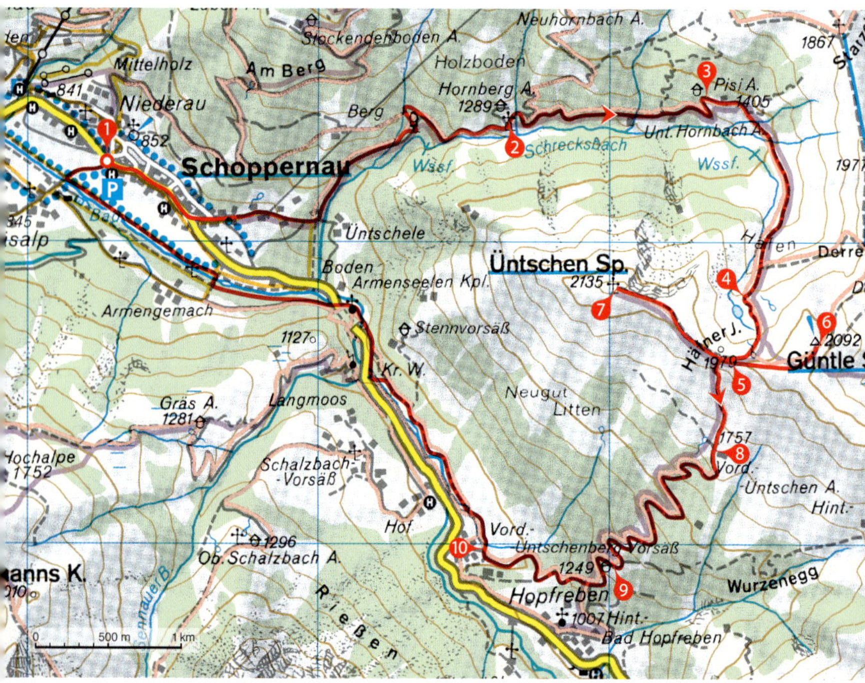

stieg ins Derrenjoch abschwenkt, haben wir eine mit Strauchwerk durchsetzte Steilstufe zu überwinden und erreichen in einer Seemulde die kleine **Häfenalpe (4)**, 1820 m, mit Lawinenschutz. Das unscheinbare Berggewässer trocknet in heißen Sommern vollständig aus. Erst jetzt verliert die Üntschenspitze deutlich an Strenge. Rückblickend zeigen sich Falzerkopf, Kreuzmandl und Steinmandl, ein erstklassiges Skitourengebiet. Hier tritt auch das auffallende Pultdach des Hohen Ifen in Erscheinung.

Schließlich windet sich die Route unter der Güntlespitze im Bogen hinauf zum breiten **Häfnerjoch (5)**, 1979 m, geschmückt von Heidekraut, Blaubeeren und ein paar Miniaturfichten. Mit ungeheurer Körperfülle riegeln die Pyramide der Hochkünzelspitze und das Trapez des Zitterklapfen einschließlich ihrer kecken Trabanten den hintersten Bregenzerwald ab. Links der Künzel imponieren Rote Wand, Braunarlspitze und Mohnenfluh. Anfangs über ein Gratstück, danach entlang einer kleinen Mulde, führt ein angenehmer Steig auf den südlichen Vorgipfel und über den gemütlichen Kamm zur **Güntlespitze (6)**, 2092 m.

Aus dem hintersten Bärgunttal entwächst in aufregender Größe der bullige Beherrscher der Walsertaler Berge, der Widderstein. Südöstlich von ihm lassen sich ein paar Erhebungen der Lechtaler Alpen und die Zackenkrone des Karhorns sehen. Zurück im **Häfnerjoch (5)** gewinnt man teils auf dem Grat, teils unterhalb kleiner Aufschwünge erholsam den Gipfel der **Üntschenspitze (7)**, 2135 m, mit einem Tiefblick der Extraklasse.

Zum dritten und letzten Mal statten wir dem Häfnerjoch einen Besuch ab und folgen in Kehren über einen Weidehang dem Steig Richtung

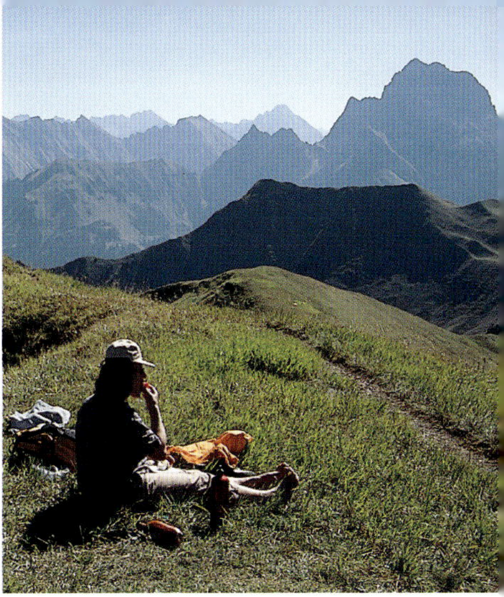

Allgäuer Hochalpen von der Üntschenspitze, vor dem Widderstein der Güntlespitzgipfel.

Üntschenberg-Vorsäß bergab zu der auf einer Bergschulter stehenden **Vorderüntschenalpe (8)**, 1757 m. Hier beginnt ein Güterweg, der uns in zahlreichen Waldserpentinen, im unteren Bereich über Weidelichtungen das **Üntschenberg-Vorsäß (9)**, 1249 m, passierend, nach **Vorderhopfreben (10)**, 970 m, bringt.

Nach der Ansiedlung schwenken wir auf den »Franz-Michael-Felder-Weg« ab, einen Pfad, der amüsant in leichtem Auf und Ab an der meist bewaldeten Bregenzer Ach entlang durch die Talenge führt. Viel Platz für einen Fußweg lassen die herandrängenden Bergflanken wirklich nicht. Ein Gedicht des immer noch gerne gelesenen Schriftstellers auf einem Felskloben erinnert an seine Zeit. Der Tunnel an der Flussschleife wird nach einem kurzen Straßenstück auf einem Wanderweg über eine Brücke umgangen. Dieser wechselt bald nach einer Straßenquerung das Achufer und führt uns hinaus nach **Schoppernau (1)**.

17 Höferspitze, 2131 m

Südaufstieg von Schröcken ★★

Lohnendes Halbtagesziel am Rand der Allgäuer Alpen

Selten wird man auf einer kleinen Bergtour gleich von Anfang an mit solchen Vorschusslorbeeren belohnt wie während des Südaufstiegs zur grasigen, nur schattseitig von Felsabbrüchen gezeichneten Höferspitze über dem Hochtannbergpass. Die außergewöhnliche Position dieses auch Höferberg genannten Bindeglieds zwischen dem freundlichen Kleinwalsertal und dem urweltlichen Talschluss der Bregenzer Ach ermöglicht derart aufwühlende Nahblicke auf ein begehrenswertes Sortiment von Felsriesen, dass man zwangsläufig bei jeder Verschnaufpause am neugierigen Vergleichen von Natur und Kartenbild ist: Wie heißt denn dieser, wie hoch ist eigentlich jener und wie komme ich wohl auf den dort drüben? Ach ja, und auf dem war ich noch nicht und auf dem auch noch nicht … Doch nur Bergsteiger, die Träume haben, sind bekanntlich glückliche Bergsteiger. Also ruhigen Gewissens weiterschauen, weiterplanen, dann erst gelassen weiter seines Weges ziehen.

In östliche Richtung entsendet unser Bergziel eine lang gezogene Kammschneide, die ebenfalls mit einer Wanderroute erschlossen ist und zu einer pfiffigen Runde reizt. Nach dem Abstieg über kitzligen Steildächern zur Passhöhe könnte man zusätzlich dem Kalbelesee und dem Körbersee, den beiden Perlen des Tannbergs, einen Besuch abstatten und während des Rückwegs ins Dorf den Gestaltungsreichtum dieses unvergesslichen Bergreviers noch einmal ausgiebig aufsaugen. Ludwig Steub schrieb einst treffend über Schröcken und seine umgebende Gebirgskulisse: »…auf einer Landzunge zwischen lauten Bergwassern, die in tiefen Tobeln rauschen, grausige Wände …; in der Höhe überall Zerrissenheit und Zerklüftung, Schnee und Eis, unten in der Schlucht enge, waldige Wildnis – das ist Schröcken.«

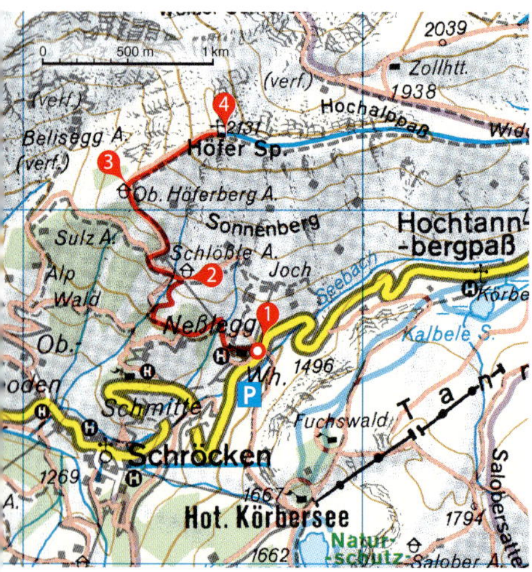

KURZINFO

Talort: Schröcken, 1269 m. Charmantes, kleines Walserdorf am Beginn der Hochtannbergstraße. Mit dem Bus von Dornbirn erreichbar (Zug von Bregenz). Warth – Schröcken Tourismus, 6767 Warth, Tel. +43 5583 35150, warth-schroecken.at.

Ausgangspunkt: Bushaltestelle in Neßlegg, 1505 m, am obersten Ortsende; beschränkter Parkplatz wenig unterhalb.

Gehzeit: 3.50 Stunden.

Höhenunterschied: 670 Hm.

Anforderungen: Beschilderter Pfad, Forst- und Ziehweg, unbezeichneter Steig. Langer Steilaufstieg. Nicht bei Nässe.

Der Wegweiser »Höferspitze« lenkt in **Neßlegg (1)** auf ein schmales Sträßchen, das am letzten Haus von einem flachen Pfad abgelöst wird. Eine Brücke trägt uns über den Sturzbach des Litzitobels. Anschließend nimmt uns ein spürbar steiler Forstweg auf. Dem Talschluss der Bregenzer Ach entragen zwei recht wuchtige Bergmassive, links die Mohnenfluh und zur Rechten die Braunarlspitze.
Bald wird der Tiefblick zum Hauptort mit seinem schlanken Kirchturm frei, den früher ein barocker Zwiebelhelm krönte. Im Westen ragt die Hochkünzelspitze auf. Nicht mehr lange, dann verschmälert sich die Fahrbahn über Wiesenhänge empor zu einem Ziehweg. Bei der Hütte namens **Schlößle (2)**, 1620 m, quert man eine Bachrunse. Von hier erkennt man bereits das Gipfelkreuz der Höferspitze.

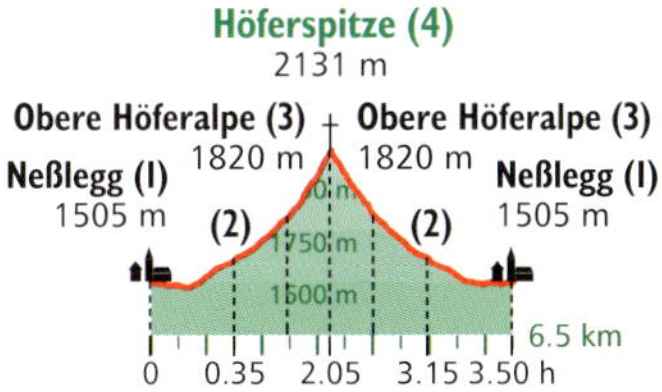

Der ab der Unteren Höferalpe, 1665 m, über die locker mit Fichten bestockte Bergflanke kletternde, unmarkierte Steig treibt den Puls rasch in die Höhe. Auf dem Tannberg im Südosten bestimmt das ausgeprägte Karhorn die Szene. Bald nach der halb verfallenen nächsten Hütte auf dem Südwestrücken – es ist die **Obere Höferalpe (3)**, 1820 m (auch Obere Höferbergalpe) – erreicht man die Baumgrenze. Zu guter Letzt müht man sich über blütenreiche Grasplanken, von denen die Walser – man glaubt es kaum – früher das Bergheu heruntergeholt haben, an

Schon bald nach Neßlegg rücken Mohnenfluh und Braunarlspitze ins Bild.

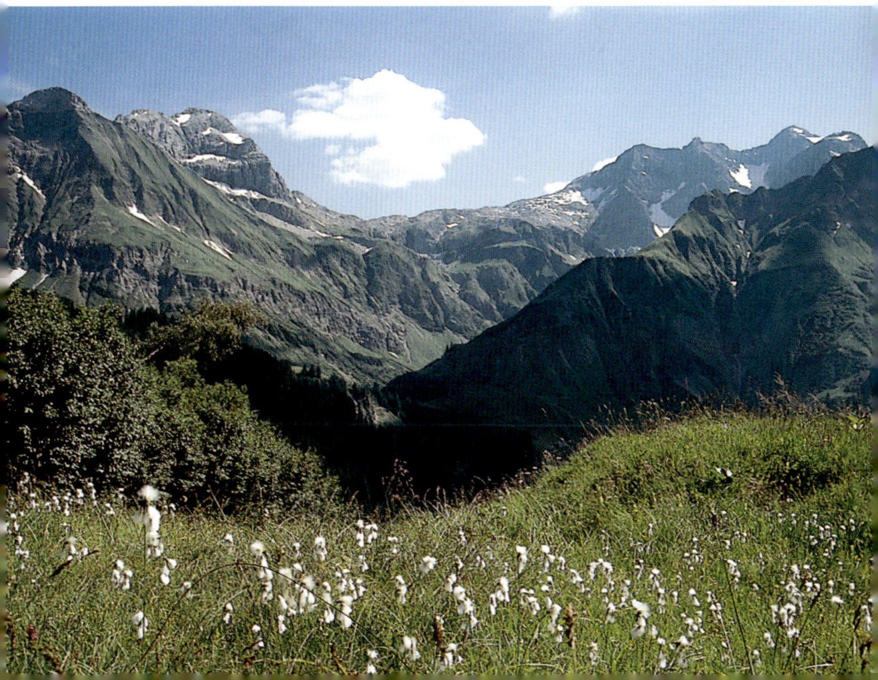

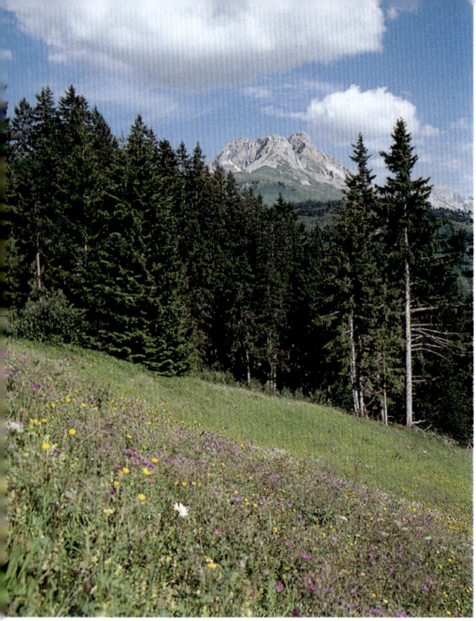

Lawinenverbauungen vorbei. Das Finale zur **Höferspitze (4)**, 2131 m, heizt noch kräftig ein.

Nach diesem verhältnismäßig kurzen Aufstieg bleibt umso mehr Zeit zum Schauen und Schwärmen von neuen Zielen. Den Rätikon vertritt als Hauptblickfang im ferneren Südwesten die eisbedeckte Schesaplana. In entgegengesetzter Richtung erstreckt sich zwischen dem schräg aufgestellten Schrattenkalkdach des Hohen Ifen und dem in unmittelbarer Nähe sich brüstenden Hauptdolomitklotz Widderstein die Wanderregion des Kleinwalsertals. Über dem Hochtannbergpass reihen sich die Spitzen des Allgäuer Hauptkamms und der Lechtaler Gipfelwelt aneinander.

Der Abstieg erfolgt auf dem Anstiegsweg.

Auf dem Weg zur Unteren Höferalpe taucht über dem Tannberg das Karhorn auf.

Während einer Gipfelrast imponiert am Rand der Allgäuer Berge der bullige Widderstein.

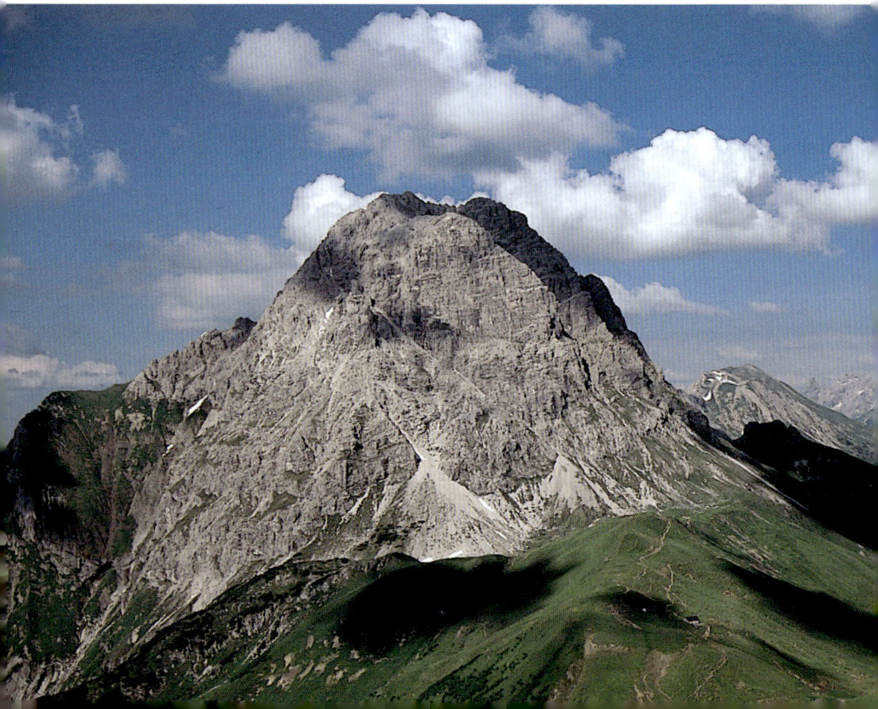

Annalper Joch, 1997 m

Rundtour über die Annalpe

★★

Auf Erholungswegen die Auer Bergvielfalt erleben

Au, die kontrastreiche und liebenswerte Sommerfrische – einst dem Urwald abgerungener, hart erkämpfter Lebensraum der freien Bauern des Hinterwaldes – verströmt ländliche Behaglichkeit. Drei Gebirgsgruppen schieben sich eng an den sonnigen Dorfflecken heran: das Bregenzerwaldgebirge, die Allgäuer Alpen und das Lechquellengebirge. Mittendrin in diesem alpinen Geschehen lockt den Freund beschaulicher Bergwanderungen ein erstklassiger Aussichtsbalkon. Die Rede ist vom Annalper Joch, einem auch bei den Skitourengehern recht beliebten Vorposten im packenden Bergkranz der Zitterklapfengruppe. Pralle Felsenleiber stehen gleich hinter diesem nur nach Norden hin ausgeprägten Berg – deshalb wahrscheinlich der Beiname Joch – den kühnsten Grashörnern gegenüber. Unterschiedlicher kann eine Alpenlandschaft kaum in Erscheinung treten.

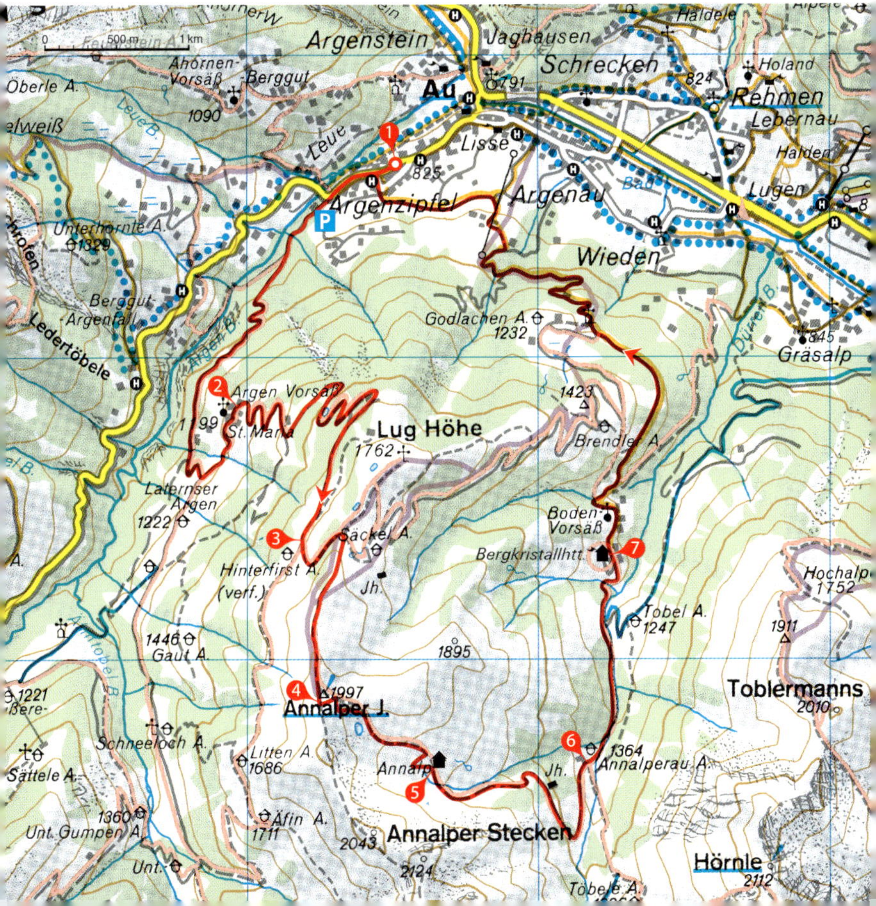

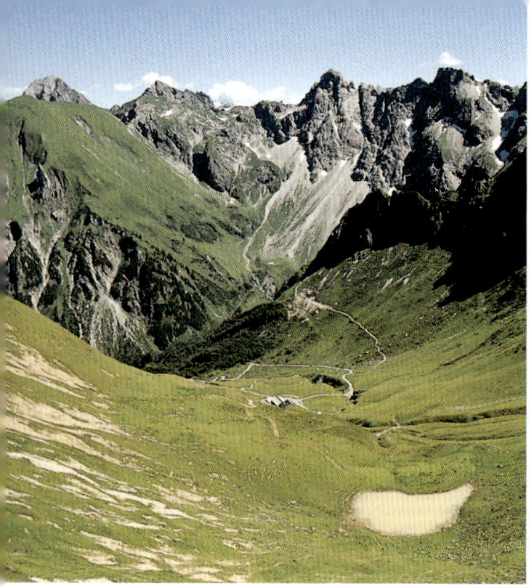

Abstieg in den Weidekessel der Annalpe.

KURZINFO

Talort: Au, 791 m. Verstreuter Hauptort des Hinterwaldes an der Felsenge der Bregenzer Ach. Mit dem Bus von Dornbirn erreichbar (Zug von Bregenz). Tourismusbüro, 6883 Au, Tel. +43 5515 2288, au-schoppernau.at.
Ausgangspunkt: Bushaltestelle am Haus Kanisfluh in Argenzipfel, 820 m, an der Straße Richtung Damüls; Parken taleinwärts an der Argenbachbrücke.
Gehzeit: 8.15 Stunden.
Höhenunterschied: 1220 Hm.
Anforderungen: Gut bezeichnete Güterwege, Pfade und Steige. Kurzer steiler Aufstieg. Ausdauer nötig.
Einkehr: Annalpe und Wirtshaus Bergkristall (Übernachtung).

Wir nehmen am Haus Kanisfluh in **Argenzipfel (1)** taleinwärts kurz den Gehsteig in Richtung Damüls und biegen vor der Argenbachbrücke auf den mit »Vd. Kriegbödenalpe« beschilderten, durch gemischten Wald leitenden Güterweg ab. In Kehren geht es entlang Felsbarrieren und zuletzt über Weidehänge hinauf zum **Argen-Vorsäß (2)**, 1199 m, mit einer Kapelle. Auf der anderen Talseite ragen Kanisfluh und Klipperen auf.
Von den Hütten windet sich der Weg lange Zeit durch Fichtenwald zu einem Viehstall und an einem Tümpel vorbei weiter zur winzigen **Hinterfirstalpe (3)**, 1680 m, empor. Jetzt versteckt sich auch die Damülser Mittagspitze nicht länger. Das Schild »Lug« weist auf einen Steig, der uns zur begrünten Kammhöhe oberhalb der Säckelalpe leitet. Der nun unterschiedlich steile Bergpfad aufs **Annalper Joch (4)**, 1997 m, bietet eine vortreffliche Schau zu den kantigen Felsgesellen des hintersten Bregenzerwaldes sowie zu den Rätikonzacken. Das Vieh leistet uns sogar noch auf dem knackigen Schlusssteig Gesellschaft. Beeindruckend zeigt sich über der Wanne der Annalpe die mannigfaltige Partie vom Töbelejoch zum gewaltigen Zitterklapfen.
Auf dem Abstieg folgt man nur ganz kurz dem Ostgrat. Dann geht's über einen steilen Weidehang in die mit einem kleinen See gefüllte

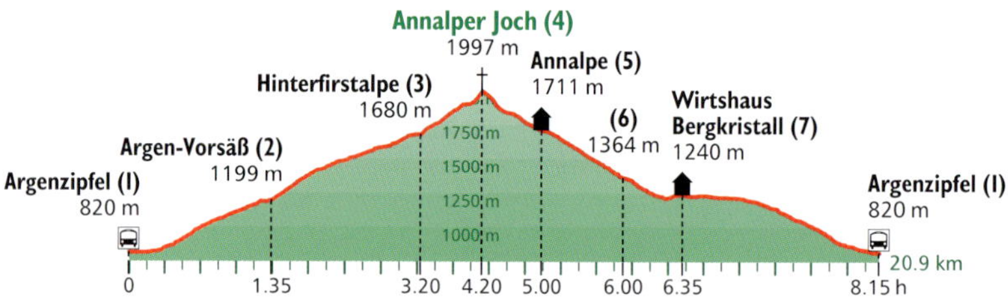

Hochmulde und zu der bereits von Anfang an sichtbaren **Annalpe (5)**, 1711 m, unter dem bizarren Felszahn des Annalper Steckens. Dieser fesselt durch seine 200 Meter hohe Nordwand. Der eigentliche Name Anna-Alpe wurde im Laufe der Zeit einfach zu Annalpe zusammengezogen. In ein paar Kehren und einer ausholenden Schleife an einer Jagdhütte vorbei spazieren wir nach einer längst fälligen Einkehr auf einem Güterweg weiter talwärts zur **Annalperaualpe (6)**, 1364 m, im Talschluss des Dürrebachs.

Der Wildbach begleitet uns anschließend durch Waldflecken zu den Hütten des Boden-Vorsäß mit dem etwas oberhalb gelegenen **Wirtshaus Bergkristall (7)**, 1240 m, über dem ab hier tief eingeschnittenen Bachtobel. Nach kaum nennenswertem Gegenanstieg fällt der Güterweg allmählich deutlicher zum Waldende am Bergfuß. Auf dem Pfad in Richtung Ortsmitte gelangt man noch vor dem Asphaltbeginn zu einem Wirtschaftsweg. Dieser führt auf die begrünte Südabdachung der Kanisfluh zu nach **Argenzipfel (1)**.

Nördliches Lechquellengebirge mit dem Auer Ortsteil Wieden.

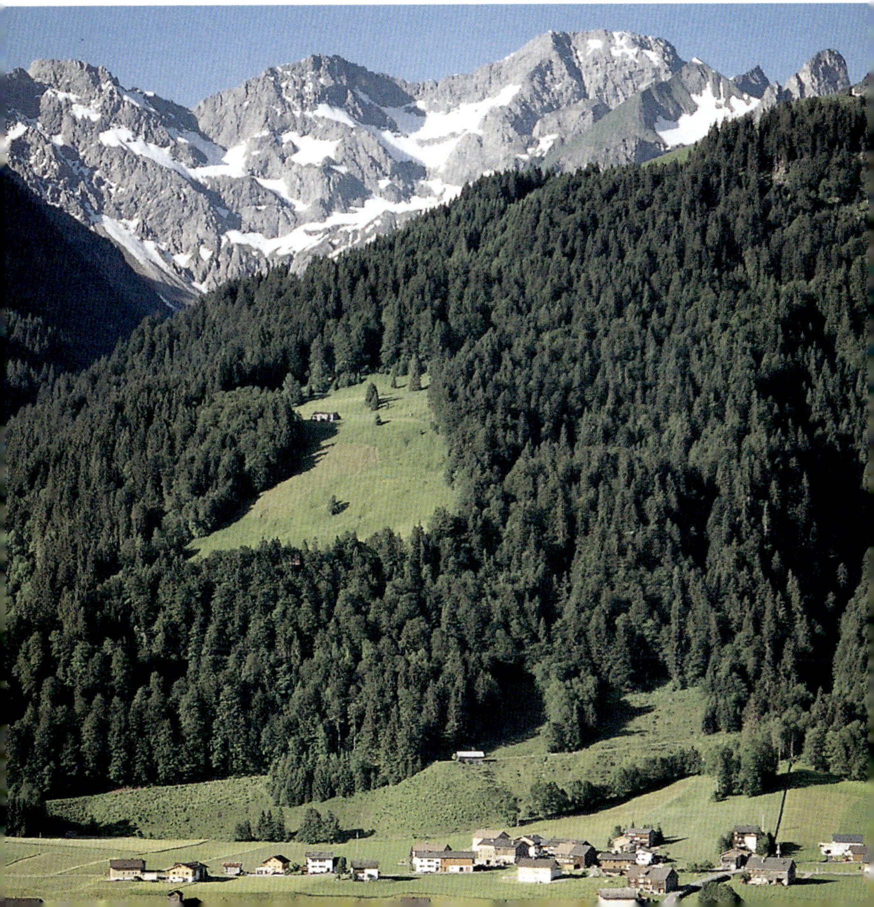

19 Hochkünzelspitze, 2397 m

Nordroute über die Oberschalzbachalpe ★★★

Hauptblickfang im nördlichen Lechquellengebirge

»Auf den Felsen, über welche die stolze Künzel starr und grau ins Blaue hineinragt, saß ich manche Stunde und freute mich an der verschiedenen Bildung der schimmernden Steinköpfe. Lächelnd übersah ich den ganzen inneren Bregenzerwald und sendete seinen Bewohnern da unten, welche die bergige Landschaft gleichsam in ihre Taschen steckte, meine Grüße zu.« So viel zur Hochkünzelspitze aus der Feder des Schoppernauer Schriftstellers F. M. Felder.

Von Norden gesehen zählt das schneidige, aus Hauptdolomit gemauerte Trapez – der Volksmund nennt es »Hohe Künzel« – zu den markantesten Erscheinungen des gesamten Bregenzerwaldes. Die anstrengende Aufstiegsroute über die Schalzbachhütten ist voll mitreißender Szenenwechsel. Dabei verlangt sie uns nur geringfügiges technisches Können ab. Aber rund eineinhalbtausend Höhenmeter sind zu überwinden, bis man mit gewachsenem Selbstvertrauen auf dem erhabenen Felsenthron aufatmend Platz nehmen kann. Man weiß nicht, was man zuerst bestaunen soll: die einzigartige Talschau über die riesige Nordostwand oder die umfassende Aussicht, neben den bereits erwähnten Blickfängen beispielsweise auf das wogende Bregenzerwaldgebirge, die nahen Allgäuer Hochalpen, die westlichen Lechtaler Alpen mit der scharf geformten Holzgauer Wetterspitze, das Verwall, die Silvretta, die Glarner Alpen, das Säntismassiv. Viele Stockwerke unter uns bahnt sich die junge Bregenzer Ach ihren Weg hinaus zum Bodensee.

Niedere Künzelspitze und Künzelturm.

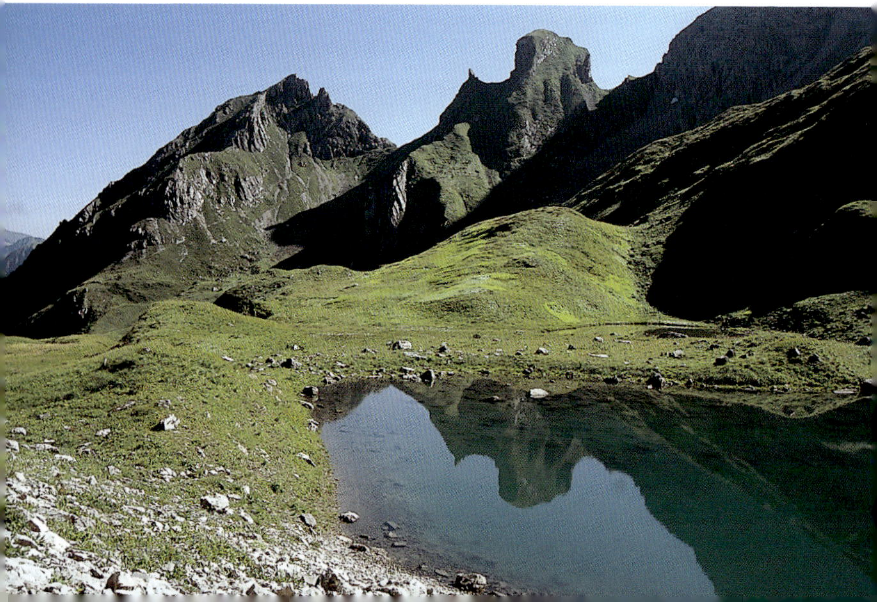

KURZINFO

Talort: Schoppernau, 852 m. Straßendorf im letzten Talkessel des Bregenzerwaldes. Mit dem Bus von Dornbirn aus erreichbar (Zug von Bregenz). Tourismusbüro, 6886 Schoppernau, Tel. +43 5515 2495, au-schoppernau.at.
Ausgangspunkt: An der Abzweigung Schalzbach-Vorsäß, 910 m, zu erreichen von Schoppernau 2 km auf der B 200 taleinwärts; Parkplatz.
Gehzeit: 8.15 Stunden.
Höhenunterschied: 1500 Hm.
Anforderungen: Gut bezeichnete, öfter kurz drahtseilgesicherte Steige und Pfade, Güter- und Ziehwege. Längere Steilaufstiege. Ausgesetzte und rutschige Passagen verlangen Trittsicherheit und Schwindelfreiheit, deshalb nur für Geübte geeignet. Ausdauer und zuverlässiges Wetter erforderlich, Vorsicht bei Nässe!
Einkehr: Oberschalzbachalpe.

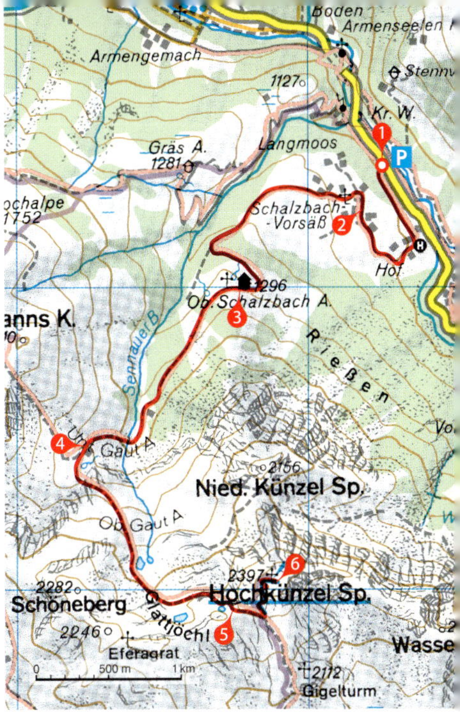

Von der **Abzweigung Schalzbach-Vorsäß (1)** an der Bregenzerwald-Bundesstraße, unter der Steilgrasflanke der Üntschenspitze, wandern wir auf einem asphaltierten Güterweg in einer Schleife an den gedrungenen Hütten von Hof vorbei, bergan über Weidehänge. Den Talschluss bestimmt die bullige Mohnenfluh. Neben dem einschüchternden Felsgemäuer der Niederen Künzelspitze tritt der grüne Toblermannskopf eher bescheiden in Erscheinung. Ab der Alpsiedlung **Schalzbach-Vorsäß (2)**, 1060 m, mit reizvoll positionierter Schindelkapelle geht's auf einer Naturfahrbahn durch ein Wäldchen zur **Oberschalzbachalpe (3)**, 1296 m.

Es folgen ein flaches Pfadstück und nach einem Waldstreifen oberhalb des vom Sennauer Bach durchrauschten Tobels ein wieder ansteigender Ziehweg. Am Fuß der Westabstürze der Niederen Künzelspitze, über die ein Wasserfall seinen

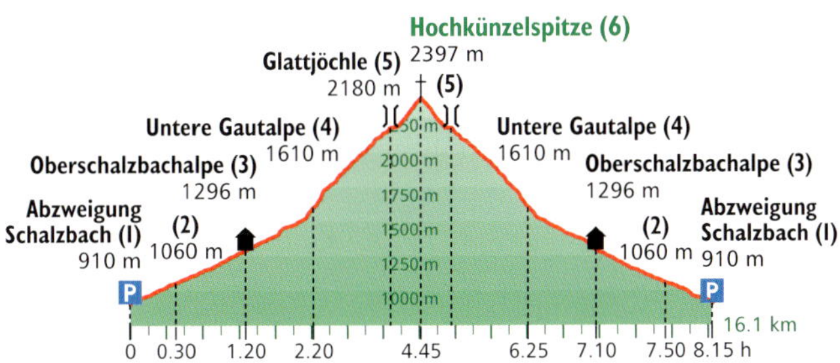

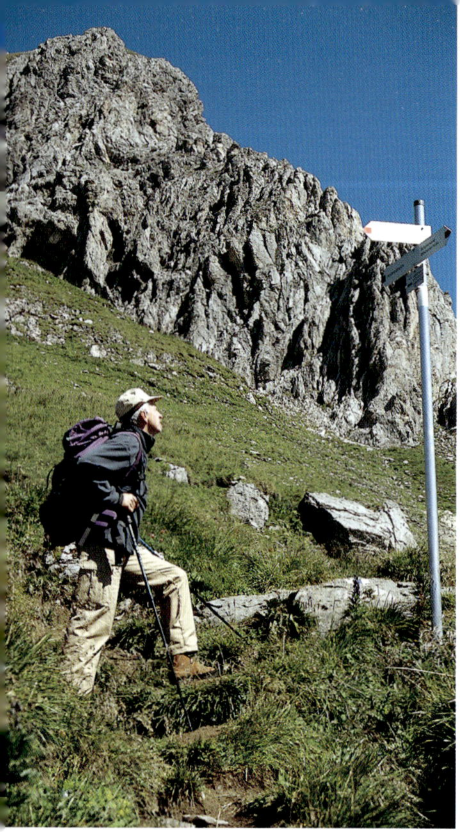

Am Südfuß der Hochkünzelspitze.

Schleier wirft, zwingt uns in einem urigen Talkessel ein Felsriegel beim Tobelende zu einem deutlichen Bogen über einen Steilaufschwung. Wieder auf einem Pfad, queren wir dabei zu Beginn zwei Bachrinnen.

Wir kommen zu einem winzigen Schuppen, der sich **Untere Gautalpe (4)**, 1610 m, nennt. In diesem urweltlichen Bergwinkel bestechen zwei schneidige Türme – der mit einem vorgesetzten Felsfinger zwischen Niederer und Hoher Künzel ins Firmament stechende Künzelturm und ein namenloser links vom Toblermannskopf. Zu diesem zweigt von unserer Route der deutlich leichtere Aufstieg ab. Auf dem nun an einer etwas abschüssigen Stelle drahtseilgesicherten Steig überwinden wir den überwiegend grasigen Randbereich des Felsriegels in eine kleine Hochwanne.

Danach mühen wir uns in unterschiedlicher Steigung über bucklige, felsdurchsetzte Hänge und passieren einen bescheidenen, türkisgrünen Bergsee. In diesem spiegelt sich in Form eines Stockzahns der Künzelturm. Gleich daneben dehnt sich eine blumenreiche Feuchtwiese aus. Bald nach einem versteckten zweiten See belohnt vom **Glattjöchle (5)**, 2180 m, ein hinreißendes Zackenpanorama den langen Aufstieg: von der Mohnenfluh über die voluminöse Braunarlspitze, die Johannesköpfe mit den weitläufigen Hochkaren Diesner und Gadner Gschröf sowie die ganzjährig firngeschmückte Rote Wand bis zu den Montafoner Regenten.

Wenig später mündet der übliche Hochkünzel-Zugang von der Biberacher Hütte ein. Nach kurzer Erholungsetappe kämpfen wir uns im Zickzack über den aufsteilenden und im oberen Bereich mit Drahtseilen entschärften, schrofigen Rasen-Steilhang empor zum geräumigen obersten Westgrat. Schon nach Kurzem wagt man sich achtsam wenige Meter eine rutschige, ebenfalls drahtseilgesicherte und Trittsicherheit fordernde Lehmrinne bergab zu einer Scharte. Nur noch eine ausgesetzte Umgehung des zuletzt leider unangenehm schuttbedeckten, aber weiterhin gesicherten Gipfelaufschwungs, dann stehen wir staunend auf der **Hochkünzelspitze (6)**, 2397 m. Kein Gipfel, der uns nach Westen oder Norden hin zu überragen vermöchte.

Der Abstieg erfolgt auf dem Anstiegsweg.

Mohnenfluh, 2542 m

Von Schröcken auf dem Geislinger Steig

★★★

Zweieinhalbtausender über blaugrünem Hochgebirgssee

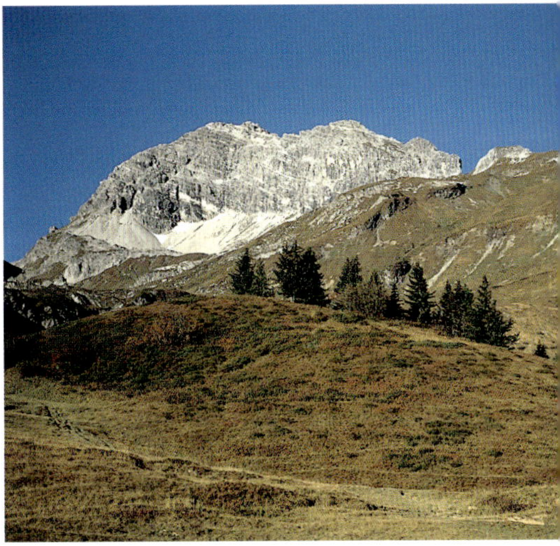

Mohnenfluh und Juppenspitze.

Die technische Erschließung durch Bergbahn- und Liftprojekte hat vom Tannberg und Oberen Lechtal her die Berglandschaft an der massigen Mohnenfluh als Erholungsregion für Wanderer deutlich entwertet. Wie schön, dass es noch den einsamen Aufstieg von Schröcken gibt. Unmittelbar am Dorfrand setzt man hier seinen Fuß in ein unverfälschtes Hochtal. Nach einer Dreiviertelstunde endet der Fahrweg. Gut, für jedermann ist dieser lange, abgeschiedene Entdeckungsgang nicht gerade geeignet. Dabei hält sich die Mohnenfluh selbst mit Anforderungen eher zurück. Es ist der mittlere Teil des Aufstiegs, der mit ein paar Raffinessen aufwartet. Bereits während des spannenden Zugangs zur Kälte ausströmenden Hochgletscheralpe verlangen zwei abschüssige Etappen einen geübten Tritt. Auf dem exponierten Geislinger Steig sollte man dann die lauernde Tiefe des schauerlichen Butzentobels ertragen können. Außerdem wäre es unverantwortlich, gerade hier zum ersten Mal seine Kletterfähigkeiten zu testen. Des Weiteren die ausgedehnte Ödnis der Butzen überschreitend, ein Meer von garstigen Felsenhöckern, kann man ein vielleicht mitschwingendes Gefühl der Beunruhigung getrost ablegen. Wer's bis hierher geschafft hat, wird über den Butzensee, dieser Perle unter den Bergseen, zum Gipfel sein reines Vergnügen haben.

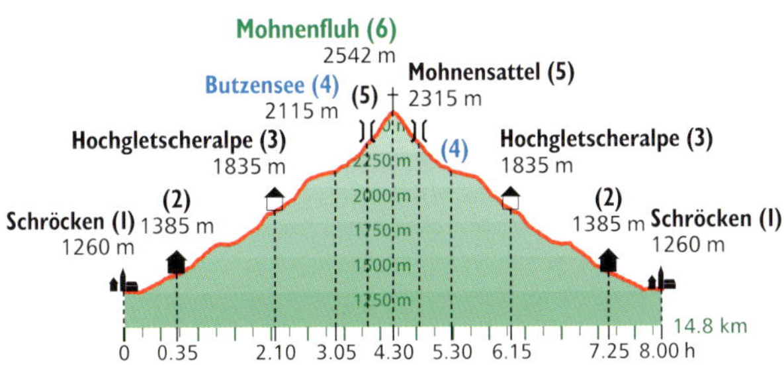

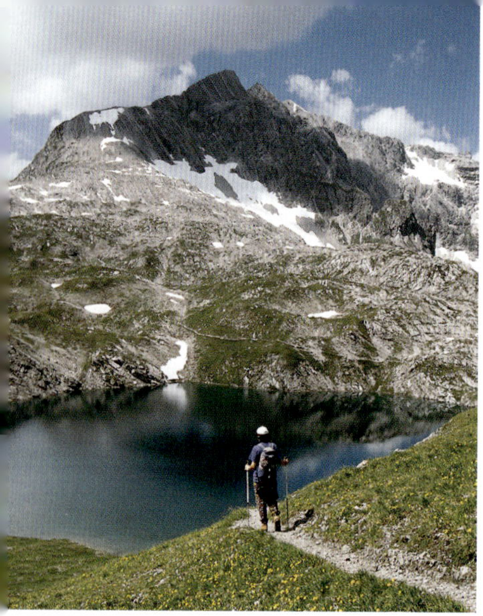

Butzensee mit Braunarlspitze.

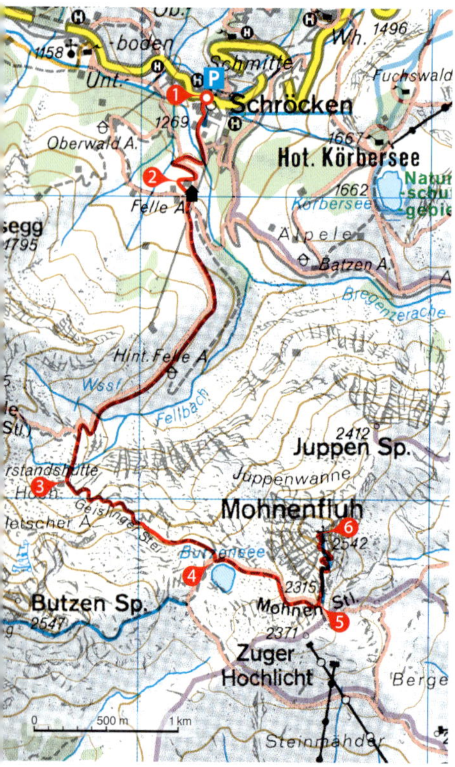

KURZINFO

Talort: Schröcken, 1269 m. Charmantes, kleines Walserdorf am Beginn der Hochtannbergstraße. Bus von Dornbirn (Zug von Bregenz). Warth – Schröcken Tourismus, 6767 Warth, Tel. +43 5583 35150, warth-schroecken.at
Ausgangspunkt: Bushaltestelle bei der Kirche, 1260 m; Parkplatz.
Gehzeit: 8.00 Stunden.
Höhenunterschied: 1350 Hm.
Anforderungen: Gut bezeichnete Güterwege und Steige. Längere steile Aufstiege. Ausgesetzte, teilweise drahtseilgesicherte Passagen erfordern leichte Kletterei (I), Trittsicherheit und Schwindelfreiheit. Ausdauer und stabiles Wetter nötig, Vorsicht bei Nässe! Bis zur Hochgletscheralpe mittelschwer.
Einkehr: Alpe Felle.

Bei der Kirche in **Schröcken (1)** lenkt der Wegweiser »Alpe Felle« auf einen Güterweg. Der dralle Felsberg zur Linken ist bereits die Mohnenfluh, rechts der Hochberg. Wir queren mit einem kleinen Abstieg den von der jungen Bregenzer Ach durchschäumten, wilden Tobel. Rückblickend erhebt sich über Alpmatten die Höferspitze. In zwei weiten Schleifen steigen wir durch steiles Weidegebiet zur **Alpe Felle (2)**, 1385 m, an. Über dem Tannberg ragt der Widderstein auf.

Am unteren, alten Gebäude weist die Beschilderung zur »Biberacher Hütte« und vor einem kleinen Wasserfall in Richtung »Butzensee«. Links des Auenfeldsattels erkennt man das Karhorn. Auf einem markierten Alpsteig gewinnen wir stetig an Höhe. Nach einer Strauchzone öffnet sich über dem Fellbach der gewaltige Bergkessel vor der breiten Braunarlspitze. Den ganzen Sommer hindurch kleiden Firnfelder die eingelagerten Schuttkare.

Ab einem winzigen Absatz zieht sich die Erlebnisroute flach an fetten Grashängen entlang ins Innerste des Kessels. Im Bachschlund kleben schäbige Lawinenreste. Die nun wieder deutlich steigende, wiederholt abschüssige Etappe über eine Schrofenflanke verlangt große Vorsicht. An der Gabelung im so genannten Hochgletscher, der Karwanne unter der Braunarlspitze, macht ein Schild darauf aufmerksam, dass der Geislinger Steig zur Mohnenfluh alpine Erfahrung voraussetzt. Doch vorerst schaltet sich nochmals ein Abschnitt unbeschwerten Wanderns ein.

Hinter dem mickrigen Unterstand der **Hochgletscheralpe (3)**, 1835 m, überschreiten wir achtsam einen bis in den Hochsommer firnbedeckten Bach. Nach ein paar Grasbuckeln geht's mittels zuverlässiger Drahtseile, durchwegs ordentlich markiert, um einen breiten Wandriegel herum. Man genießt dabei kitzlige Tiefblicke in den unfreundlichen Schlund des Butzentobels. Jetzt folgt ein kurzer felsiger Aufstieg, bevor wir gemütlich über Rasenhänge mehrere Murmeltier-Wohnungen passieren. Wir überwinden eine kleine seilgesicherte Felsrinne mit leichten Kletterstellen (I) und schlendern anschließend auf wüsten, karstigen Böden zum blaugrünen **Butzensee (4)**, 2115 m.

Unser Gipfelziel hat von seiner Eindruckskraft immer noch nichts verloren. Durch eine Schuttwanne dem **Mohnensattel (5)**, 2315 m, zustrebend bleibt man beim Anblick der beherrschend über dem See aufragenden Braunarlspitze immer wieder gebannt stehen. Während des anstrengenden Zickzackaufstiegs über die geröllbedeckte Südflanke ist auf Steinschlag zu achten. Zum Schwärmen verleitet das Panorama Lechtaler Alpen – Verwall. Nach einem etwas brüchigen, aber gut gestuften Gratstück betreten wir den Gipfel der aus Hauptdolomit aufgebauten **Mohnenfluh (6)**, 2542 m.

Der Abstieg erfolgt auf dem Anstiegsweg.

Trutzige Hauptdolomitgestalt des Tannbergs: die Mohnenfluh.

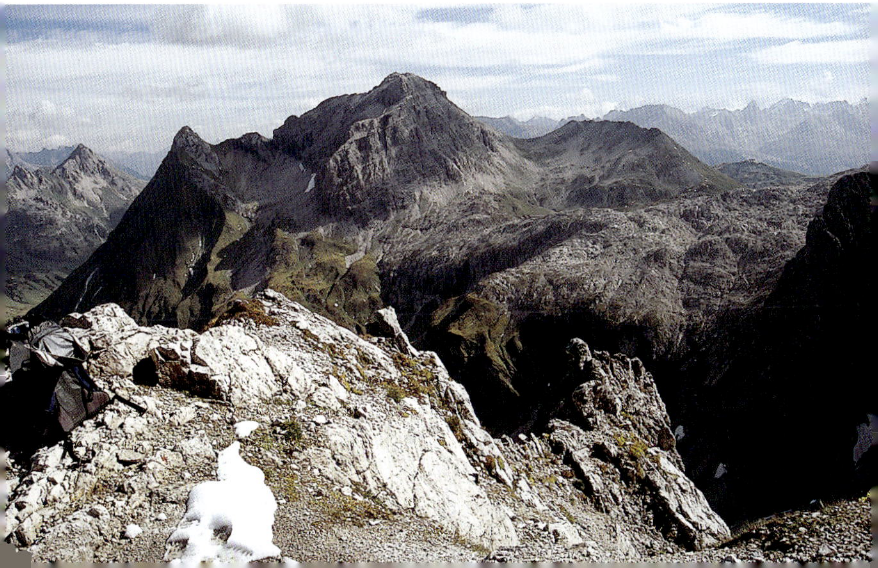

21 Zafernhorn, 2107 m

Rundtour vom Faschinajoch ★★

Wanderberg zwischen Bregenzerwald und Großem Walsertal

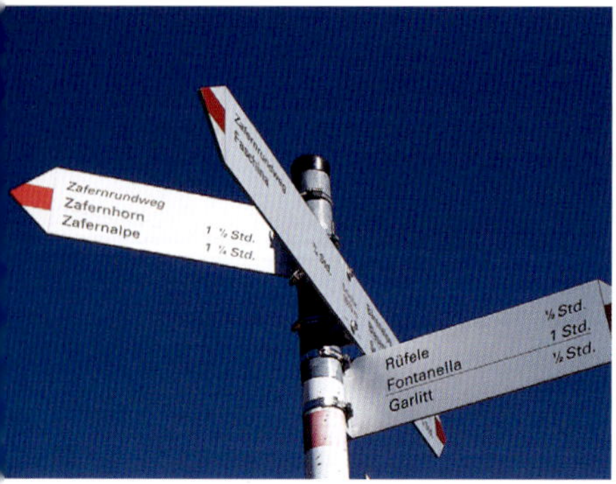

Keine Orientierungsprobleme.

Die ursprünglichen Alpen Faschina und Fontanella wurden von den Walsern als einzige spätere Dauerwohnplätze im Großen Walsertal von Damüls her besiedelt. So wird die lange Zugehörigkeit zur Pfarrei Damüls verständlich. Erst um 1673 sagten sich die beiden Orte von ihrer Muttergemeinde los. Bis dahin musste man im Winter verstorbene Bewohner daheim aufbewahren, da der Weg zu einem Begräbnis wegen Lawinengefahr unmöglich war. Setzten Wärmeeinbrüche ein, war man gezwungen – so unglaublich dies klingen mag –, die Leichen zu räuchern.

Traumhafte, weitreichende Nah- und Fernblicke vermittelt eine Besteigung des scharf geschnittenen und besonders von Westen ungemein abweisend wirkenden Zafernhorns. Der Grasgipfel wurde mit umfassenden Lawinenverbauungen in Ketten gelegt. Dank des hohen Ausgangspunktes bereitet er keine großen Mühen. Außerdem wartet die nahe liegende Umwanderung des Berges lediglich mit kleinen Aufmerksamkeit fordernden Abschnitten auf. Bleibt noch Zeit und Lust für einen zweiten Gipfel, wäre ab dem Zafern-Maisäß die ebenfalls unproblematische Blasenka zu empfehlen.

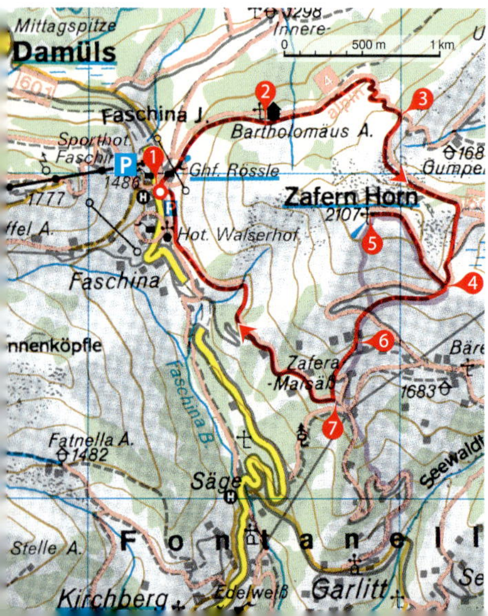

KURZINFO

Talort: Fontanella, 1145 m. Höchstgelegenes, verstreutes Gebirgsdorf des Großen Walsertals auf der Südseite des Faschinajochs. Bus ab Dornbirn (Zug ab Bregenz). Großes Walsertal Tourismus, 6700 Bludenz, Tel. +43 5554 5150, vorarlberg-alpenregion.at.

Ausgangspunkt: Bushaltestelle auf dem Faschinajoch, 1486 m; Parkplatz.

Gehzeit: 4.30 Stunden.

Höhenunterschied: 700 Hm.

Anforderungen: Gut bezeichnete Güterwege, Steige (kurze Drahtseile) und Pfade. Kurze steile Aufstiege. Bei Nässe nicht empfehlenswert.

Einkehr: Bartholomäusalpe.

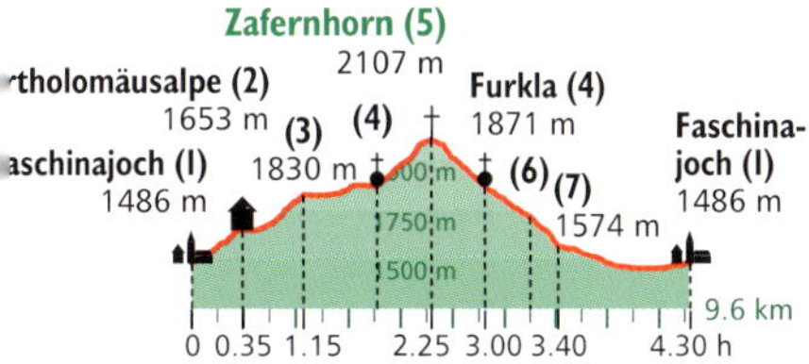

Vom **Faschinajoch (1)** steigt ein Ziehweg mit Blick nach Damüls über einen Strauchhang zum Weidegebiet der **Bartholomäusalpe (2)**, 1653 m. Dieses Teilstück des zur Biberacher Hütte führenden Europäischen Fernwanderwegs »E4 alpin« quert unter den Abstürzen des Zafernhorns einen Sturzbach und leitet ab einer Verzweigung – wir halten uns rechts – als Steig über Grashänge um einen Bergsporn herum.

Durch Gebüsch mühen wir uns steil bergauf zur Einsattelung **Gumpener Grätle (3)**, 1830 m, (auch Gumpener Höhe) im Nordkamm unseres Ziels, auf dem noch einzelne Fichten stehen. Oberhalb des Kessels der Gumpenalpe sind ein paar Schuttströme zu queren, dann setzt ein kurzer Steilaufstieg über einen Buschgürtel (Drahtseile) zum Gumpengrätle, 1900 m, im Nordostkamm an, nach dem wir auf den Güterweg von der Zafernalpe stoßen. Eindrucksvoll öffnet sich das Felsentor zwischen Wildem Gräshorn und Zitterklapfen. Jenseits des Großen Walsertals thront die Rote Wand.

Wir verlassen den Weitwanderweg und folgen nach einem Flachstück auf der **Furkla (4)**, 1871 m, (auch Zafernfurka) mit Kapelle dem Steig auf dem zu Beginn breiten Südostgrat zum **Zafernhorn (5)**, 2107 m. Über dem Ausgang des Großen Walsertals grüßt der Walgau und ringsum reiht sich eine markante Gipfelgestalt an die andere bis zum Piz Buin und zum Tödi in den Glarner Alpen.

Zurück auf der **Furkla (4)** wählen wir die Pfadabkürzungen in Richtung Faschina. Über Alpmatten geht es zu den verstreuten Hütten des **Zafern-Maisäß (6)**, 1720 m, und zum **Brüche-Maisäß (7)**, 1574 m. Hinter der versteckten Oberen Waldalpe quert ein meist flacher Pfad den rutschgefährdeten, etwas unangenehmen Stutztobel zurück zum **Faschinajoch (1)**.

Während des Schlussaufstiegs weitet sich das Panorama übers Große Walsertal in den Rätikon.

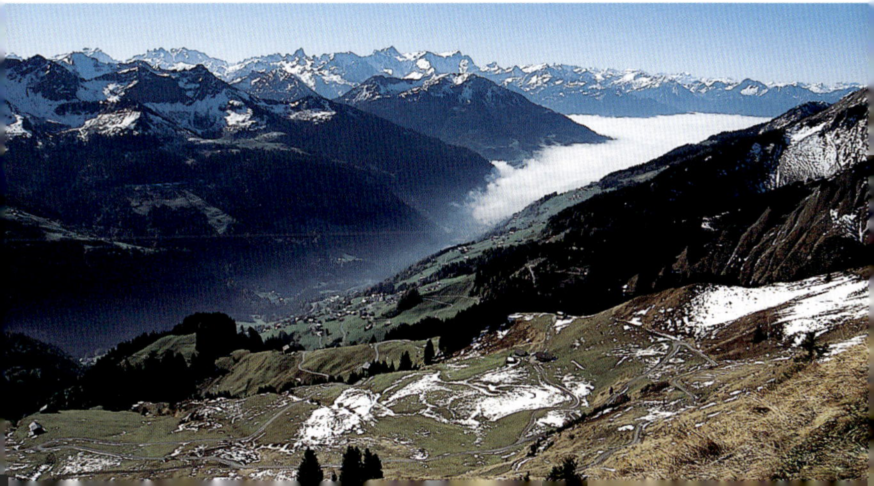

22 Glattmar, 1930 m

Teilrunde von Stein

★★

Kleiner Großwalsertaler Bergbahngipfel

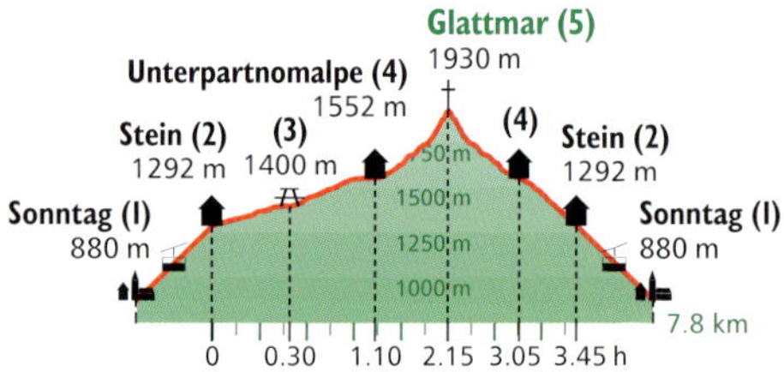

Vom Stafelfedergrat, der den Guggernülli bei Marul mit dem Gronggenkopf verbindet, zweigt nach Norden hin, der Wandfluh zu, über dem hintersten Großen Walsertal ein Seitengrat ab, der als Haupterhebung den Glattmar trägt. Dieser ziemlich einfache und lohnenswerte Aussichtsberg mit verhältnismäßig kurzem Zugang ist auch unter den Bezeichnungen »Glattmahd« und »Partnomer Horn« bekannt. Die glatte, grasige Westflanke hat ihm seinen Namen gegeben. Besonders eindringlich stellen sich, von diesem Bergbahn-Wanderziel betrachtet, die charaktervoll aus dem scharf eingeschnittenen Hutlatal aufragenden Felsstaturen im zentralen Lechquellengebirge zur Schau. Als Bereicherung des Aufstiegs zur Unterpartnomalpe sei der Abstecher zum anregenden Aussichtspunkt Wandfluh empfohlen.

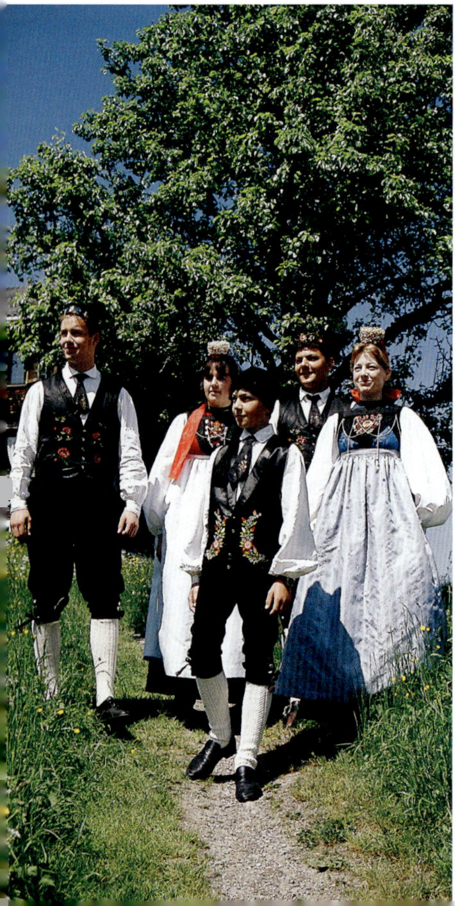

KURZINFO

Talort: Sonntag, 888 m. Auf der Sonnenseite verstreut gelegene, größte Gemeinde des hinteren Großen Walsertals. Bus ab Bludenz (Zug ab Bregenz). Großes Walsertal Tourismus, 6700 Bludenz, Tel. +43 5554 5150, vorarlberg-alpenregion.at.
Ausgangspunkt: Bushaltestelle an der Seilbahn Stein, 880 m; Parkplatz.
Gehzeit: 3.45 Stunden.
Höhenunterschied: 650 Hm.
Anforderungen: Ausreichend bezeichnete Güterwege, Steige und Pfade. Längerer Steilaufstieg. Nicht bei Nässe.
Einkehr: Seilbahnstüble, Berghaus Wiesa, Partnomhüsle (Übernachtung).

Festtägliche Tracht im Großen Walsertal.

Die Seilbahn Stein schaukelt uns von **Sonntag (1)** über die Talfurche der Lutz zur Bergstation mit Seilbahnstüble und Berghaus Wiesa. In **Stein (2)**, 1292 m, weist die Beschilderung »Vorderes Steinbild« auf einen über Blumenwiesen leicht ansteigenden Güterweg. Das hinter der abgeschiedenen Parzelle aufragende Breithorn macht seinem Namen alle Ehre. Bei den Berggütern Vorderes Steinbild, überragt vom Zitterklapfenmassiv, schwenken wir auf die durch Wald zum **Steinbild-Grillplatz (3)**, 1400 m, führende Route ab.

Der Wegweiser »Wandfluh« lenkt nach einer kleinen Rast auf den Respekt einflößenden Felsabbruch mit Klettergarten zu. Diesem gehen wir großräumig aus dem Weg. Oberhalb von ein paar Kehren kann man sich über die Weideböden der **Unterpartnomalpe (4)**, 1552 m, mit dem bewirtschafteten Partnomhüsle und einer Sennerei, wo auch Schweine gehalten werden, ruhig Zeit lassen.

Auf unser Gipfelziel zuhaltend geht's nun bergan in eine Hochmulde. In einer Schleife schwingt sich der Steig anschließend empor zum anfangs noch gemütlichen, von letzten Fichten bestockten Nordwestgrat, auf dem auch die Bergstation eines Winter-Sesselliftes steht. Während des knackig steilen Finales über den sich verschmälernden Rasengrat auf den **Glattmar (5)**, 1930 m, kann man dann noch seine Kondition unter Beweis stellen.

Jenseits des Hutlatals bestechen die beiden beachtlichen Felspyramiden des doppelgipfligen Matonakopfs und der Hutlaspitze, zur Rechten überwältigt in atemberaubender Nähe das unfassbare Bollwerk der Roten Wand. Im Südwesten lenken hinter dem Breithorn die Drei Türme und die Zimba das Auge auf sich. Zudem wird das ganze Große Walsertal mit seinen typischen Streusiedlungen und den Erhebungen ums Faschinajoch überschaubar.

Zurück an der **Unterpartnomalpe (4)**, ist es auf einem Pfad nicht mehr weit hinunter zur Bergstation in **Stein (2)**, wo wir uns in die komfortable Gondel nach **Sonntag (1)** setzen.

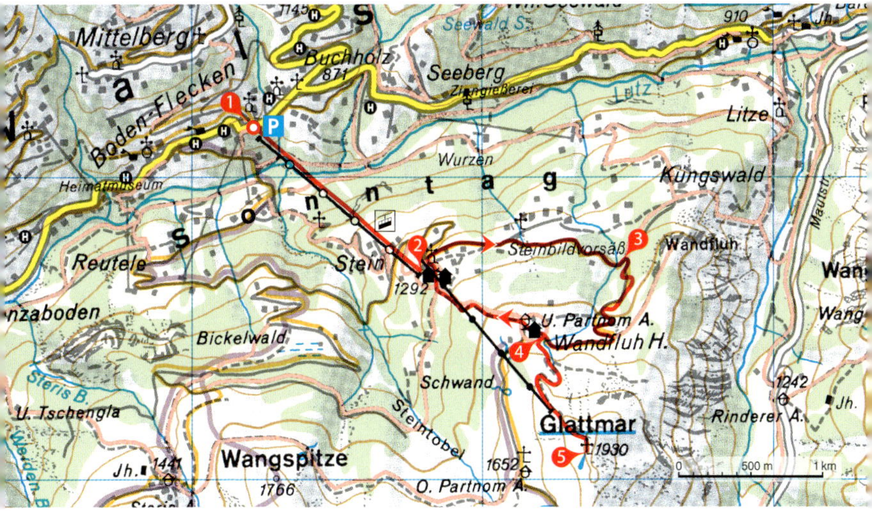

23 Braunarlspitze, 2649 m

Rundtour von der Metzgertobelalpe ★★★

Heimlicher Herrscher über den Bregenzerwald

Aus dem Bregenzer-Ach-Tal betrachtet steht sie bescheiden in zweiter Reihe. Die »Wälder« nannten die Braunarlspitze früher wegen ihrer wenig auffallenden Erscheinung gar Kleinspitze. Dieser Name steht heute für den Nachbargipfel im Ostgrat. Ganz anders vom unverfälschten Talschluss des Großen Walsertals! Einschüchternde Felsbrüstungen ummauern dieses scheinbare Ende der Welt, über die eiskalte Gießbäche todesmutig in die Tiefe stürzen. Als wollten sie jeden noch so tapferen Eindringling unmissverständlich ein für allemal abwehren. Hier versteht es das Lechquellengebirgs-Monster, einst auch als Braunorglspitze bezeichnet, alle Hochachtung auf sich zu ziehen. Genau genommen ist es gar nicht die Braunarlspitze selbst. Es sind ihre westlichen Trabanten, die ohne große Einschartungen und fast ebenbürtig mit der Monarchin zu einem gigantischen Massiv verbunden sind. Auch vom ferneren Norden gesehen ist der Dolomitberg mit seinen stark zurückgegangenen Dauerfirnfeldern eine echte Trutzburg. Sein Gipfelname bezieht sich auf die am Südfuß verdorrten Latschen oder Arlen.

Die spannungsreiche Überschreitung von Nord nach Süd, eine im Ganzen recht tagesfüllende Unternehmung, bleibt unvergesslich. Ringsum tauchen die Nachbarn ehrfürchtig in die Versenkung ab. So können sich die namhaften Vertreter mancher Gebirgsgruppe bis in die Berner Alpen hervortun: über dem Arlberg die Parseierspitze in den Lechtaler Alpen, rechts am Horizont die Wildspitze in den Ötztaler Alpen, für die Silvretta treten auf die Fluchthörner und der Piz Buin, dazwischen der Patteriol im Verwall; es folgen die Bernina mit dem Piz Palü und der Tödi in den Glarner Alpen, der Rätikon wird repräsentiert durch die Sulzfluh und die Drei Türme sowie die Schesaplana …

Auch während des Rückwegs durch die lange steinige Öde zur bevorzugt gelegenen Göppinger Hütte lenkt das Traumpanorama unser Auge immer wieder zu den edlen Bergformen im Süden. Die Alpenvereinshütte der Sektion Hohenstaufen-Göppingen verfügt über keinen Fahrweganschluss und das Karstgebiet des Gamsbodens ermöglicht in trockenen Sommerperioden nur eine eingeschränkte Wasserversorgung.

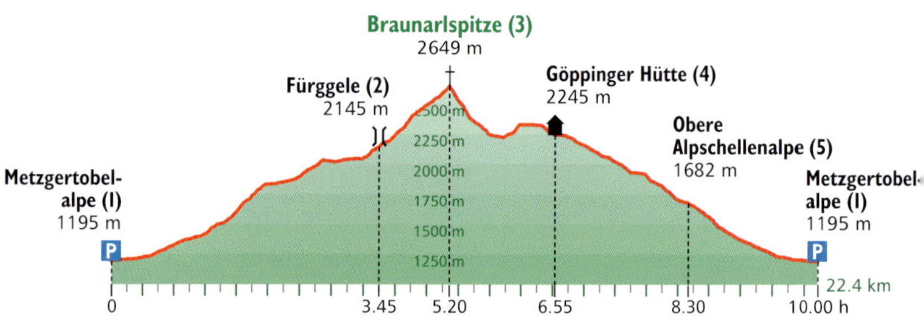

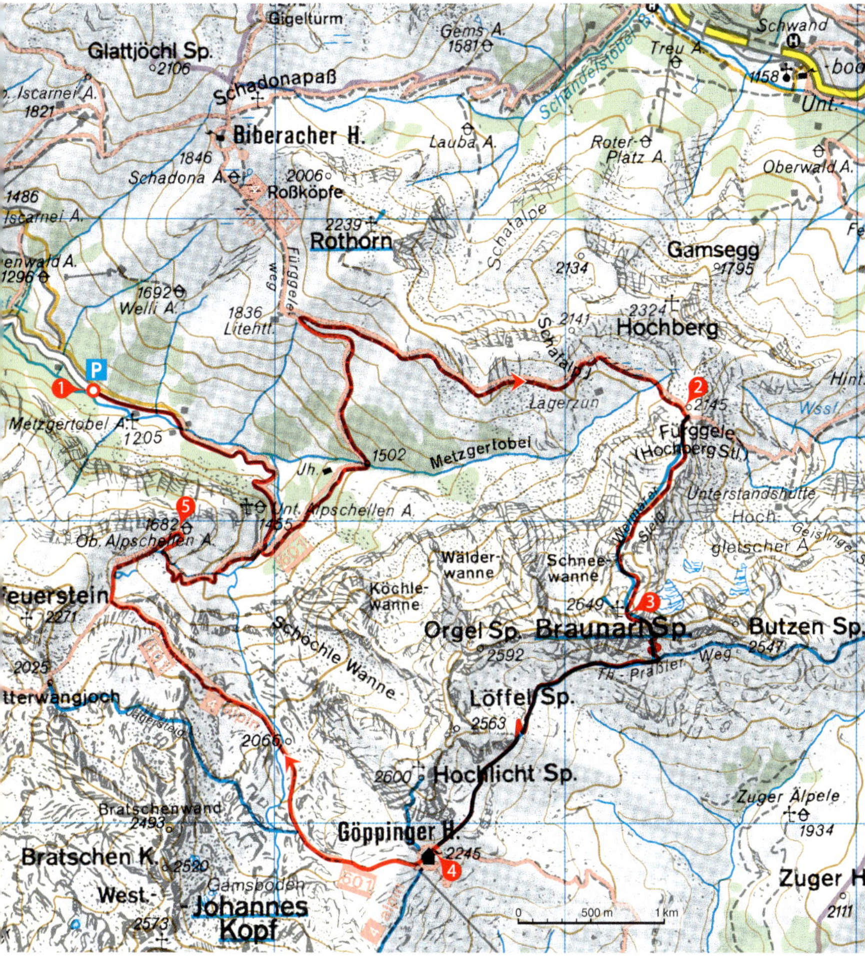

KURZINFO

Talort: Sonntag, 888 m. Auf der Sonnenseite verstreut gelegene, größte Gemeinde des hinteren Großen Walsertals. Bus ab Bludenz (Zug ab Bregenz). Großes Walsertal Tourismus, 6700 Bludenz, Tel. +43 5554 5150, vorarlberg-alpenregion.at.

Ausgangspunkt: Metzgertobelalpe, 1195 m; Parkplatz kurz vor der Hütte. Das oberhalb des engen Lutztobels verlaufende Mautsträßchen von Buchboden, eigentlich ein Güterweg ohne Randbefestigung, erfordert einen sicheren Fahrstil.

Gehzeit: 10.00 Stunden.

Höhenunterschied: 1620 Hm.

Anforderungen: Gut bezeichnete Steige, Pfade und Güterwege. Viele Steilaufschwünge. Ausgesetzte, teils gesicherte Passagen verlangen Trittsicherheit und Schwindelfreiheit; auf dem Abstieg leichte Kletterei (I) in griffigem Fels. Ausdauer nötig. Nur für Geübte bei zuverlässigem Wetter, Vorsicht bei Schnee, nicht bei Nebel! Bis zum Fürggele mittelschwer.

Einkehr: Göppinger Hütte (Übernachtung).

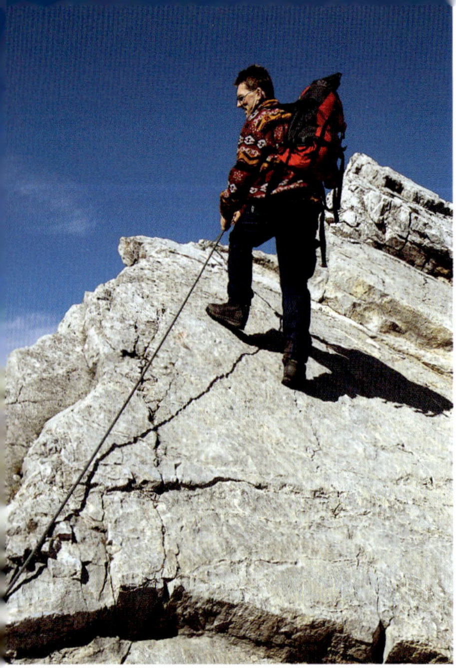

Glatt gehobelte Einlage auf dem Weimarer Steig.

Bei der **Metzgertobelalpe (1)**, wo die jungfräuliche, aber bereits recht muntere Lutz gequert wird, gibt die Tafel »Biberacher Hütte« die Richtung an. Kärgliche Weideböden durchschreitend begeben wir uns vollends hinein in den mitreißenden Talschluss. Noch wenige Fahrwegbiegungen sind es zwischen reizvollen Flecken bunt zusammengewürfelter Vegetation: niedrige Birken und Eschen, Ahorn und Buchen sowie Latschen und Gebüsch. Dann weist der bekannte Richtungszeiger am Fuß des mehrgipfligen Braunarlspitzstocks auf einen Steig, der mittels eines einfachen Holzstegs einen Quellbach wechselt.

Erst mal gemütlich ist ein Sturzwasser zu überschreiten. Später sind durch die Strauchzone steilere Aufschwünge zu nehmen. Der felsige, drahtseilgesicherte Metzgertobel kostet einen unbedeutenden Höhenverlust und verlangt Trittsicherheit. Im Süden protzen die beiden Johannesköpfe. Schon streben wir zwischen Krummholz und Erlengestrüpp über Alpweiden der Litehütte (auch Lita) entgegen. Kurz vor dieser lenkt das Schild »Fürggele« auf einen quer laufenden, flachen Pfad. Dieser hält auf das sichtbare Kreuz unseres Gipfelziels zu, dessen Felssockel mit der eingelagerten Schneewanne so manchen wüsten Schuttstrom entsendet.

Ein bald mäßig steigender Steig verflacht sich unter dem »Ross« wieder und quert unbedeutende Geröllhalden. Oberhalb der Lägerzun-Jagdhütte folgt aus einer quellenreichen Hochwanne ein Aufschwung durch eine kleine Alpmulde und an Murmelbehausungen vorbei ins **Fürggele (2)**, 2145 m, zwischen Hochberg und Braunarlspitze.

Hinter dem Kar der so genannten Hochgletscheralpe baut sich die dralle Mohnenfluh auf und über dem Hochtannbergpass grüßt der Widderstein, an den sich zur Rechten die kecke Allgäuer Trettachspitze, der aus Plattenlagen wohlgeformte Biberkopf und das Karhorn anreihen. Im Westen lenkt die scharf geschnittene Kathedrale des Feuersteins den Blick auf sich.

Der Einstieg in den Weimarer Steig wartet mit kleinen Felsstufen auf, die ein wenig Handanlegen erfordern. Anschließend herrschen auf einem Absatz nochmals Grasböden vor. Der meist gemächliche, schuttige und oft bis in den Sommer hinein schneegekleidete Schrofenrücken verschmälert sich im weiteren Verlauf. Drahtseile erleichtern auf einem in den Fels gehauenen Routenabschnitt im Zickzack das Überwinden eines steilen, ausgesetzten Aufschwungs.

Nach wieder geräumigerem Gelände verliert der Nordrücken erneut an Breite. Es folgt ein etwas kitzliger Abstieg über eine gesicherte, glatte Felsplatte, die Schwindelfreiheit voraussetzt. Gleich darauf entschärfen wenige Eisenklammern und ein Drahtseil eine kleine Steilstufe. Noch ein kurzes gesichertes, schmales Band und schon sind wir dabei, den völlig harmlosen Schutthang zum Gipfel der **Braunarlspitze (3)**, 2649 m, zu überwinden.

Unser ab und an ausgesetzter und etwas beschwerlicher Abstieg, der auch nicht ganz ohne Zuhilfenahme der Hände abgeht und für den Schwindelfreiheit wichtig ist, erfolgt wenig unterhalb des schrofigen Südostgrates. Besonders ist dabei auf die leidige Geröllauflage zu achten. Der Ausstieg aus den Schrofen fordert an kurzen Steilstufen leichte Kletterei (I) in griffigem Fels. Enge Kehren leiten über eine Geröllhalde. An einer Gabelung schwenken wir rechts in den »Theodor-Praßler-Weg« in Richtung »Göppinger Hütte« ein und haben am Südfuß der Braunarlspitze, nur noch leicht fallend, weitere Geröllströme zu queren. Auch das Gelände während eines gemächlichen Anstiegs sieht nicht viel anders aus: ein urweltliches Erlebnis. Das Gipfelziel entpuppt sich jetzt von der Gegenseite ebenso als dominierendes Bollwerk. Rasch bringt uns ein Abstieg zur **Göppinger Hütte (4)**, 2245 m, auf einem grünen Plateau.

Das Schild »Buchboden« lenkt unter der Hochlichtspitze erneut über karstiges Terrain. Nur allmählich verliert man an Höhe. Ab einer Karwanne gewinnen endgültig wieder Rasenpolster die Oberhand. Nicht mehr lange, dann senkt sich der Abstieg deutlicher. Von einem Schotterfeld über Steilabbrüchen ist durch eine Schrofenrinne der letzte Gegenanstieg fällig. Zwischen Schrattenkalkbildungen geht's noch in einer Schleife unter dem Feuerstein vorbei. Über Weidehänge erreicht man bald die **Obere Alpschellenalpe (5)**, 1682 m, und in Kehren den morgendlichen Güterweg, der zur **Metzgertobelalpe (1)** führt.

Nordaufstieg zur Braunarlspitze (Lechquellengebirge).

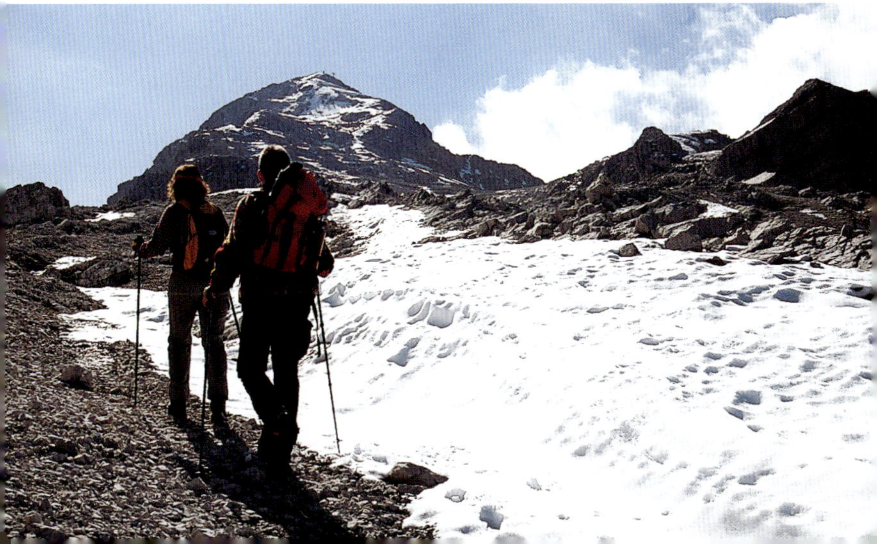

24 Hoher Frassen, 1979 m

Rundtour aus dem Großen Walsertal ★★

Westlichster Eckpunkt des Lechquellengebirges

Auch wenn Höhenfetischisten angesichts des verhältnismäßig brav aussehenden Frassen die Nase rümpfen mögen, so gilt er doch zweifelsfrei als einer der beglückendsten Aussichtsberge weit und breit. Das in seinem Fall unbedeutende Manko der bescheidenen Gipfelhöhe gleicht er locker durch seine freie Position wieder aus. Bereits auf der Minischulter des Nitzkopfs im Westgrat des Hohen Frassen, hoch über dem Walgau, versetzt uns wie mit einem Paukenschlag das wirre Gezacke der kompletten Rätikongruppe in einen wahren Freudenrausch. Von kaum einem anderen Aussichtspunkt zeigt sich die majestätische Schesaplana so unverbaut. Doch die schönste hier im Lande ist über der Öffnung des Brandnertals unbenommen die schnittige Zimba. Oder gibt es noch vergleichbar rassige Figuren? Und ob, beinahe hätten wir die hinterste Reihe ganz übersehen: die höchst geschmackvolle Litznergruppe im Zauberreich des Silvrettafirns.

Ein landschaftlich einprägsamer Alternativabstieg für Ausdauernde ist die Route von der Klesialpe über die Tiefenseealpe und den Elsbachwasserfall nach Marul und auf Wanderwegen zurück über Plazera.

KURZINFO

Talort: Raggal, 1015 m. Verstreuter Urlaubsort auf einer südseitigen Hochterrasse im mittleren Großen Walsertal. Mit dem Bus von Bludenz (Zug von Bregenz) aus erreichbar. Raggal Tourismus, 6741 Raggal, Tel. +43 5553 201130, raggal.net.

Ausgangspunkt: Bushaltestelle bei der Walserhalle, 975 m; Parkplatz.

Gehzeit: 5.45 Stunden.

Höhenunterschied: 1030 Hm.

Anforderungen: Meist gut bezeichnete Steige und Forstwege, anfangs Wiesenspur. Mäßig- und mittelsteile Aufstiege.

Einkehr: Frassenhütte (Übernachtung).

Der Nitzkopf nahe der Frassenhütte schenkt einen tollen Rätikonblick.

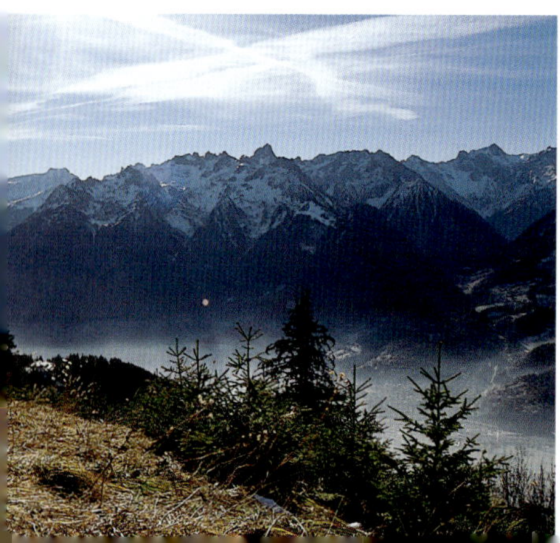

Kurz vor der Walserhalle in **Raggal (1)** lenkt der Wegweiser »Hoher Frassen« bergauf zur Kirche mit der denkmalgeschützten Dorflinde. Die Abzweigung nach Ludescherberg bleibt unbeachtet. Auf einer rotweiß markierten längeren Wiesenspur passieren wir in meist annehmbarer Steigung am Fuß unseres Gipfelziels, das zahlreiche Lawinenverbauungen zähmen, die oberen Höfe im Ortsteil Chris. Ein sanftes Annähern an den Berg wie in der »guten alten Zeit«. Jenseits des Großen Walsertales versammeln sich

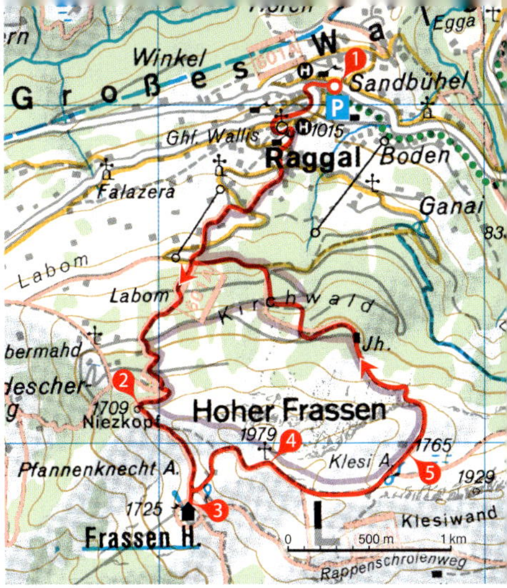

über den Streusiedlungen von Blons und St. Gerold die Berge des Walserkammes. Im Talschluss setzen sich die Spitzen des Lechquellengebirges in Szene, rechts die Achtung gebietende Rote Wand und die kühne Gamsfreiheit.

Nach der vierten Fahrwegquerung begeben wir uns auf einen Waldsteig, der im weiteren Verlauf mit »Frassenhütte« beschildert ist. Noch ein paar Mal wird ein Forstweg gekreuzt, dann kommt man zu den alten Lawinenschutzanlagen, zum Teil aus einfachen Baumstämmen bestehend. Von der aussichtsreichen Minischulter namens **Nitzkopf (2)**, 1709 m (auch Niezkopf), folgt nun durch eine Latschenflanke im Pflanzenschutzgebiet ein erholsames Flachstück zu der ebenfalls auf einer kleinen Bergschulter einladenden **Frassenhütte (3)**, 1725 m, der Alpenvereinssektion Vorarlberg, der ursprünglichen Pfannenknechtalpe.

Über einen schmalen, mitunter freien Rücken und etwas östlich davon setzen wir unsere Panoramaroute fort. Abschließend schlägt der Aufstieg einen Bogen zum Südwestrücken, über den man den bis obenhin mit Krummholz gekleideten Aussichtsgipfel **Hoher Frassen (4)**, 1979 m, erreicht. Erst jetzt wird der Blick nach Osten frei. Dem hinteren Großen Walsertal mit den Gemeinden Sonntag und Fontanella entragt der gewaltige Zitterklapfen, zur Rechten erheben sich die Hochkünzelspitze und der Widderstein, jenseits des Klostertals beginnt das Verwall, und ganz am Horizont räkeln sich die kecken Fluchthörner.

Über den kurzen Südostkamm wandernd, wird gleich darauf die einfache, nordseitig gelegene **Klesialpe (5)**, 1765 m, sichtbar. Wir erreichen sie durch eine kärgliche Weidemulde, die durch das Felsenriff der Klesiwand abgeriegelt wird. Erst flach zwischen Legföhren, später wieder deutlich fallend durch lichten Fichtenwald queren wir unter den Nordabstürzen des Frassen zum Beginn eines Forstwegs. Dieser leitet frei von Gegenanstiegen an einem Jagdhüttchen vorbei und, unterbrochen von einem Steigabkürzer durch den Frassenwald und über einen Schutzdamm gegen Lawinen, zur bekannten Route nach **Raggal (1)**.

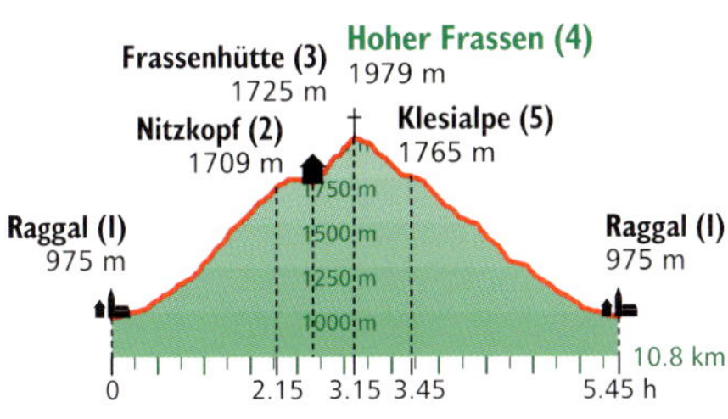

25 Rote Wand, 2704 m

Über die Laguzalpe ★★

Dramatische Szenerie zwischen Marultal und Formarinsee

Was für ein voluminöser Bergkörper! Von welcher Seite sich diese Protzgestalt auch zeigt, sie ist stets der Hauptblickfang des gesamten Lechquellengebirges und darüber hinaus. Ein Charakterdarsteller, der in ganz Vorarlberg und Westtirol nur wenige Ebenbürtige duldet. Einfach einzigartig. Nach der Großen Wildgrubenspitze ist er der zweithöchste Gipfel der Gebirgsgruppe: die mit einem ganzjährigen Firnhals gezierte Rote Wand. Die rötlich leuchtenden Juragesteine gaben ihr den Namen.

Deutlich genussreicher als der übliche Schnellzugang vom Formarinsee und voller Geheimnisse ist der Aufstieg durchs lange Marultal. Doch je näher man dem im Vergleich zu seinen Dolomit-Nachbarn geologisch abwechslungsreichen Felsenmonster kommt, eine umso schlankere Gestalt nimmt es an, sogar auf einmal von einem feingliedrigen Gipfel gekrönt. Auf der westlichen Umgehung löst sich der Wandelbare ab dem Oberen Sättele dann überraschend in einen überdimensionierten Schutthaufen auf – dahin ist all die Pracht. Ein bisschen graut es einem vor dem Weiterweg auf diese düster dreinblickende Erosionsburg mit ihrem brüchig-splitterigen Schlussgrat.

Dennoch lässt die Spannung keinesfalls nach. Im Gegenteil, die bohrende Neugier treibt einen inmitten einer urweltlichen Dramatik unabwendbar weiter nach oben. Jetzt will man's erst recht wissen. Und bald schon winkt den Zuversichtlichen der Lohn: Fernschau und Tiefblicke gleichsam bedürfen keiner seitenfüllenden Aufzählung, sie können weit und breit nicht überboten werden.

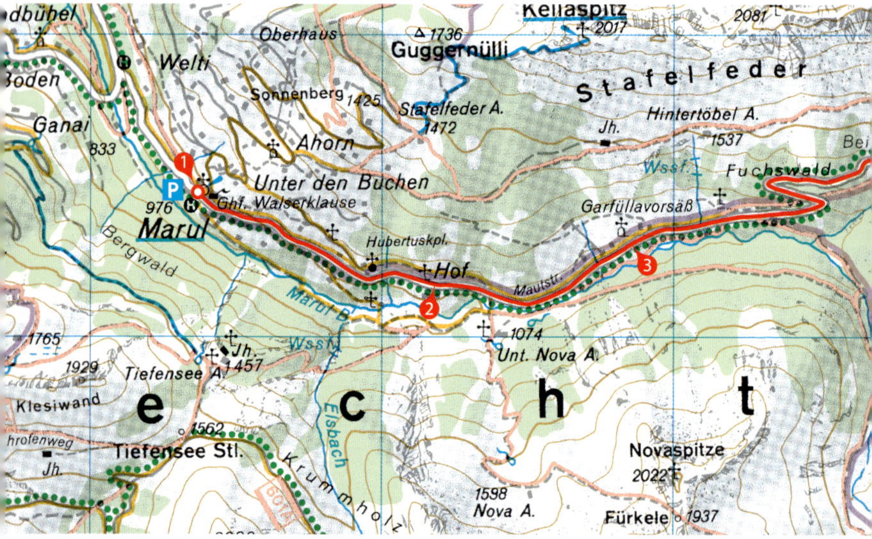

KURZINFO

Talort: Raggal, 1015 m. Verstreuter Urlaubsort im mittleren Großen Walsertal. Mit dem Bus von Bludenz aus erreichbar (Zug von Bregenz). Raggal Tourismus, 6741 Raggal, Tel. +43 5553 201130, raggal.net.
Ausgangspunkt: Bushaltestelle an der Kirche in Marul, 976 m; Parkplatz.
Gehzeit: 1. Tag: 2.45 Stunden, 2. Tag 9.30 Stunden.
Höhenunterschied: 1860 Hm.
Anforderungen: Überwiegend gut bezeichnete, kurzzeitig gesicherte, auch steinschlaggefährdete Steige und Güterwege. Lange Steilaufstiege. Leichte Kletterstellen (I) in teils brüchigem Fels erfordern große Vorsicht, Trittsicherheit und Schwindelfreiheit. Nur für Geübte mit großer Ausdauer, nur bei zuverlässigem Wetter, nicht bei Nässe oder Nebel! Bis zum Ansatz des Nordgrates mittelschwer. Als Zweitagestour mit Übernachtung auf der Laguzalpe (auch mit dem Hüttenbus erreichbar) empfehlenswert.
Einkehr: Laguzalpe (Übernachtung Mitte Juni bis MItte September, Tel. +43 664 3871737).

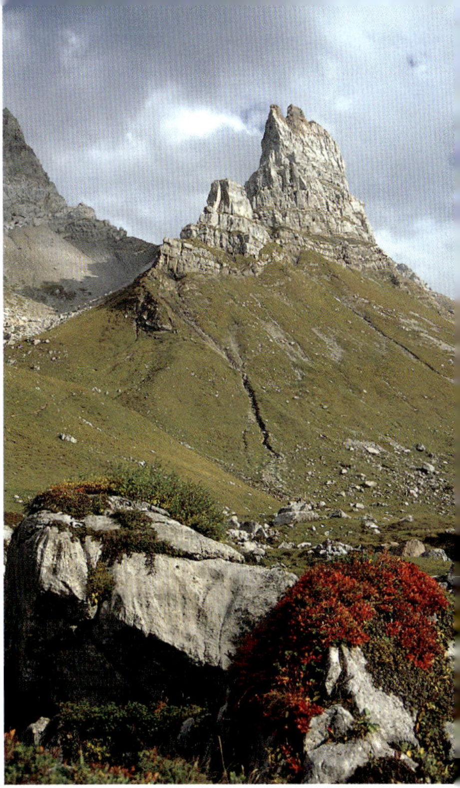

Kühne Felsspitze im Rothorn-Nordwestgrat bei der Oberen Laguzalpe.

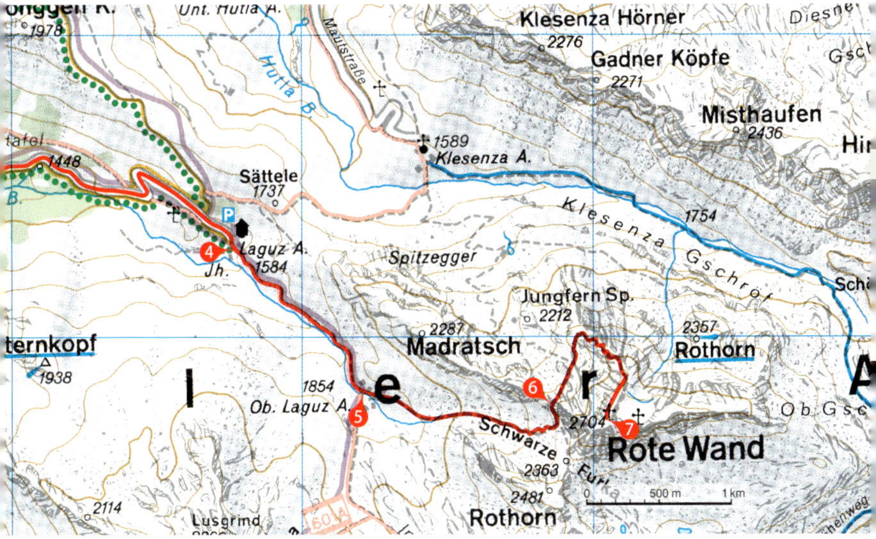

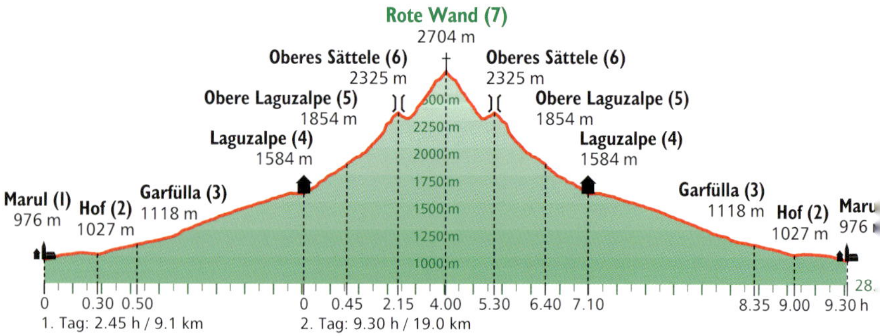

Wir starten an der Kirche von **Marul (1)** und folgen am Ortsende geradeaus dem asphaltierten, zur Laguzalpe führenden Güterweg. Abschnittsweise existiert parallel zu diesem auch ein Pfad. Vor uns in der Mitte der Gipfelgruppierung die Gamsfreiheit, geht's in sanftem Auf und Ab über dem unbesiedelten Talgrund zur Parzelle **Hof (2)**, 1027 m. Die jenseitigen Bergflanken zeigen wiederholt wüste Geröllrinnen. Das stete Rauschen des Marulbachs begleitet das zügige Dahinschreiten durch lockeren Wald zu den mit Lawinenschutzanlagen versehenen Ferienhütten von **Garfülla (3)**, 1118 m. Ab der Fuchswaldalpe führt eine Serpentine im Wald deutlich bergan und gewährt einen anregenden Einblick in das abgelegene Seitental des Faludrigabachs. Zwischendurch lässt sich über dem Talschluss bereits der Felskoloss der Roten Wand blicken. Nach einem kurvigen Abschnitt kommen wir in einer bergrutschgefährdeten Ecke zum Naturdenkmal Trübbachhöhle, einer der

Westansicht der Roten Wand.

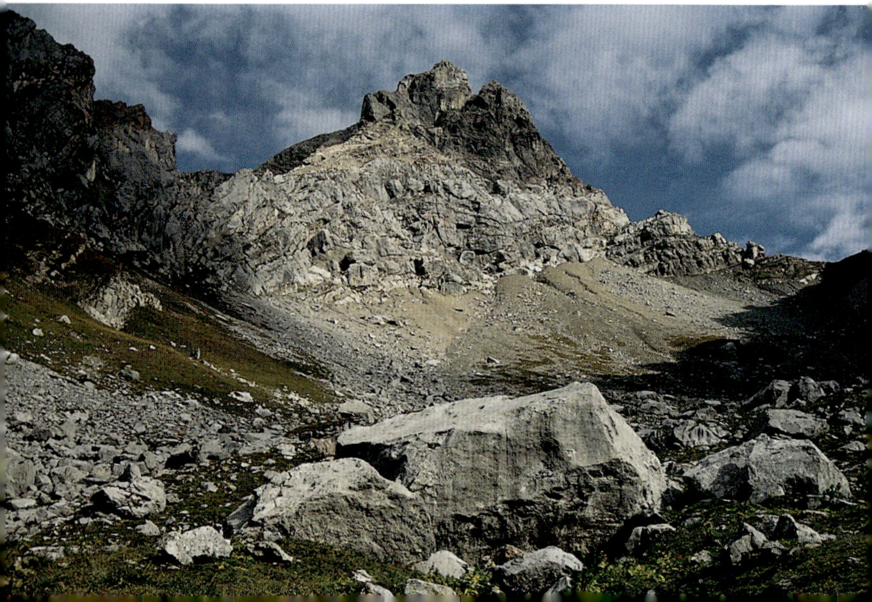

größten Alpengipshöhlen. Ihr Gang ist auf 423 Metern Länge erforscht. Ein kleiner Bach schwemmt jährlich etwa 500 Kubikmeter gelösten Gips aus dem Höhlenmaul. Wo sich der Wald lichtet, bringt uns eine Abschlussserpentine zur in einer Weidemulde an der Baumgrenze angesiedelten Jausenstation **Laguzalpe (4)**, 1584 m, (mit Kapelle), wo wir auch übernachten können. Der Name bezieht sich auf den früheren kleinen See (»lacus«).

Der Wegweiser »Schwarze Furka« lenkt uns am nächsten Tag auf einen Pfad. Dieser führt über buckliges Alpgelände und mündet im weiteren Verlauf wieder in den jetzt nicht asphaltierten Güterweg. Bald ist unter den kühnen Felsspitzen des Rothorn-Nordwestgrates die winzige **Obere Laguzalpe (5)**, 1854 m, erreicht. Das Täfelchen »Rote Wand« dirigiert uns auf einen Steig, der blockübersäte Grasböden durchquert. Daraufhin wird ein Weidehang überwunden.

Erneut schlängelt sich die Route, erst in gemäßigter Steigung, zwischen zahlreichen Felskloben hindurch, manche mit auffallend roter Färbung. Unter der Schwarzen Furka, wo die Graskrume zusehends spärlicher wird, stoßen wir auf den Anstieg vom Formarinsee. Das rutschige Geröllhalden-Zickzack zum Felsfuß der Roten Wand entpuppt sich dann als reiner Wadenschinder. Drahtseilgesichert und ausgesetzt leitet ein schmales Band über gut gestuften Fels zu einer kleinen Einschartung in der Verbindung mit dem Madratsch, **Oberes Sättele (6)**, 2325 m, genannt.

Mit geringem Höhenverlust und dem Steinschlag ausgesetzt quert man unter dem Gipfelaufbau die ebenfalls schuttige Nordwestflanke und kämpft sich nahe der Jungfern-

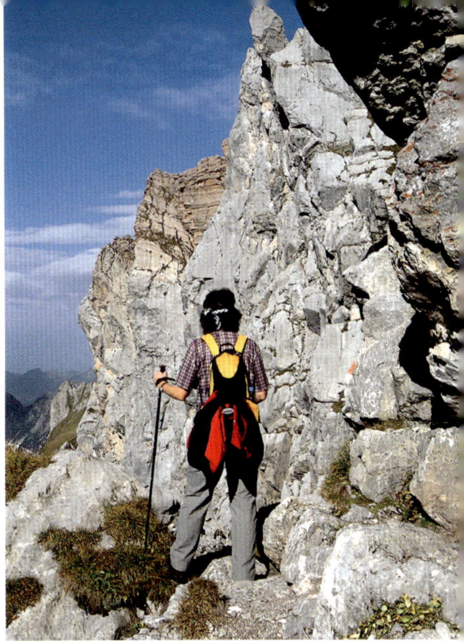

Ein Felsband leitet aus einem Geröllkar ins Obere Sättele.

spitze in engen Kehren über den spärlich begrünt aufsteilenden und sich zum Sporn verschmälernden Nordwestrücken hinauf zu einer Schulter. Hier setzt der technisch unschwierige Gipfelaufstieg mit ganz leichten Kletterstellen (I) in unangenehm splitterigen Schrofen an. Unter uns das ganzjährige Firnfeld. Nach unbedeutendem Höhenverlust und einem flacheren, ausgesetzten Abschnitt, teilweise westlich knapp unterhalb des Nordgrates, gewinnen wir über schwarze Schiefer die **Rote Wand (7)**, 2704 m. Brüchige Tritte verlangen dabei ein solides Können. Unsicheres Vorwärtstasten ist hier fehl am Platz. Bei voransteigenden Gipfelbewerbern wird das Finale nochmals etwas vom Steinschlag bedroht. Unter uns schillert der Formarinsee.

Der Abstieg erfolgt auf demselben Weg.

26 Roggelskopf, 2284 m

Von Braz auf dem Masonweg ★★

Pikantes Felsunternehmen über dem Klostertal

Die einschüchternd steile, zur Verwallgruppe gehörende Schattenseite des Klostertals, das sogenannte »letze Land«, ist durch unzählige Runsen zerfurcht, durch die sich donnernde Lawinen und Muren ihren vernichtenden Weg bahnen. Der Dolomit greift hier von den Nördlichen Kalkalpen auf die Zentralalpen über. Eine ernste, fast schaurige Gebirgsfront, die den Bergfreunden kaum Wandermöglichkeiten bietet. Am besten lässt sich dieses wüste Reich des unablässig nagenden Zerfalls während eines Aufstiegs auf der ebenfalls schweißtreibenden Sonnenseite überschauen.

Hier findet man auch den technisch anspruchsvollsten Berg dieser Tourensammlung, den turmartig über dem Talboden der Alfenz thronenden, nordseitig mit finsteren Felsfluchten trotzenden Roggelskopf. Er verkörpert eine der aufregendsten Felsfiguren (ital. roccia = Fels) des Lechquellengebirges und des ganzen Klostertals. Schnell hat man sich für ihn begeistert, doch ebenso schnell melden sich angesichts seiner würdevoll himmelragenden Architektur beginnende Zweifel an, die sich dann leider auch erst während der letzten Meter zum Gipfelkreuz legen. Wegen der anhaltenden Schinderei ins alte Weidegebiet von Malasch ist für diesen mit allerlei Überraschungen gepfefferten Individualistengang ein früher Aufbruch dringend anzuraten, besonders an heißen Sommertagen.

Klostertal-Tiefblick während des sportlichen Finales.

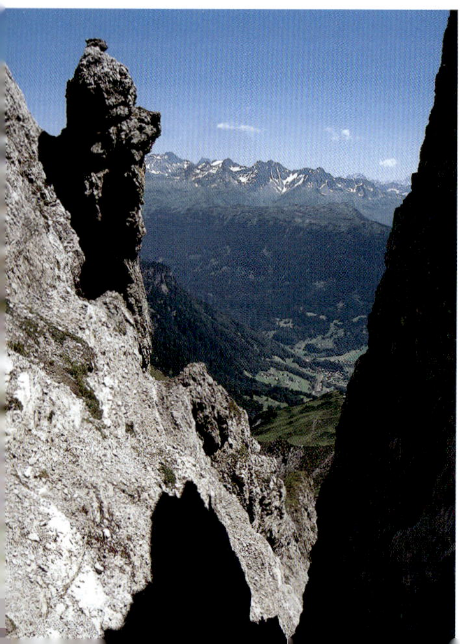

KURZINFO

Talort: Braz, 708 m. Feriendorf im Klostertal. Bus von Bludenz (Zug von Bregenz). Klostertal Tourismus, 6754 Klösterle, Tel. +43 5582 777, vorarlberg-alpenregion.at.

Ausgangspunkt: Bushaltestelle an der Abzweigung zum Schwimmbad, 695 m; Parkplatz am Schwimmbad.

Gehzeit: 9.15 Stunden.

Höhenunterschied: 1650 Hm.

Anforderungen: Meist gut bezeichnete Steige, kurzzeitig Pfad und Ziehweg. Längere anstrengende Aufstiege. Für leichte Kletterpassagen (I+) in ausgesetztem, unzuverlässigem Fels mit Drahtseileinlagen sind Trittsicherheit und große Besonnenheit notwendig. Nur bei sicherem Wetter für Geübte mit Kondition, nicht bei Nässe oder Nebel, Steinschlaggefahr! Bis zum Fuß der Roggelskopf-Nordwestflanke mittelschwer.

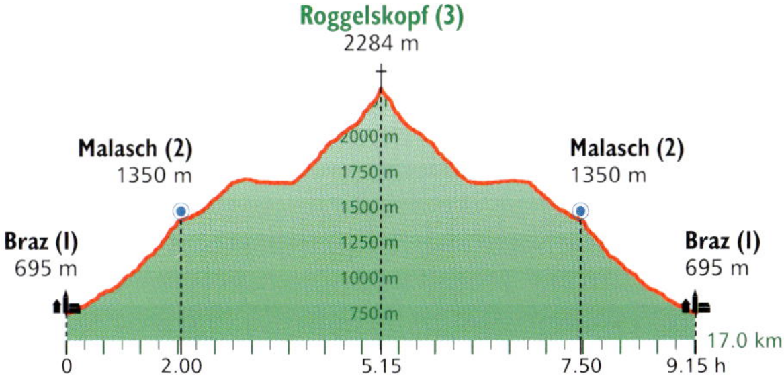

Los geht's in **Braz (1)** an der Abzweigung zum Schwimmbad. Ein stilles Sträßchen führt am Fratigabach bergauf und über die Bahnbrücke in spürbarer Steigung zu den Parzellen Putz und Gafreu. Dort weist die Wandermarkierung auf einen Pfad. Nach der Sperrmauer stoßen wir auf einen Lehrwanderweg, der bald auf einem Holzsteg das Bachufer wechselt, und kommen zur Tafel »Rosengarten«, kurz vor den Höfen von Lötsch. Der Masonweg, ein Ziehweg, später Alpsteig, schwingt sich seitlich gewaltiger Felsabstürze, über die Gießbäche ihre glitzernden Fäden spinnen, durch Wald empor zu Lichtungen mit dem Brunnen **Malasch (2)**, 1350 m, unter dem Weißen Rössle. Auch das Jungvieh muss diesen anstrengenden Aufstieg bewältigen. Kurz vor dem Brunnen wird der Blick frei auf die Vereinigung von Klostertal und Montafon, überragt vom Valkastielkamm.

Nach einem kleinen Erholungsabschnitt unter den Pitschiköpfen mühen wir uns, Runsen und Schutthänge querend, durch die Krummholzzone mit letzten Fichten zu einer Grasschulter oberhalb eines breiten Wandabbruchs. Farbenprächtige Alpenblumen mit verschiedenen Orchideenarten säumen den Weg. Der Tiefblick zählt zu den schönsten im gesamten Klostertal. Unmittelbar vor uns setzt sich der

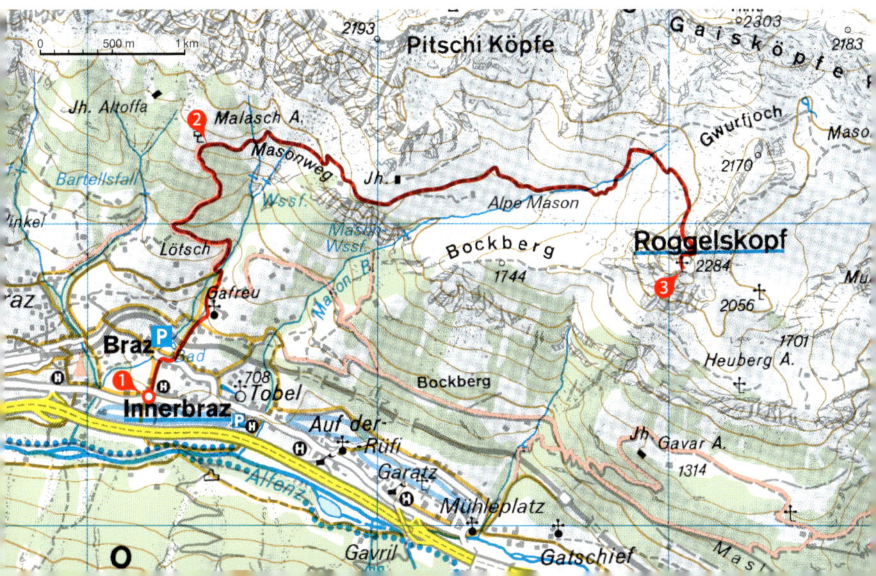

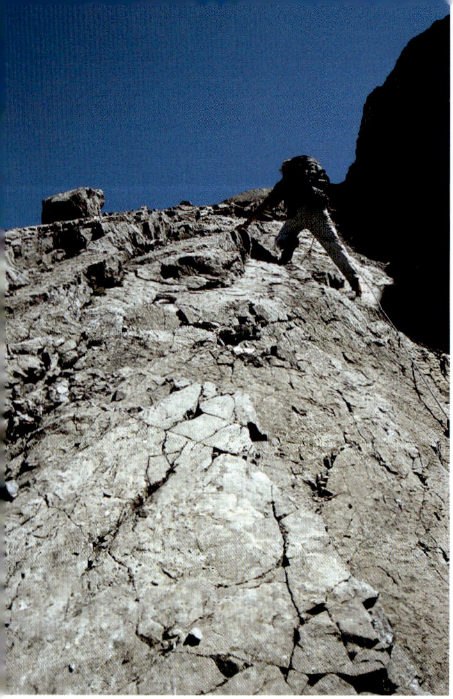

Beherzte Plattentänzelei am Gipfel des Roggelskopfs.

erhabene Roggelskopf in Szene, hinter der grünen Kammhöhe der Davennagruppe spitzeln die Haupterhebungen des Rätikon hervor und über dem Ausgang des Brandnertals bei Bürs klafft die Riesenwunde des Schesatobels.

Der wieder völlig flache, weiterhin bezeichnete und nicht mehr so breit ausgetretene Steig führt nun über die mageren Weideböden des ein Stück unter uns gelegenen Masonvorsäß. Nur einmal wird der lawinensichere Bau anfangs der Alpsaison mit dem Hubschrauber versorgt. Im Bockberg südlich über der unbewirtschafteten Hütte erkennt man den Hohlen Stein, ein Fenster im Hauptdolomit.

Wir entschwinden in eine riesige Hochwanne. Aus deren Abschluss ragen eine Reihe wilder Felsköpfe auf, die ebenso wie der steile Schlussgrat den Zugang zu unserem Gipfel von dieser Seite versagen. Wie ein Silberband schimmert der Masonbach herauf. Nach längerem, wieder steilerem Aufstieg, am Fuß des ebenfalls schroffen Schafbergs nochmals durch lockere Latschenbestände, verlässt man vor dem Gwurfjoch die Hauptroute nach rechts auf dem weniger anstrengenden, blass und spärlich markierten Steig. Dieser schwenkt anfangs südöstlich und nach einer kleinen Weidemulde südlich ab. Von hier schaut der Roggelskopf ziemlich brüchig aus.

Ein Zickzacksteig überlistet in beeindruckender Nähe abwehrender Wandfluchten eine knackige Geröllflanke. Dann trifft man im Bereich des Nordgrates, der im Weiteren erst mal umgangen wird, auf den Zugang von der Freiburger Hütte. Wieder zuverlässig markiert und deutlich harmloser, als es bis vor Kurzem noch den Anschein gab, wagt man sich am Fuß der Nordwestflanke des stolzen Ziels entlang. Wegen der Abstürze ist hier besondere Aufmerksamkeit geboten. Daraufhin heißt's in aller Ruhe und Besonnenheit ans Werk gehen. Die Schlüsselstelle der folgenden, leider teilweise schuttgefüllten Rinne ist ein kleiner aber fast lotrechter, mit Drahtseilen etwas entschärfter Abbruch (I+), der Gewandtheit und den Blick für die richtigen Griffe und Tritte erfordert.

Auch das Überwinden der jetzt ansetzenden, schuttbedeckten Felsplatten sowie der Aufschwung aus der nahen Scharte des Nordgrates werden durch das Benützen von Seilsicherungen erleichtert. Während des anschließend wenig steilen, schuttdurchsetzten Schrofenhangs hat die leichte Kletterei vorläufig ein Ende. Den Auftakt zum Gipfelgrat bildet nochmals eine nicht besonders hohe, gut gangbare Steilstufe (I+). Leichte Schrofen leiten schließlich auf den **Roggelskopf (3)**, 2284 m. Aus dem innersten Klostertal entragen die südöstlichsten Gestalten des Lechquellengebirges und der Kaltenberg. Es gesellen sich hinzu der Patteriol und die höchsten Silvrettaberge wie die Fluchthörner und der Piz Buin. Hinter der Freiburger Hütte zeigen sich sogar noch ein paar Allgäuer Gipfel.

Der Abstieg erfolgt auf dem Aufstiegsweg.

Alpenrosenblüte unterwegs zum abweisenden Roggelskopf.

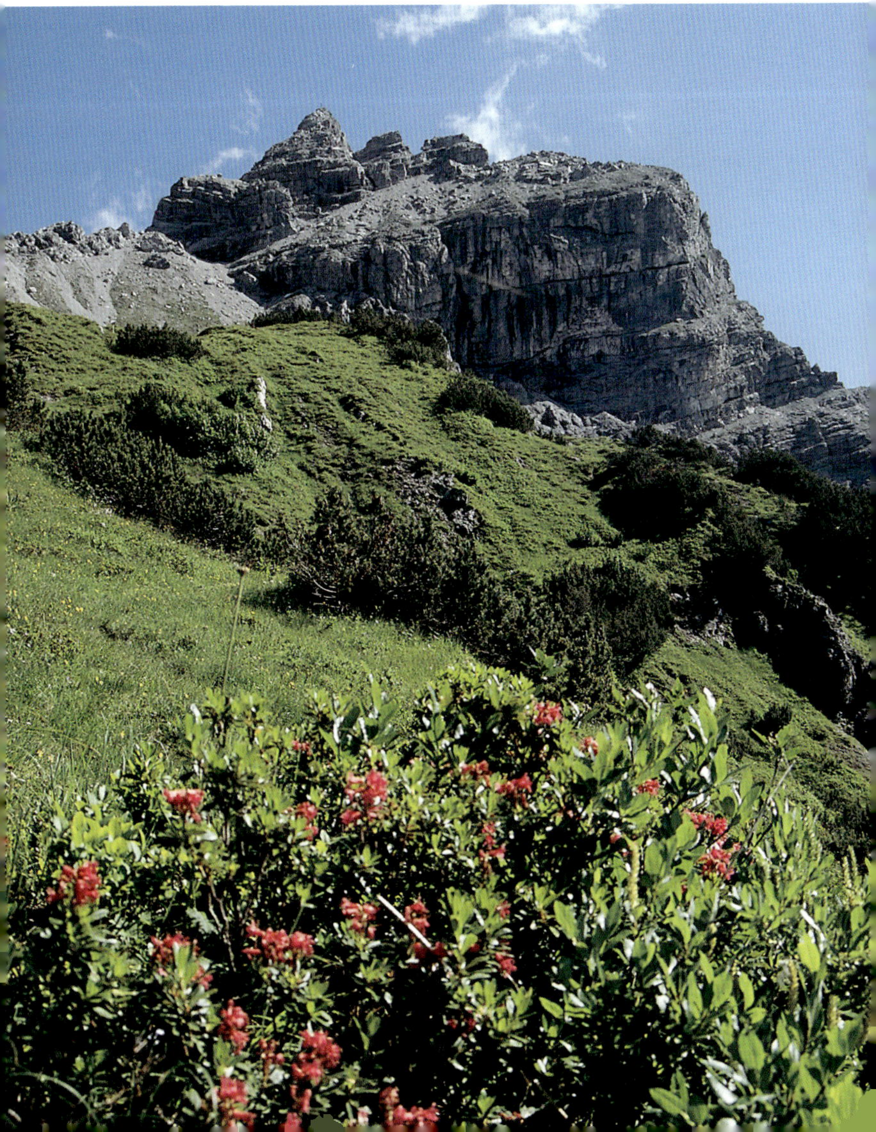

27 Warther Horn und Karhorn, 2416 m

Überschreitung von Nord nach Süd ★★★

Luftige Klettersteig-Tänzelei auf dem Tannberg

Als isolierte Trutzburg ragt über anmutigen Alpmatten zwischen Hochtannbergpass und Auenfeldsattel, den Oberläufen von Bregenzer Ach und Lech, das Karhorn auf, allseits mit felsigem Antlitz den Tannberg beherrschend. Dementsprechend prägen sich die Tiefblicke des dreigipfligen Massivs ein. Den eleganteren der beiden »Normalaufstiege« bietet der abenteuerliche Nordostgrat. Heute kann die frühere Schwierigkeitsstufe II–III dank des Karhorn-Klettersteigs, der sich auch für bergerfahrene, konditionsstarke und gewissenhaft ausgerüstete Klettersteig-Einsteiger eignet, einen Grad zurückgestuft werden. Der erst 2001 erbaute Eisenweg, die einzige echte Via Ferrata zwischen Bodensee und Tannberg, bringt es auf eine respektable Länge von 600 Metern; er überwindet dabei rund 250 Höhenmeter.

Eine Feinschmecker-Überschreitung ergibt sich, wenn man als Abstieg den weniger anspruchsvollen Südgrat wählt. Bei dieser Gelegenheit kann man aus dem Warther-Horn-Sattel rasch auch noch das Warther Horn sowie auf dem Abstieg über den Wannensee den kleinen Wannenkopf »mitnehmen«.

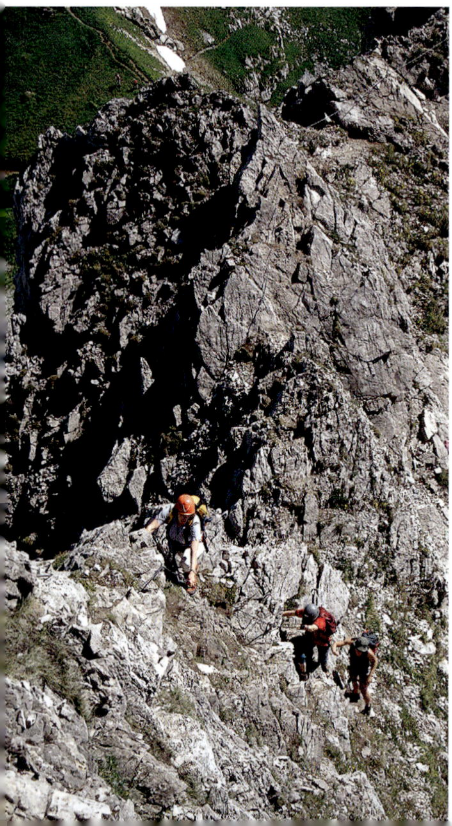

KURZINFO

Talort: Warth, 1497 m. Hochgelegener Sommer- und Winterferienort an der Hochtannbergstraße, nördlich von Lech. Bus von Dornbirn (Zug ab Bregenz). Warth – Schröcken Tourismus, 6767 Warth, Tel. +43 5583 35150, warth-schroecken.at.
Ausgangspunkt: Bushaltestelle an der Steffisalpbahn, 1510 m; Parkplatz.
Gehzeit: 7.30 Stunden.
Höhenunterschied: 1120 Hm.
Anforderungen: Bestens bezeichnete Steige, Pfade und Güterwege. Langer, sehr steiler Aufstieg. Der Klettersteig mit Eisenklammern und Stiften sowie fast durchgehenden Drahtseilen in mitunter etwas brüchigem Fels (I+) verlangt Kondition, Schwindelfreiheit, zuverlässiges Wetter und eine Klettersteig-Ausrüstung. Nur für Geübte, nicht bei Nässe! Trittsicherheit auch am Abstieg und am Warther Horn nötig (ebenfalls gesichert) Warther Horn und Wannenkopf mittelschwer.

Den Karhorn-Klettersteig meistern auch gut gerüstete Einsteiger.

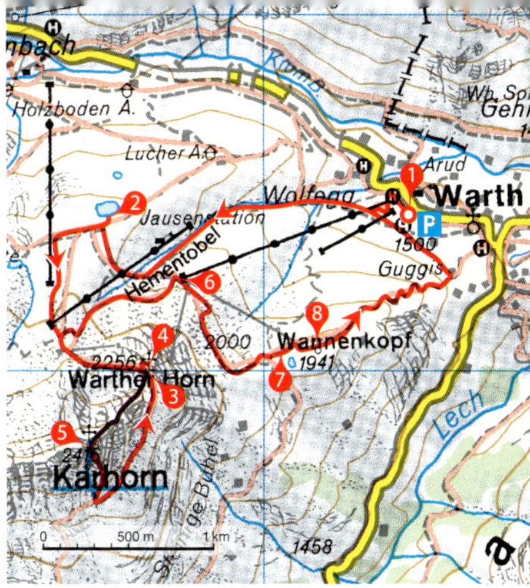

Das Schild »Steffisalp« weist an der Steffisalpbahn in **Warth (1)** auf einen Güterweg, der in wenigen Kehren über Alpweiden die Bergbahn und einen Skilift unterquert. Jenseits des Lechtals bestrickt die Pyramide des Biberkopfs. An einem Schuppen zweigt unser Weg nach rechts auf einen Pfad ab. Ein Holzbrett trägt über einen Bergbach. Anschließend wandern wir, alsbald durch Gebüsch, am munteren Hemenbach bergan. An der Warther-Horn-Bahn (Winterbetrieb) unter dem gleichnamigen Berg aufs schneidige Warther Hörnli zuhaltend nimmt uns wieder ein Weidegebiet auf. Allmählich schiebt sich der stattliche Dolomitklotz des Karhorns ins Bild.

Von einer Wegschleife lohnt sich der kaum nennenswerte Abstecher zum Aussichtskreuz **Spitziger Stein (2)**, 1930 m. In dem ebenso benannten künstlichen Seelein spiegelt sich der bullige Widderstein. Das Schild »Warther Horn« lenkt jetzt zur nahen Bergstation der Jägeralpbahn. Daraufhin entführt uns ein gemütlicher Steig in das Hochkar der Vorderen Öde. Während der Überwindung eines anstrengenden, schmalen Rasenrückens kann man bereits die ersten Klettersteigfreunde über den Karhorngrat tänzeln sehen.

Vom **Warther-Horn-Sattel (3)**, 2193 m, folgt noch ein kleiner, aber steiler und drahtseilgesicherter Schrofenaufschwung, dann sind's nur noch ein paar begrünte Stufen aufs **Warther Horn (4)**, 2256 m. Die Gipfelschneide bietet einen direkten Einblick zur gegenüber aufsteilenden Via Ferrata. Und was für eine Rundschau! Stellvertretend seien nur genannt für die Allgäuer Alpen die viergipflige Höfats und der ebenmäßige Hochvogel, für die Lechtaler Alpen der Obelisk der Holzgauer Wetterspitze, für das Verwall im Süden die Zipfelmütze des Patteriol und weiter rechts der firnblinkende Kaltenberg sowie fürs Lechquellengebirge die Braunarlspitze.

Zurück im **Sattel (3)** legen wir die Klettersteig-Ausrüstung an. Die Spannung wächst. In aller Ruhe bezwingt man die nicht sonderlich steil aufgerichteten Felsplatten des mit Eisenklammern und Drahtseilen präparierten Einstiegs zum Karhorn-Klettersteig. Danach setzt der an-

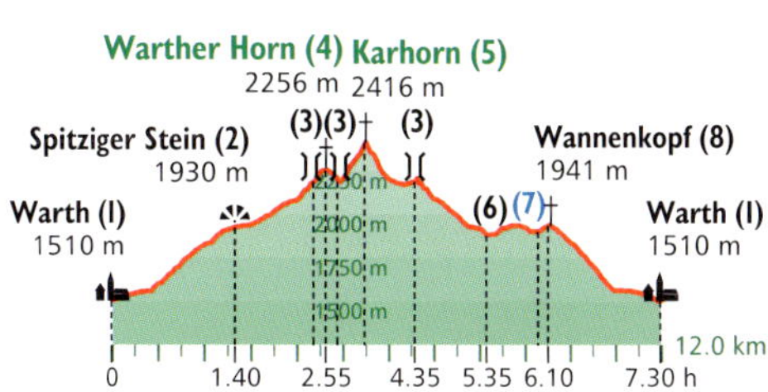

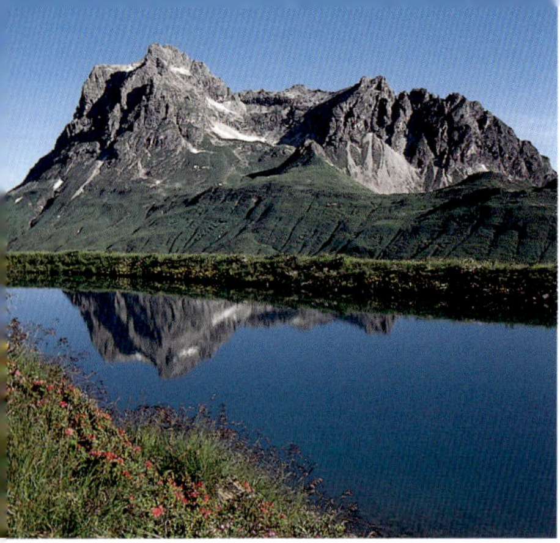

Beim Spitzigen Stein steht der Widderstein Kopf.

fangs einfache, schrofige Nordostgrat an. Doch schon wenig später geht's mit fast durchgehenden Sicherungsanlagen wieder kräftig zur Sache. Unterschiedlich steil und ausgesetzt, teils auf dem Grat, teils etwas daneben, zwischendurch mit ein paar kitzligen Seitenwechseln untermalt, muss man auch mal einen geringen Höhenverlust in Kauf nehmen. Leider lässt die Felsqualität gelegentlich zu wünschen übrig.
Nach einer Zwischenerhebung zwingt ein größerer Schrofenzacken zu einer Umgehung. Es folgt eine winzige, aber senkrechte Stufe mit Stiften und Klammern, dann erreicht man den Gipfelaufbau, der nochmals vollen Einsatz verlangt. Die letzten Meter zum **Karhorn (5)**, 2416 m, überraschen mit bequemem Gehgelände. Das Blickfeld wird erweitert im Südosten durch den Hohen Riffler, links vom Patteriol durch die breitgelagerte Kuchenspitze und die höchsten Rätikongesellen.
Der Abstieg erfolgt über den südgerichteten Schrofengrat, der kaum mehr Handanlegen, aber weiterhin Trittsicherheit erfordert. Zwei kurze Felsstufen sind mit Drahtseilen und Klammern entschärft. Am Gipfelfuß zeigt das Täfelchen »Einstieg Klettersteig« zu einer Geröllhaldenquerung. Mit kleinem Gegenanstieg erreichen wir zum dritten Mal den **Warther-Horn-Sattel (3)**.
Kurz vor der Winter-Sesselbahn verlassen wir in Richtung Steffisalpe die bekannte Route. Ein Steig leitet direkt unter den Lawinenverbauungen des Warther Horns zur Bergstation der **Steffisalpbahn (6)**, 1884 m. Hinüber zum nahezu verlandeten, kleinen **Wannensee (7)**, 1905 m, sehen wir uns gezwungen, über Weidehänge nochmals einen Gegenanstieg zu erdulden, bevor wir den **Wannenkopf (8)**, 1941 m, eine unscheinbare Erhebung mit Tiefblick zum jungen Lech, erreichen. Der sehr steile Talsteig, erst über gemächliche Alpenrosenhänge, später im engen Zickzack über einen mit Lawinenschutzanlagen verbauten Erlenhang, geht abschließend merklich in die Knie. Zum Schluss bringt uns der obere Ast des Dorfrundwegs zurück zur Bergbahn-Talstation in **Warth (1)**.

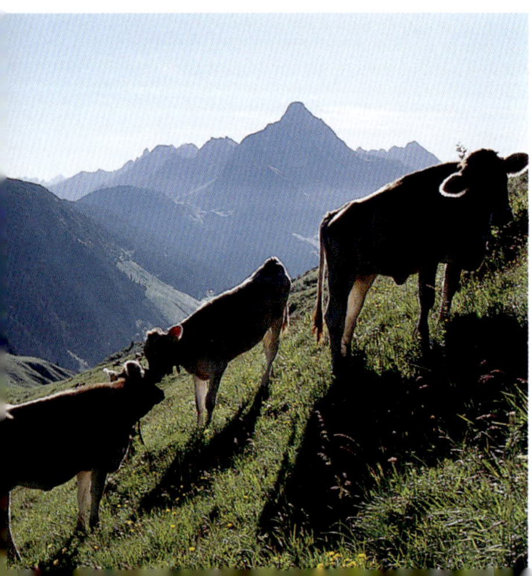

In Gesellschaft des Jungviehs genießt man oberhalb von Warth den Blick zum Allgäuer Biberkopf.

WALSERSIEDLUNG BÜRSTEGG

Bürstegg, am Südostfuß des Karhorns auf 1719 Metern gelegen, war einst die höchstgelegene ganzjährig bewohnte Ortschaft Vorarlbergs. Walser Bauern errichteten hier ihre genügsamen Heimstätten. In einem Bittschreiben aus dem Jahre 1727 wird der »Burstigg« als »ein wilder Berg, allwo kein Baum und Holz wachst wegen Schnee und brausenden Winden« genannt.

»Ist auch schon geschehen, dass auf dem Kirchweg eine unter die Schneelöen kommen, dass wann nit gleich zu Hilfe kommen, müssen selbige in dem Schnee verbleiben.« 68 Bewohner lebten hier umgeben von der rauen Bergnatur. Sogar eine eigene Schule gab es. 1890 wurde die Siedlung aufgegeben. Sie dient heute als Rinderalpe. Leider sind von den 13 Häusern neben der kleinen Kirche nur zwei Gebäude erhalten geblieben.

Der Sage nach hütete den Bürsteggern einst ein freundliches Hirtenmännlein aus den Wänden des Karhorns das Vieh auf der nahe gelegenen Weide. Abends trieb es die wohlgenährten Tiere unversehrt zurück. Die Bäuerinnen legten ihm dafür ein Käsbrot bereit, das am folgenden Morgen stets verschwunden war.

Eines Tages entschieden sich die Bürstegger, dem wilden Männlein ein besonderes Geschenk für die zuverlässige Arbeit zukommen zu lassen. Zu Michaeli legten sie ihm nun statt der Brotzeit Kleider mit einem Kapuzenrock an die gewohnte Stelle. Das Hirtenmännlein kam, legte die Kleider über und rief stolz aus: »Hübscha Ma, weha Ma, nöma hüata cha« (Hübscher Mann, fescher Mann, kann nicht mehr hüten). Daraufhin verschwand das wilde Männlein auf Nimmerwiedersehen, und die Bauern mussten ihr Vieh selber hüten.

Bürstegg war nur eine der Tannberger Walsersiedlungen mit dem Hauptort Lech. Weitere vorarlbergische Landnahmen erfolgten durch die ab dem ausklingenden 13. Jahrhundert aus dem Schweizer Oberwallis eingewanderten Walser im Laternser Tal, in Damüls und dem Großen Walsertal, in Bartholomäberg, im Silbertal, Brandner Tal sowie Kleinen Walsertal.

Am Wannensee oberhalb Bürstegg.

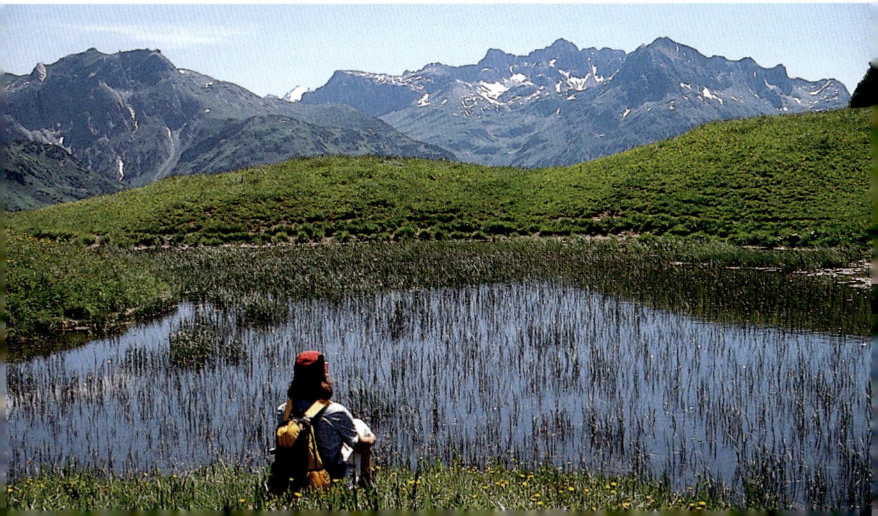

28 Spuller Schafberg, 2679 m

Rundtour von Lech

★★★

Packende Langstreckentour mit großem Wandergipfel

Wer beim Dörfchen Zug überm wildromantischen Hochgebirgstal des jungen Lechs den ernsten Schlund des Stierlochs betritt, glaubt sich in einer unüberwindbaren Sackgasse. Erst beim Nähertreten offenbart sich die Lösung. Der »Gesprengte Weg« klettert verwegen über einen abweisenden Felsenwulst und ermöglicht so eine Routenfortsetzung zum verträumten Spullersee. Über diesem lockt der bei Wanderern recht beliebte, da trotz seiner beachtlichen Höhe südseitig grasgekleidete Spuller Schafberg zu einer Besteigung. Er schenkt bezaubernde Fernblicke bis zu den Ötztaler Alpen und zum Ortler, in die Bernina und die Adula-Alpen. Mit der klassischen Umrundung des mehrgipfligen Gebirgsmassivs hat man eine landschaftlich brillante Langstreckenwanderung vor sich. Unterwegs ist noch interessant zu wissen, dass die Einwohner der Parzelle Omesberg früher kurioserweise ebenso wie ihre Nachbarn des Unteren Älpeles dem Landgericht Nüziders im Walgau unterstanden, während alle übrigen Tannberg-Bewohner zum Gericht Tannberg in Lech gehörten. Vom blaugrün leuchtenden Spullersee geht zu jeder Tageszeit eine traumhafte Stimmung aus. Eine Überraschung während des Staudammbaues war die Entdeckung von Bärenknochen und Elchschaufeln.

KURZINFO

Talort: Lech am Arlberg, 1444 m. Hoch gelegener Ferien- und Wintersportort. Mit dem Bus von Dornbirn erreichbar (Zug von Bregenz). Lech – Zürs Tourismus, 6764 Lech am Arlberg, Tel. +43 5583 21610, lechzuers.com.

Ausgangspunkt: Bushaltestelle an den Rüfikopfbahnen, 1444 m; Parkhaus.

Gehzeit: 1. Tag: 6.20 Stunden, 2. Tag: 4.10 Stunden.

Höhenunterschied: 1300 Hm.

Anforderungen: Gut bezeichnete Wanderwege und Pfade, Steige und Alpwege, kurzer Abschnitt auf tagsüber für den Verkehr gesperrtem Mautsträßchen. Aufstiege kurzzeitig steil. Große Ausdauer erforderlich, als Zweitagestour mit Übernachtung in der Ravensburger Hütte empfehlenswert.

Einkehr: Ravensburger Hütte (AV-Sektion Ravensburg, Übernachtung Mitte Juni bis Mitte Oktober, Tel. +43 664 5005526, ravensburgerhuette.at).

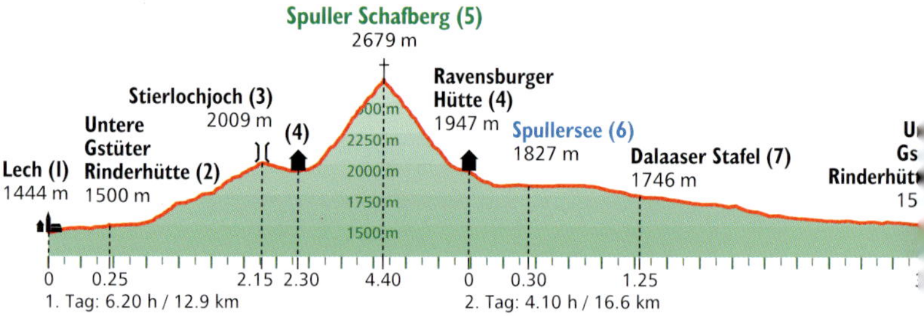

Von der Ortsmitte in **Lech (1)** nehmen wir die Hauptstraße bergan zur Pension Roggal, wo das Schild Richtung Gasthaus Omesberg weist. Bei der Kapelle achten wir auf den Wegweiser »Zug über Lechufer« und spazieren durch die Parzelle Omesberg. Ab dem Ortsende führt ein Wanderweg am jungen Lech entlang. Links über uns erhebt sich das Omeshorn. An einem alten Wasserrad vorbei kommen wir zu einem natürlichen Kneippbecken, wo wir der Route nach Zug treu bleiben. Unter einem Felsriegel entlangwandernd erleben wir, begleitet von rauschenden Stromschnellen, eine begeisternde Tallandschaft mit lichtem Wald aus Fichten und Latschen. Wir erreichen auf einem Weidefleck die **Untere Gstüter Rinderhütte (2)**, 1500 m. Hinter uns reckt der Biberkopf sein Plattenhaupt über die Baumwipfel.

Kurz verschwindet der Weg unter einem hölzernen Steinschlag-Schutztunnel. Nach dem Holzsteg über den Stierlochbach lenkt der Wegweiser »Ravensburger Hütte« nahe dem Ortsrand von Zug auf einen durch Fichtenwald führenden Güterweg und ein Stück weiter oben auf einen abzweigenden Steig. Bald treten die Bäume auseinander. Zu Füßen des Unteren Schafbergs und stets etwas oberhalb des Stierlochs quert man an Latschenhängen hinein in einen stillen Bergkessel. Im weiteren Verlauf steigt man über steinige Grasböden bergan. Der Stierlochbach verkümmert zum müden Rinnsal. Rückblickend grüßt unter der Schneide des Karhorns Oberlech.

ı (I)
4 m
29.5 km
) h

Nun löst der sogenannte »Gesprengte Weg« unseren Steig ab, ein kühner und steiniger Alpweg. Er überlistet auf an-

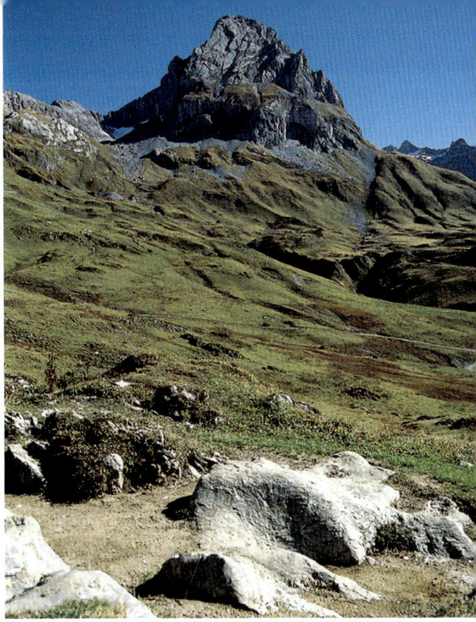

Nahe dem Stierlochjoch bezaubert die elegante Roggalspitze.

regende Weise den sperrigen Felsriegel empor ins **Stierlochjoch (3)**, 2009 m. Erhebend ist der Tiefblick aufs Stierloch. Im Südwesten glänzt bereits der Spullersee. Der optische Leckerbissen des Panoramas jedoch ist die bei Kletterern beliebte, messerscharf wirkende Nordkante der Roggalspitze. Bergab über buckliges Weidegelände streben wir nun auf einem Steig der auf einer Abstufung, dem sogenannten Stierkopf, gelegenen **Ravensburger Hütte (4)**, 1947 m, entgegen. Der heimelige Steinbau duckt sich unter eine beeindruckende Felswand mit einem auffallenden Höhlenmaul.

An dem rege besuchten Alpenvereinsstützpunkt, wo wir vor oder nach der Besteigung des Spuller Schafbergs übernachten, beachten wir den Wegweiser »Schafberg« und queren die sanft steigenden Grashänge. Das teils karstige Gelände zeigt auffallende Karrenbildungen, von Spalten durchzogenen

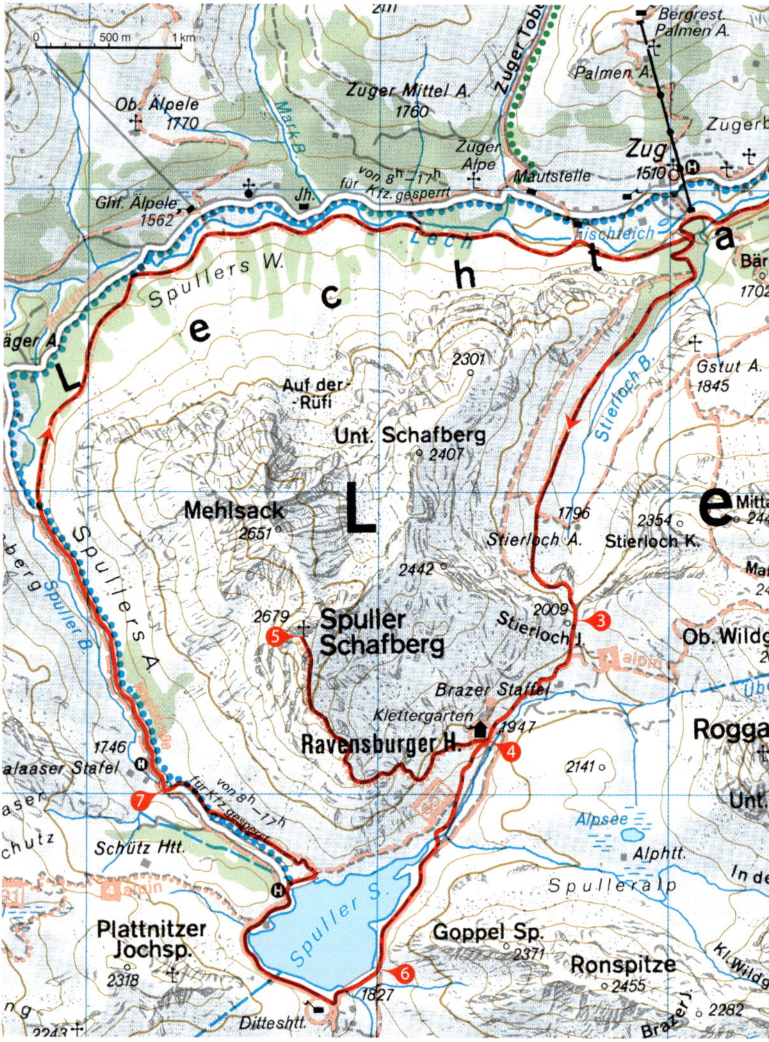

Kalkfels. Im anstrengenden Zickzack überwinden wir den kräftig aufsteilenden Grasrücken namens Hals, bevor uns die erholsame Einlage über das nur mehr mäßig ansteigende Rasenband zu einem Absatz wieder verschnaufen lässt. Die Route schwenkt nach Norden und klettert über eine breite, noch grüne Bergschulter, die sich zum Südgrat verschmälert und mit großartigen Ausblicken erfreut. Der teils schuttbedeckte, schrofige Schlussanstieg leitet, weiterhin recht einfach, empor zum **Spuller Schafberg (5)**, 2679 m.

Auf demselben Weg gehen wir zurück zur **Ravensburger Hütte (4)**.

Ein gemütlicher Pfad führt uns nach dem Abstieg über Viehweiden tal-

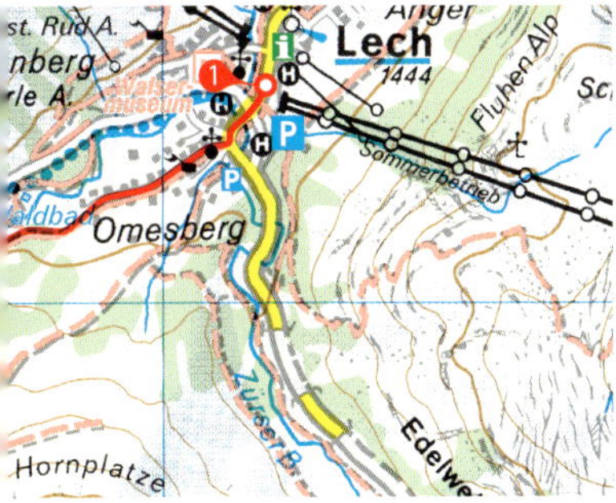

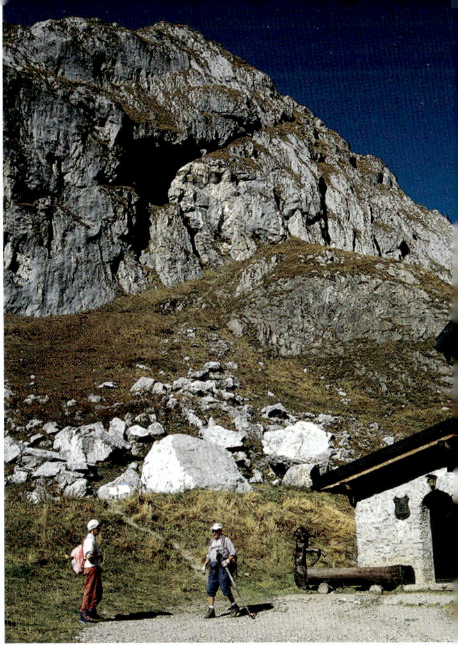
An der Ravensburger Hütte.

wärts zum **Spullersee (6)**, 1827 m. Bei der fjordartigen Seebucht wechseln wir auf einem Holzsteg das Ufer des Alpbachs und queren gleich anschließend auf einem Güterweg die Einmündung des Bargetzistobelbachs. Der Fahrweg um den See eröffnet vom Süddamm einen prächtigen Einblick ins Verwall. Nach dem Passieren des Norddamms folgen wir einem Pfad bergab durch den grasigen Taleinschnitt. Dieser geht später in einen alten Ziehweg über, der in das Mautsträßchen von Lech mündet. Auf dem zügigen Routenabschnitt bummeln wir am Alpgebäude **Dalaaser Stafel (7)**, 1746 m, vorbei und über sanft geneigte Latschenhänge talauswärts.

Vor der Brücke über den Spullerbach wechseln wir auf einen Pfad, der weiter leicht bergab durch Nadelwald zu den Kalberleger-Weideböden am Fuße des wuchtigen Mehlsacks führt. Das Lechtal hat uns wieder. Auf dem Uferweg – anfangs ein Güterweg, bald wieder ein Pfad – geht's stets am Fluss entlang und unter respektablen Felsabbrüchen vorbei zurück nach Zug, wo wir in den morgendlichen Weg nach **Lech (1)** einschwenken.

Spullersee mit Plattnitzer Jochspitze.

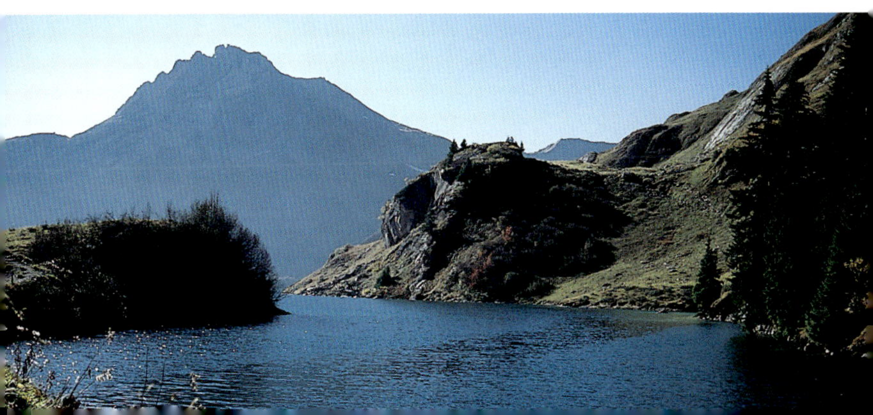

29 Mahdlochspitze, 2546 m

Rundtour über den Zürser See ★★

Stiller Gras-Rundling im Schatten der Wildgrubenspitzen

Über dem liebenswerten Bergauge des Zürser Sees ragt die grüne, nordseitig steil abstürzende Mahdlochspitze auf. Der Name des aus Kreideschiefern bestehenden Gipfels bezieht sich auf die frühere Bergmahd. Für einen Zweieinhalbtausender macht er nicht besonders viel her. Daraus ergibt sich für Alpenwanderer wiederum der Vorzug einer problemlosen Besteigung. Der Nachteil, dass er ein wenig im Schatten seiner felsgepanzerten Nachbarn steht, wird wieder wettgemacht durch einen atemberaubenden Blickkontakt mit dieser verwegenen Gruppe der Wildgrubenspitzen, den höchsten Gestalten des Lechquellengebirges.

Im Mahdlochjoch, genauer gesagt von der Bergschulter südwestlich davon, bietet sich für Gipfelsammler das verhältnismäßig einfache Zusatzziel Obere Wildgrubenspitze an, auch Kleine Wildgrubenspitze genannt, die mit einem unauslöschlichen Blick auf die einzigartige Roggalkante fesselt. Auf einem der beiden Throne sitzend hat man längst vergessen, dass wegen der Skiliftanlagen die ansonsten großartige Hochgebirgslandschaft um den Zürser See etwas an Attraktivität einbüßt.

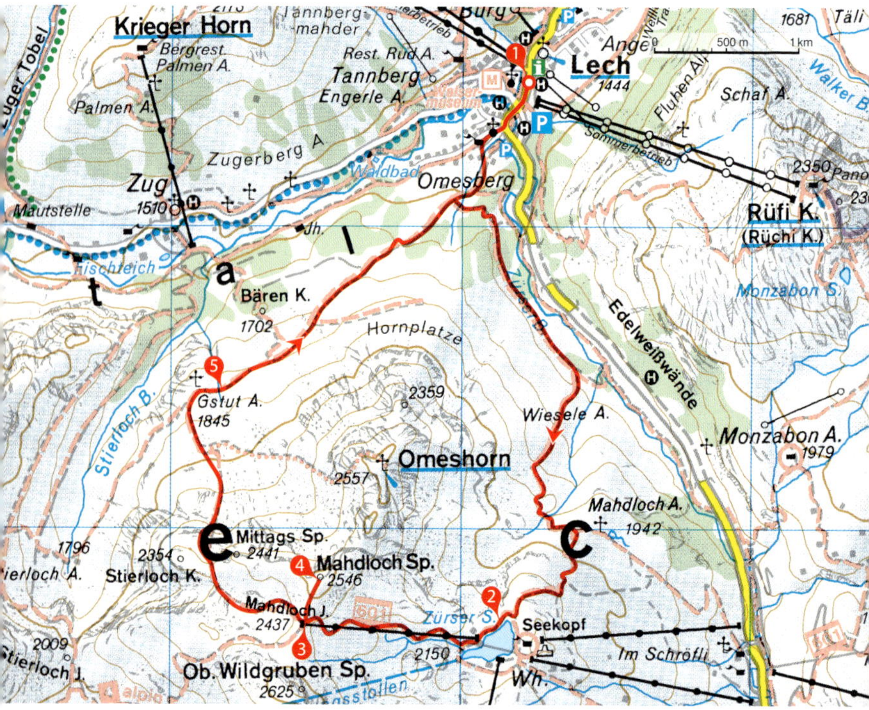

KURZINFO

Talort: Lech am Arlberg, 1444 m. Hoch gelegener Ferien- und Wintersportort. Mit dem Bus von Dornbirn erreichbar (Zug von Bregenz). Lech – Zürs Tourismus, 6764 Lech am Arlberg, Tel. +43 5583 21610, lechzuers.com.
Ausgangspunkt: Bushaltestelle an den Rüfikopfbahnen, 1444 m; Parkhaus.
Gehzeit: 7.00 Stunden.
Höhenunterschied: 1140 Hm.
Anforderungen: Gut bezeichnete Steige, kurze Güter- und Ziehwege, Gipfelanstieg auf unmarkierten Steigspuren. Längere Steilstücke. Etwas Ausdauer erforderlich. Nicht bei Nebel!

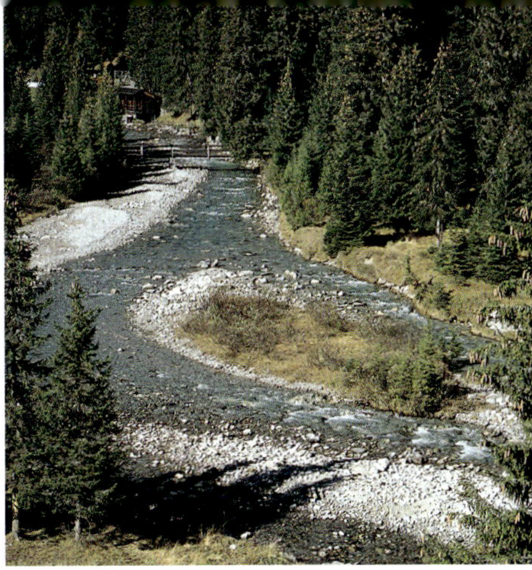

Romantischer Oberer Lech.

Von der Ortsmitte in **Lech (1)** nehmen wir die Hauptstraße bergan zur Pension Roggal, wo das Schild auf das Sträßchen zum Gasthaus Omesberg weist. Wir orientieren uns am Wegweiser »Gstütalpweg – Stierloch« und folgen dem bergwärts führenden Güterweg, der über Weideböden direkt auf die Felspyramide des Omeshorns zuhält. An einer bezeichneten Verzweigung führt unsere Route in Richtung »Wieseleweg–Zürsersee« in lichten Nadelwald.
Ab einer Wegkuppe verläuft ein alter Ziehweg flach taleinwärts. Jenseits des Tales die Flexenpass-Galerie. Man versäume während des beschaulichen Spazierens nicht die Abzweigung nach rechts des über den anfangs gemütlichen, später steilen Moränenrücken emporkletternden Steiges. Unten im Kluppe genannten Talboden soll früher um Mitternacht manchmal ein Spuk umgegangen sein, den man »das Treiben in der Kluppe« nannte.
Von der Karschwelle mit eingetrocknetem Seebecken steigen wir über eine Schleife zum Wiesenabsatz der Mahdlochalpe an. Im Osten besticht die kecke Roggspitze, zu ihrer Rechten lugt die stattliche Valluga über einem Bergkamm hervor. An einer Wegteilung halten wir uns weiter in Richtung »Zürser See«. Fahrzeugspuren werden erkennbar, von Zürs herauf, die über steile Weidehänge auf den folgenden Absatz leiten.
Von der Gabelung am traumhaft gelegenen **Zürser See (2)**, 2141 m, – darüber der zerhackte Grat der Unteren oder Großen Wildgrubenspitze,

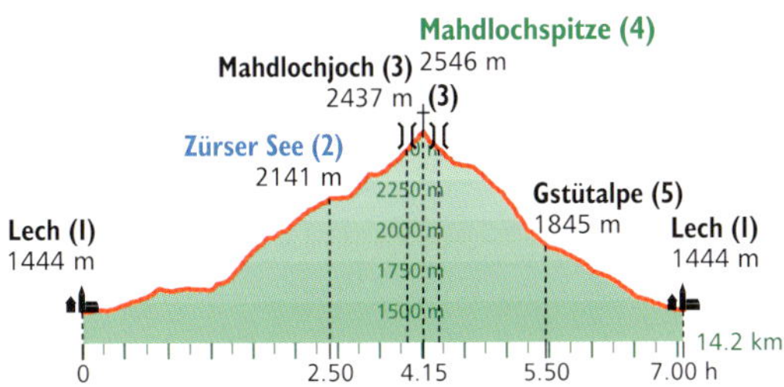

der Monarchin des Lechquellengebirges – geht's am Nordwestufer entlang in Richtung »Mahdloch« und vom Ende des Sees auf steilem Steig an einem Bergbach aufwärts über Schrofenhänge. Nach einem erholsamen Wiesenfleck leitet die Skiabfahrt ins **Mahdlochjoch (3)**, 2437 m, mit der Bergstation des Mahdloch-Skilifts. Steigspuren ziehen sich jetzt ohne jegliche Probleme über den gemächlichen Südhang steil hinauf zur **Mahdlochspitze (4)**, 2546 m. Neben dem in der Tiefe strahlenden Zürser See sind es natürlich in erster Linie die berauschend nahen Wildgrubenspitzen, die unser Auge während der Gipfelbrotzeit beschäftigen. Aber auch die hohen Allgäuer und Lechtaler Erhebungen sowie der Durchblick über den Spuller See in den Rätikon und die Schweizer Berge heben die Stimmung.

Zurück am **Mahdlochjoch (3)**, steigt man in Richtung Lech hinunter in das Spuller Gümple, eine trümmerübersäte Karwanne. Danach wandert man unter imponierenden Felszapfen über Gesteinsschutt und im weiteren Verlauf wieder über Grashänge hinunter zur **Gstütalpe (5)**, 1845 m, und entlang von Weidehängen zum Steinhäuschen mit der Aufschrift »Knappenlöcher«. Dies birgt einen alten Stolleneingang und deutet auf den Ende des 18. Jahrhunderts betriebenen Bleierz-Bergbau hin. Ab dem Stutzhüttchen bringt uns ein Güterweg zurück nach **Lech (1)**.

Omeshorn bei Lech.

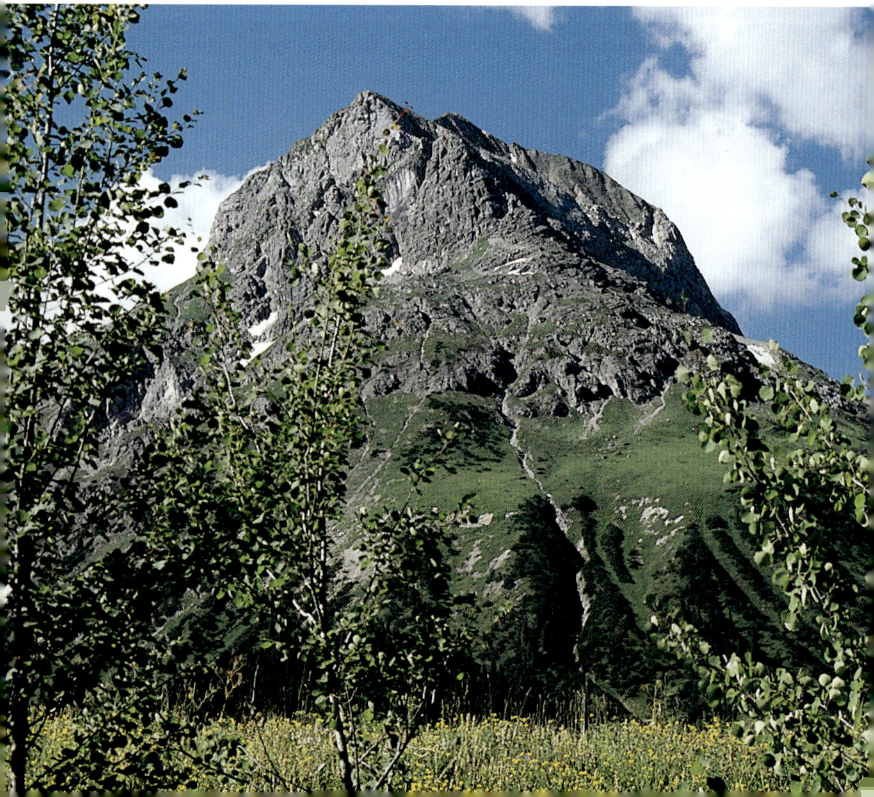

Erzberg, 2297 m

Vom Flexenpass

★★

Geheimnisvolle Individualistenroute für trainierte Waden

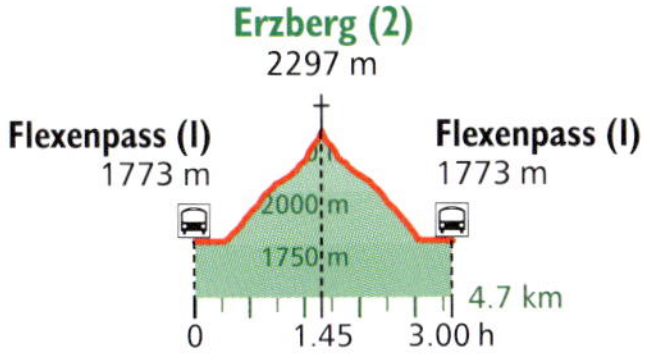

Zwischen dem Erzbergkopf, der östlichsten Erhebung des Erzberggrates über die Grubenspitzen, und dem Schwarzen Turm, dem höchsten Turm des über Stuben sich so wild aufbäumenden Stubner Grates, führt der völlig unbedeutende Schrofenhaufen des Erzbergs sein Schattendasein. Dennoch haben ein paar begeisterungsfähige Einheimische diesen Eckpunkt des Lechquellengebirges für wert befunden, mit einer Aufstiegsroute erschlossen zu werden. Überhaupt ist es neben der abenteuerlichen näheren Felsszenerie und der durchaus rühmenswerten Aussicht vor allem der geheimnisvolle, abschnittsweise recht knackige »Weg«, der die kleine Erzberg-Tour so anziehend macht. Hier wird einem nicht alle paar Meter durch einen leuchtenden Farbklecks die Orientierung abgenommen. Der vor Ort übliche Name Erzbergsattel für das wenig unterhalb des Erzbergs stehende Aussichtskreuz ist eigentlich unpassend, da es sich nicht um einen Sattel zwischen zwei Hochpunkten, sondern um eine Schulter handelt, die in Richtung Flexenpass ohne nochmalige Erhebung abfällt. »Erzbergschulter« wäre vielleicht eher angebracht. Da beide Punkte, sowohl die Schulter als auch der Minigipfel, unmittelbar nebeneinander liegen, existiert in der Alpenvereinskarte sowie in der entsprechenden Führerliteratur richtigerweise auch nur der eine, sich auf Gesteinsanteile von Bleiglanz und Zinkblende beziehende Name: Erzberg.

KURZINFO

Talort: Stuben am Arlberg (Gemeinde Klösterle), 1407 m. Kleines Dorf im Talschluss des Klostertals. Mit dem Bus von Bludenz erreichbar (Zug von Bregenz). Tourismusbüro, 6762 Stuben, Tel. +43 5582 399, stuben-arlberg.at.
Ausgangspunkt: Bushaltestelle auf dem Flexenpass, 1773 m; Parkplatz.
Gehzeit: 3.00 Stunden.
Höhenunterschied: 530 Hm.
Anforderungen: Kaum bezeichnete, meist weglose, kurzzeitig abschüssige Route, ab und an Steigspuren, steil. Trittsicherheit und Orientierungssinn erforderlich. Nicht bei Nässe und Nebel!

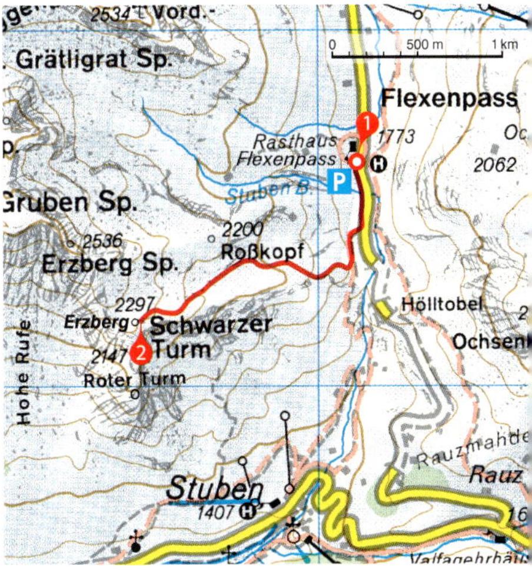

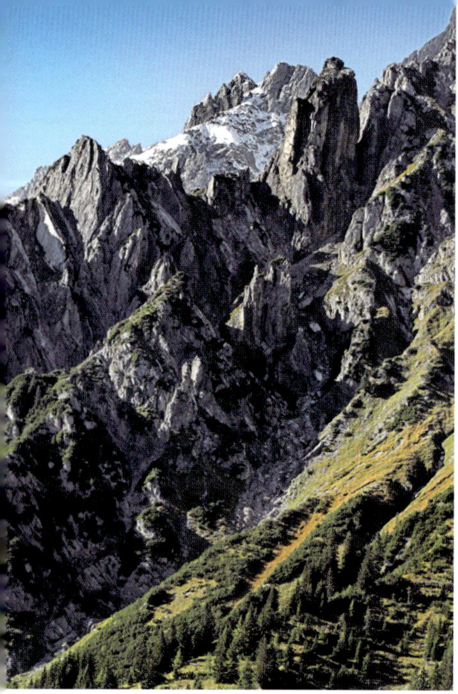

Wilde Nachbarn des Erzbergs.

Vom **Flexenpass (1)** südwärts nehmen wir, den Stubenbach überschreitend, achtsam ein kleines Stück mit der Bundesstraße vorlieb. Vor dem Beginn der Galerie biegt der Franz-Josefs-Weg ab, den wir sogleich auf Steigspuren scharf rechts verlassen. Kurz darauf über einen anstrengenden Weiderücken mit niederen Gebüschflecken mühend, anfangs geradeaus empor, im weiteren Verlauf schräg rechts zu einer winzigen Schulter, ist genau auf die wenigen verblassten Stein- und Holzpflock-Markierungen zu achten. Rechts des Passes baut sich die Rüfispitze auf.

Die Alpweiden durch eine längere Graswanne sind anschließend nur noch mit einem spärlichen Zwergstrauchwuchs bekleidet. Von einem zügigen Höhersteigen kann bei der ständigen »Pfadfinderei« natürlich keine Rede sein. So ergibt sich umso öfter die Gelegenheit, während der Verschnauf- und Orientierungspausen die sich zunehmend entblätternde hochalpine Umgebung zu bestaunen. Da baut sich beispielsweise hinter uns der Trittkopf auf und über dem Arlberg beginnt das Niemandsland Verwall. Rechter Hand steht an einer Teichmulde eine Hüttenruine, die frühere Erisberghütte.

Etwa nach dem halben Aufstieg wird die ziemlich kreislauffördernde Route deutlicher erkennbar. Die sparsam angebrachten Bezeichnungen stärken immer wieder das Vertrauen. Plötzlich bannt der Kaltenberg mit seinem steil hängenden Gletscher den Blick. Weiter im Osten erscheint das mächtige Kuchenspitzmassiv und ganz links taucht der Hohe Riffler auf.

In gemächlicher Manier blockübersätes, buckliges Gelände durchschreitend, erweisen sich unsere Steigspuren nun großzügiger markiert. Nördlich des Aufstiegs erhebt sich der Roßkopf. Bei einem Tiefblick auf Stuben und die Flexengalerie wird ein kleiner Schrofenkopf rechts leicht abschüssig umgangen. Unmittelbar vor uns bestechen bizarre Felszacken. Zuletzt hat man sich knackige Rasenstufen und einen Schutthang zur grünen, kreuzgeschmückten Schulter namens Erzbergsattel hochzukämpfen, die einen schaurigen Tiefblick bietet. Dann ist's nur noch ein Katzensprung über eine Trittsicherheit fordernde, kleine Schrofenstufe auf den kaum ins Auge fallenden **Erzberg (2)**, 2297 m. Erst jetzt wird die Aussicht vollkommen frei durchs Klostertal hinaus in die Rätikonberge.

Der Abstieg erfolgt auf dem Anstiegsweg.

Westlicher und Östlicher Maroikopf, 2529 m

Teilrunde über die Alpe Albona

★★

Genusswandern am Arlberg

In außergewöhnlich schöner Lage thront am Nordrand des stillen Verwalls, hoch über dem hintersten Klostertal und nahe dem Arlberg, der blitzsaubere Schindelbau der Kaltenberghütte mit modernem Nebengebäude. Der behagliche Bergstützpunkt, in dessen Nähe kleine Seeperlen aufleuchten, ist eine Schauwarte vom Feinsten, zum Staunen und Schwärmen. Im Sommer weiden hier oben Haflingerpferde. Kinder entdecken rund um die familienfreundliche Unterkunft der Alpenvereinssektion Reutlingen, die sich durch verhältnismäßig kurze Zugänge auszeichnet, ein wahres Paradies. Dank der rührigen Wirtsleute und deren einfallsreicher Speisekarte mangelt es den Gästen an rein gar nichts.

Aus dem überzeugenden Tourenangebot rund um die Hütte wollen wir die auch von weniger anspruchsvollen Bergwanderern leicht nachvollziehbare Runde über die beiden Maroiköpfe herauspicken. Eine Erlebnisroute, bei der das Schauen und Genießen über alles geht. Wer in Sachen Berglandschaft nach der Gipfelüberschreitung seinen Horizont noch ein wenig erweitern möchte, der kann wahlweise vom Maroijöchle dem herrlichen »Berggeistweg« oder von der Kaltenberghütte dem »Paul-Bantlin-Weg« über die Erzlöcher jeweils nach St. Christoph folgen und von dort mit dem Bus nach Langen zurückkehren.

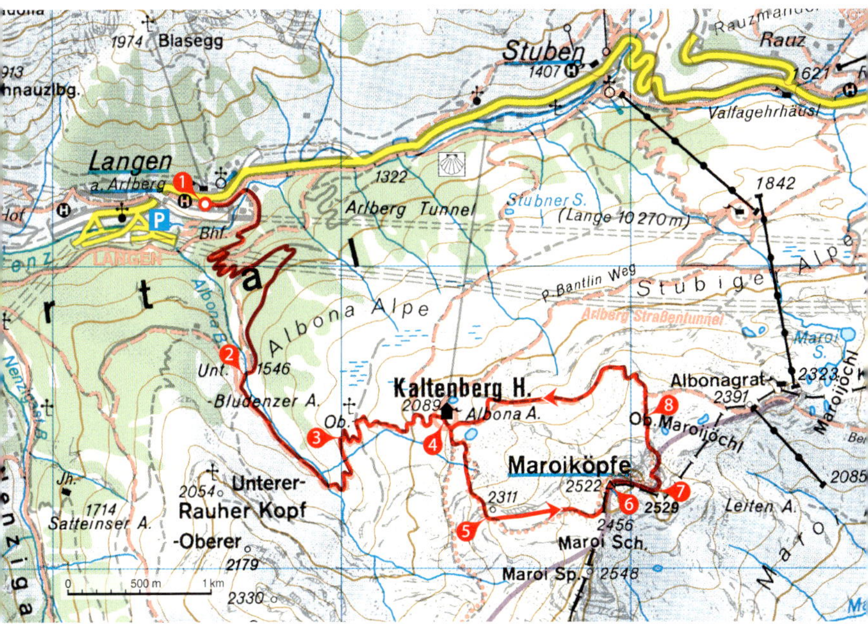

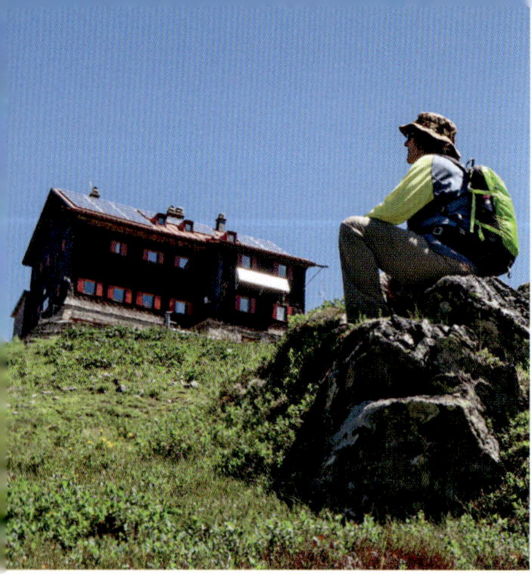

Die Kaltenberghütte in den Verwallbergen.

KURZINFO

Talort: Klösterle, 1073 m. Erholungsort im hinteren Klostertal. Mit dem Zug von Bregenz erreichbar. Klostertal Tourismus, 6754 Klösterle, Tel. +43 5582 777, vorarlberg-alpenregion.at.
Ausgangspunkt: Bahnhof in Langen, 1215 m; Parkmöglichkeit an der rechten Ausfahrt kurz vor dem Dorftunnel.
Gehzeit: 8.00 Stunden.
Höhenunterschied: 1330 Hm.
Anforderungen: Meist gut bezeichnete Güterwege, Ziehwege und Steige. Nur kurzzeitig steiler Aufstieg. Etwas Ausdauer erforderlich.
Einkehr: Kaltenberghütte (Übernachtung).

Der Wanderwegweiser »Unt. Bludenzer A.« lenkt am Bahnhof in **Langen (1)** zum Kirchlein. Dort leitet unter den Eingängen des Bahn- und Straßentunnels ein Güterweg über die Alfenzbrücke. Es folgen mehrere Waldserpentinen. Unter dem Blisadonakopf schützen umfangreiche Lawinenverbauungen das winzige Dorf an der Arlbergbahn. Aus dem Talschluss wächst unvermittelt mit einer steil gestellten Faltung das Massiv des Erzberggrates empor. An der Verzweigung nach einer Linkskehre führt die gemütliche Fahrweg-Variante geradeaus. Bald erkennt man auch die Flexenpass-Galerie. Das Ufer des Albonabachs (auch Bludenzer-Alp-Bach) wechselnd erreicht man wenig unterhalb der Waldgrenze die gedrungene **Untere Bludenzer Alpe (2)**, 1546 m.

Auf dem mit »Kaltenberg-Hütte« ausgeschilderten Ziehweg geht's jetzt über Alpweiden am munteren Bergbach entlang durch ein kleines Hochtal. Man kann hier gut erkennen, wie die Furche des Klostertals die hellen Gesteinsarten der spitz geformten Nördlichen Kalkalpen vom dunkleren kristallinen Gestein der runder gestalteten Zentralalpen trennt. Mittels einer Betonbrücke wird unter einem Mini-Wasserfall der Oberlauf des Albonabachs gequert. In engen Windungen wandern wir über nun steilere Weidehänge hinauf zur **Alpe Albona (3)**, 1870 m (auch Obere Bludenzer

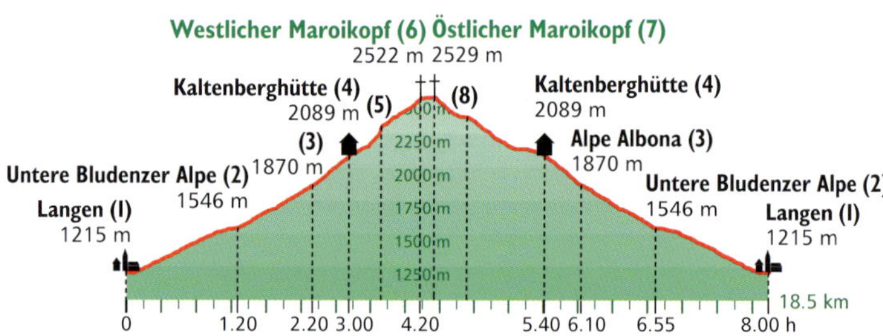

Alpe). Talauswärts fällt der markante Roggelskopf ins Auge. Den Steig empor zu der auf einem kleinen Absatz mit einer Stärkung lockenden **Kaltenberghütte (4)**, 2089 m, säumen Zwergsträucher mit Blaubeeren.

Für die geplante Gipfelrunde orientieren wir uns am Richtungszeiger »Maroi Köpfe« und bummeln erst gemütlich an einem bescheidenen Seeauge vorbei, in dem sich der Erzberggrat und die Große Wildgrubenspitze spiegeln. Nach kurzer Querung eines Blockfeldes überwindet ein kraftfordernder Zickzacksteig einen später schrofendurchsetzten Rasenrücken. Über Dalaas taucht der Spullersee aus der Versenkung auf, links im Hintergrund brüstet sich die Rote Wand.

Ab dem **Steinmannle (5)**, 2311 m, einer Bergschulter, durchschreiten wir wieder in erholsamer Manier steinige Grasböden. Nicht mehr lange, dann treten im Süden der nahe Kaltenberg und über dem Montafon die Schesaplana mit auf die Bühne. Nach leichtem Schlussaufstieg gewinnt man eine, von dieser Seite gesehen, bis obenhin begrünte Schrofenerhebung, die sich **Westlicher Maroikopf (6)**, 2522 m, nennt. Dieser ist vom kreuzgeschmückten Nachbarn namens **Östlicher Maroikopf (7)**, 2529 m, durch eine leichte Schrofengrat-Einsenkung getrennt. Die höchsten Spitzen der Lechtaler Alpen und die Verwall-Regenten südlich des Stanzer Tals wetteifern um die Gunst der Betrachter.

Als Abstieg wählen wir vom Kreuz den ebenfalls markierten, etwas öden, da überwiegend geröllbedeckten, ostgerichteten Rücken. Auf dem **Maroijöchle (8)**, 2380 m, eigentlich einer Geländestufe bei der Albonagratstube, schwenken wir in wieder grasdurchsetztem Gelände links in den Berggeistweg ein. Dieser bringt uns, nach ein paar fallenden Kehren eine Blockhalde querend, wieder zur **Kaltenberghütte (4)**. Dort nehmen wir zufrieden den bekannten Steig nach **Langen (1)** auf.

Blick von der Kaltenberghütte in die Lechtaler Alpen.

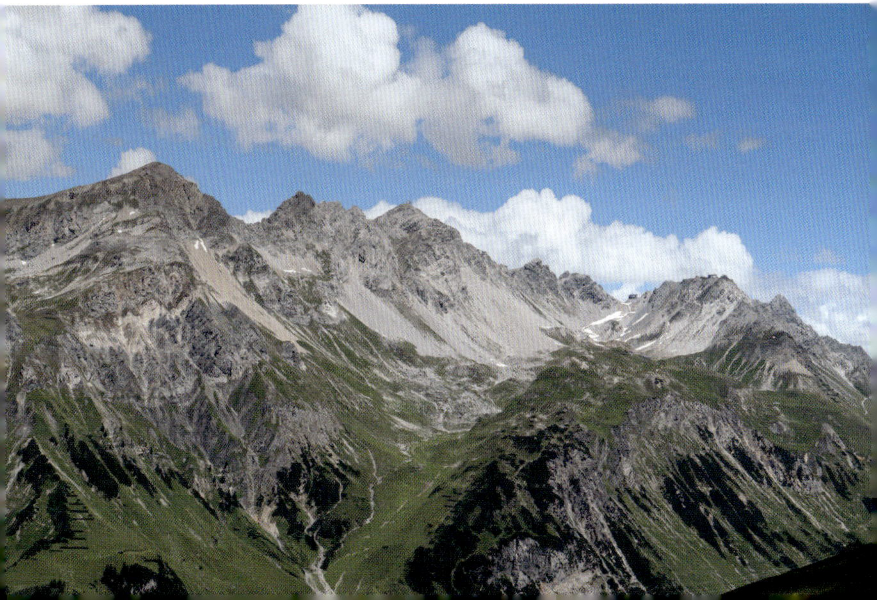

32 Zwölferkopf und Davennaspitze, 1881 m

Von Lorüns über Valleu ★★

Die vordersten Montafoner Bergziele

Ausgerechnet gleich am Eingang ins anziehende Montafon, wenige Fahrminuten hinter der Alpenstadt Bludenz, stoßen wissbegierige Bergfreunde auf einen kaum begangenen, beglückenden Schleichweg, die zwischendurch deftig einheizende Entdeckungsroute zur Davenna(spitze). Die sich mit ihren schauerlichen Westabbrüchen recht wild gebärdende Erscheinung der Itonskopfgruppe und ihr östlicher Nachbar, der Zwölferkopf, gehören rein gebirgsgeografisch betrachtet zum Verwall und somit zu den Zentralalpen. Geologisch gesehen sind die schrofigen Latschenköpfe jedoch typische Nordalpenkinder.

Die mit bezaubernden Rätikonbildern verwöhnende Zweigipfeltour im Triangel von Walgau, Klostertal und Montafon entführt die Bergwanderer zur sonnenverwöhnten, früher ganzjährig bewohnten Alpsiedlung Valleu. Während strenger Winter lebten die Bergbauernfamilien dort oben zeitweise vollkommen von der Umwelt abgeschnitten.

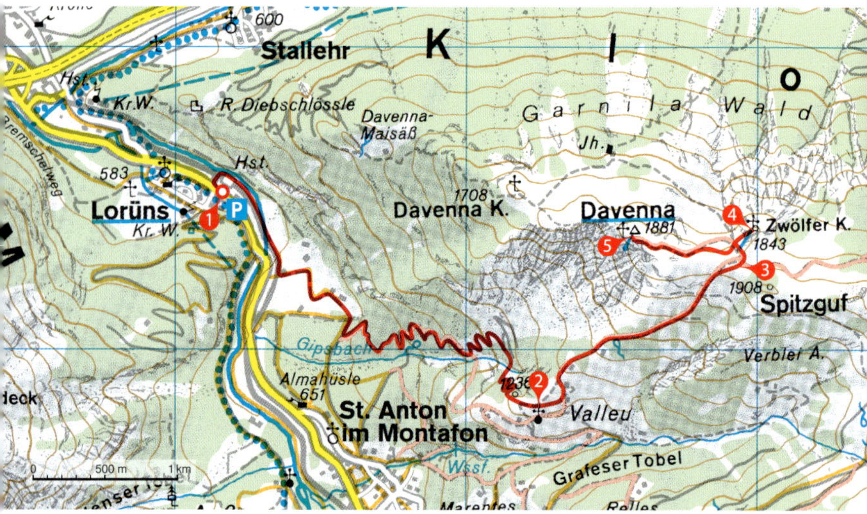

KURZINFO

Talort: Lorüns, 583 m. Kleines Dorf am Eingang ins Montafon. Mit dem Zug von Bregenz erreichbar. Gemeindeamt, 6700 Lorüns, Tel. +43 5552 62339, loruens.at.
Ausgangspunkt: Bahnhof, 583 m; Parkplatz.

Gehzeit: 8.15 Stunden.
Höhenunterschied: 1320 Hm.
Anforderungen: Meist bezeichnete Pfade (kurze Pfadspuren) kurzzeitig ausgesetzte Steige, Wald- und Ziehwege, anfangs Wanderweg. Längere steile Anstiege. Trittsicherheit, Kondition und Orientierungssinn notwendig. Nicht bei Nebel!

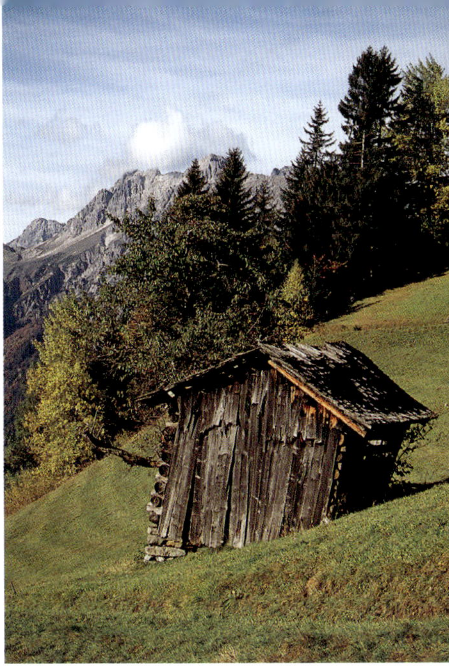

Zeugen einer bewahrten Bergbauernkultur: die Valleuer Mähwiesen.

Der Illweg in Richtung St. Anton überquert beim Bahnhof in **Lorüns (1)** das Gleis und führt danach als »Damm-Wanderweg« flussaufwärts durch die von Felsbändern eingezwängte Talöffnung des Montafon. Nach der Illbrücke wandern wir auf einem bald sanft ansteigenden Feldweg über Wiesen mit verstreuten Baum- und Gebüschgruppen. Den Wegweiser »Gipssteinbruch« beachtend finden wir später nur noch eine gelb-weiß markierte Pfadspur vor. Nicht lange, dann stoßen wir auf einen Waldweg, der im weiteren Verlauf rot-weiß bezeichnet ist und sich in Serpentinen durch einen steilen, trockenen Kiefernmischwald hochschraubt. Gegenüber erheben sich die runsigen Ausläufer der Vandanser Steinwand. Hinter St. Anton ragen die Tschaggunser Mittagspitze, das Schwarzhorn und die Sulzfluh auf. Auch die Gemeinde Bürs zeigt sich von hier.

Unter dem ehemaligen, heute wieder bestockten Gipssteinbruch, über dem die schroffe Davennaspitze gipfelt, wechselt der Fahrweg in einen Pfad. Nach Querung einer Geröllrinne und einem Flachstück wird das Überwinden einer zweiten, diesmal erdigen Rinne mittels einer Leichtmetallleiter ermöglicht. Weiter geht's auf einem meist anstrengenden, gelegentlich ausgesetzten Steig, der uns einen Tiefblick nach Bludenz schenkt.

Wo wir auf die Mähwiesen des Alpdörfchens **Valleu (2)**, 1236 m, stoßen, leitet ein undeutlicher und nicht markierter, aber mit Holzstufen befestigter Abschnitt am Waldrand bergauf. Nur keine Unsicherheit aufkommen lassen, schon nach Kurzem zeigt das Schild »Davenna« die weitere Richtung auf einem Ziehweg zu den oberen, vortrefflich

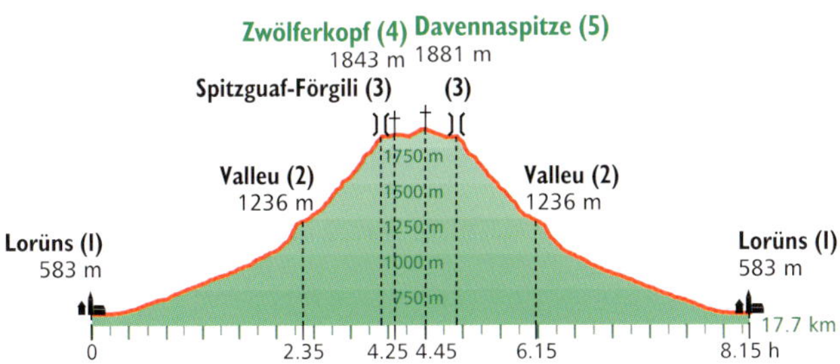

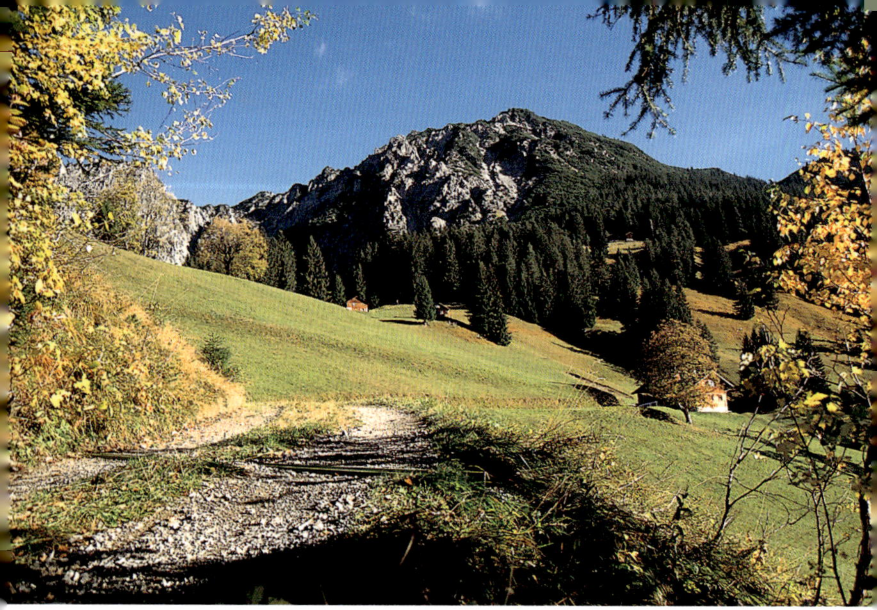

Davennaspitze von Valleu, im Nordwesten des Verwalls.

gelegenen Maisäßhütten. Über dem Golm spitzeln die Drei Türme und die Drusenfluh zu uns herüber. Die beiden obersten Gebäude erreicht man ab der Nr. 6 über einen weglosen Weidehang.
Im Wald findet man jetzt wieder einen bezeichneten Pfad vor. Ab den letzten Heuhütten geht es auf einem knackigen, spärlich markierten Steig zu Beginn durch eine Schneise. Im Fichtenwald schreitet man später über reizvolle Grasböden. Der Felszacken hinter dem Großen Valkastiel entpuppt sich allmählich als Zimba. Links davon wird im Hintergrund die Schesaplana erkennbar. Sogar ein paar Silvrettazacken machen jetzt auf sich aufmerksam. Das letzte Stück zum Sattel **Spitzguaf-Förgili (3)**, 1830 m, wandert man an einem Riesendolinentrichter vorbei und durch Latschengassen.
Wenige Meter müssen wir nun bergab zu einer Verzweigung und zu einer Einsenkung. Über eine kleine Schrofenstufe sowie auf und neben einem schmalen Grat gewinnt man unmarkiert und mitunter ausgesetzt, aber auf einem deutlichen Steig und ohne große Probleme den **Zwölferkopf (4)**, 1843 m. Nördlich des mächtigen Klostertal-Einschnitts bäumen sich die markanten Kalkklötze des Lechquellengebirges auf, in vorderster Front der Roggelskopf. Bis hinaus ins Rheintal schweift der Blick.
Wir begeben uns zurück zur Einsenkung und haben ebenfalls zwischen Legföhren, erst flach, dann durch eine leicht steigende Blocksenke auf wieder bezeichnetem Steig nicht mehr weit zur **Davennaspitze (5)**, 1881 m. Hier kommt man auch in den Genuss einer anregenden Schau in den wüsten Erosionswirrwarr der Westabstürze. In der Silvretta lassen sich sogar der Piz Buin und die stolze Litznergruppe sehen.
Der Abstieg erfolgt auf dem Anstiegsweg.

Kreuzjoch und Zamangspitze, 2395 m

Teilrunde über die Wormser Hütte

★★★

Höhenschwelgerei mit Aufstiegshilfe

Die Welt der Kämme und Grate, Türme und Zinnen entpuppt sich während des Aufstiegs zum Sennigrat im Hochjochstock zwischen Montafon und Silbertal als berauschend mannigfaltig. Mehr als 200 Gipfel sieht man angeblich von der Grathöhe. Die gesamte Rätikon-Parade von der Schesaplana taleinwärts gestaltet die beflügelnde Höhenwanderung übers Kreuzjoch auf die Zamangspitze zu einer Schwelgerei in hochalpiner Szenerie, abgehoben vom Alltag. Doch nicht genug. Für den Rückweg lassen wir uns noch ein ganz besonderes Schmankerl einfallen: die beiden höchst romantischen Karseen unter dem imponierenden Hochjochgipfel. Man vergisst vor lauter Glückseligkeit ganz, dass man sich inmitten eines sowohl für den Sommer wie auch für den Winter fast schon übererschlossenen Bergbahngebietes befindet.

KURZINFO

Talort: Schruns, 690 m. Heilklimatischer Kurort und Metropole des Montafon in einer Talweitung an der Öffnung des Silbertals. Mit dem Zug von Bregenz aus erreichbar. Tourismus Information, 6780 Schruns, Tel. +43 50 6686200, montafon.at.

Ausgangspunkt: Bushaltestelle bei der Hochjochbahn, 690 m; Parkplatz.
Gehzeit: 4.45 Stunden.
Höhenunterschied: 720 Hm.
Anforderungen: Ausnahmslos gut bezeichnete Steige und Pfade sowie Güter- und Wanderwege. Kurzer steiler Gipfelaufstieg.
Einkehr: Kapell-Restaurant, Kapellalpe und Wormser Hütte (Übernachtung).

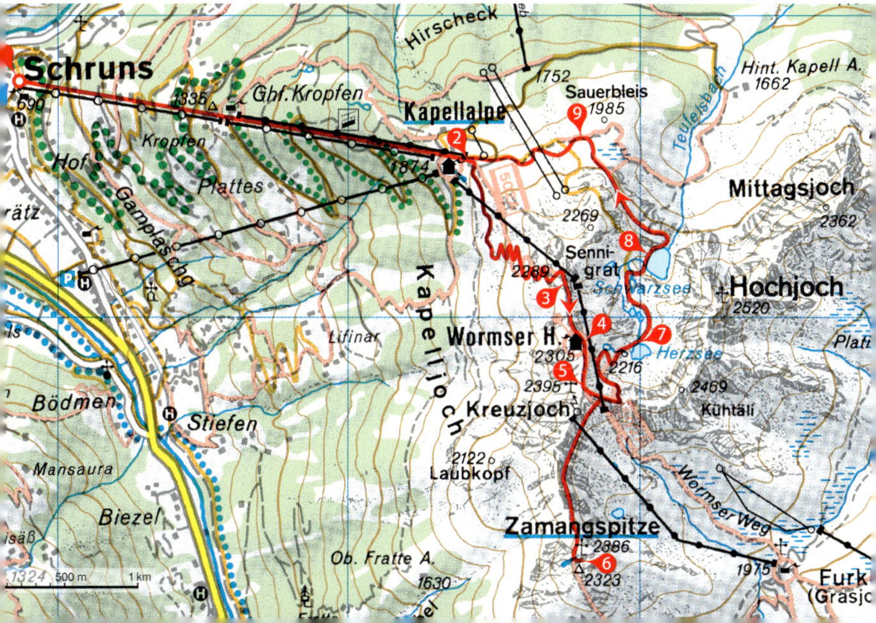

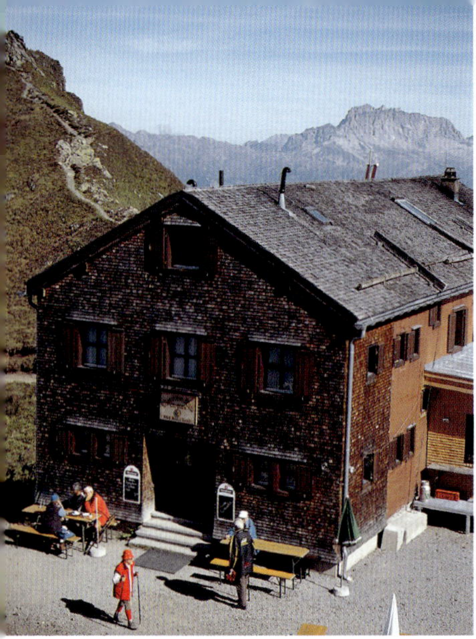

Wormser Hütte mit Roter Wand.

Von **Schruns (1)** trägt uns die Hochjochbahn in zwei Sektionen zum Kapell-Restaurant mit der **Kapellalpe (2)**, 1855 m. Der Österreichische Weitwanderweg und Zentralalpenweg »02 A«, ein Pfad, steigt in Richtung Wormser Hütte an einem Kreuz vorbei und mündet an der Bergstation eines Skilifts in einen Güterweg, der unter dem Sennigrat-Sessellift hindurchführt. Bald windet sich ein Steig in pulsfreundlich angelegten Serpentinen über eine steile Grasflanke mit Lawinenverbauungen, aber auch mit Alpenrosen und Blaubeeren empor zum **Sennigrat (3)**, 2289 m. Zwischen Traum-Panorama und erhebender Talschau bis zum fernen Bodensee ist man hin- und hergerissen.

Von der Gratschulter folgt ein Wanderwegbummeln über einen kleinen Kamm zur **Wormser Hütte (4)**, 2305 m. Die Beschilderung »Wormser Höhenweg« zeigt auf einen Steig, der bald östlich des Grates, zum Schluss auf der felsigen Schneide selbst, das **Kreuzjoch (5)**, 2395 m (Antennenmast), erreicht, richtigerweise Kapelljoch genannt. Vollkommen frei macht das nimmersatte Auge seine Runde von den Bergen des Klostertals und um den Flexenpass über die westliche Verwallgruppe und – sämtliche namhafte Grenzgipfel zur Schweiz aufgereiht wie eine Perlenschnur – über die eisschimmernde Silvretta, des Weiteren hinein ins Gargellental und entlang der Rätikonkette.

Der Übergang zur **Zamangspitze (6)**, 2386 m, mogelt sich ohne Probleme sanft fallend zum Kreuzjochsattel mit der Winter-Sesselbahnschaukel und ostseitig unter einem Schrofenkamm an der Bergstation der Grasjochbahn vorbei. Später benützt er in leichtem Auf und Ab den

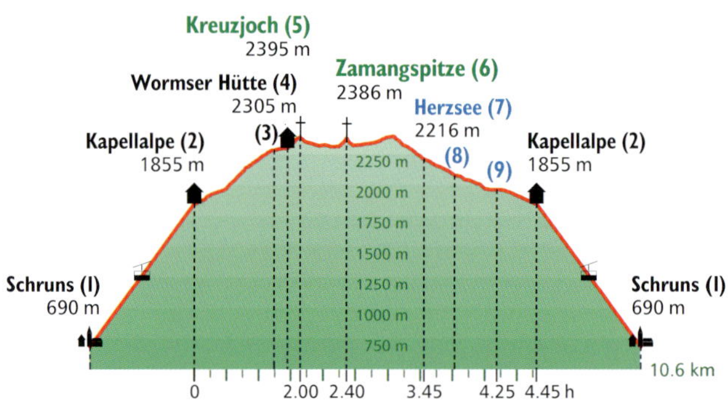

grünen Kamm zu einem Sattel, 2310 m. Über die grüne Westflanke umgeht man zuerst mit einem weiteren kleinen Höhenverlust das nächste Gipfelziel und gelangt von Westen durch eine kurze steile Graswanne, zuletzt über Blockwerk, auf die Zamangspitze. Eine weniger anstrengende Variante zweigt etwas später bei einem Paraglider-Startplatz ab. Prächtig weitet sich nun der Tiefblick auf die hintere Talschaft des Montafon und zu den Verwallriesen.

Zurück im Kreuzjochsattel entscheiden wir uns für den Seeweg, einen fallenden Ziehweg. Dieser hält zu Beginn auf den schlanken Hochjochgipfel zu und führt mehrmals unter einem Skilift hindurch. Eine Wanderwegserpentine leitet in die herrliche Karmulde mit dem **Herzsee (7)**, 2216 m. Nach Überschreiten des Auslaufs geht's in einer Schleife zu einer weiteren Seemulde. Beim Seehüsle (Erfrischungen) und dem mit 476 Metern Länge größten Skitunnel der Welt ziehen wir den etwas weiteren, aber schöneren Rückweg vor. Dieser bringt uns auf einem Pfad an dem tiefer gelegenen, vom **Schwarzsee (8)**, 2085 m, gefüllten Bergkessel vorbei. Über Weideböden passiert man nach der Querung eines Steilhangs den **Seebligasee (9)**, 1970 m, einen Wasserbehälter, und spaziert auf einem Güterweg zurück zur **Kapellalpe (2)**, wo uns die Gondel nach **Schruns (1)** aufnimmt.

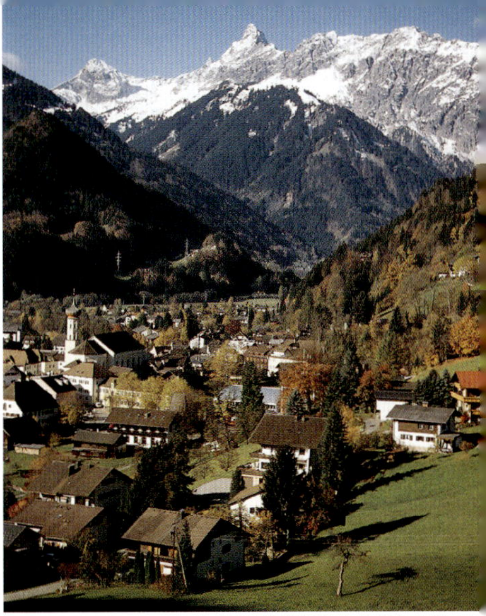

Zimba von Schruns (Äußeres Montafon) aus gesehen.

Hinter der Zamangspitze in Dunst getaucht die Silvretta.

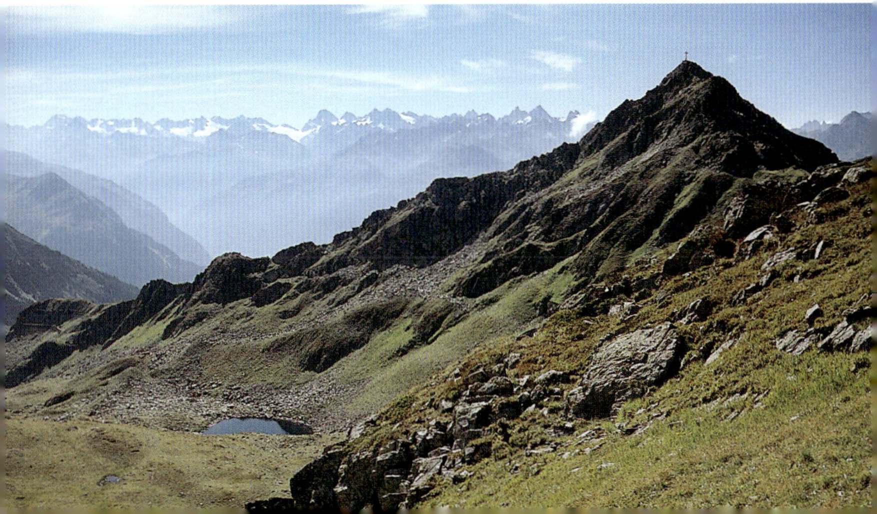

34 Lobspitze, 2605 m

Teilrunde aus dem Silbertal

★★★

Verwall – Niemandsland mit eigenem Pulsschlag

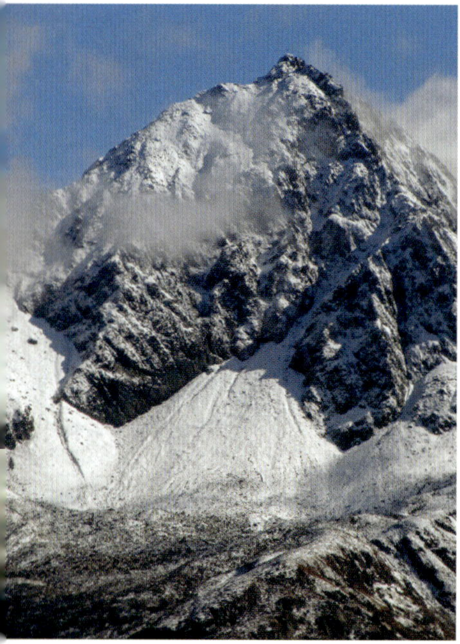

Die Lobspitze nach einem Wettersturz.

Das alte Bergwerksdorf Silbertal hieß ursprünglich Silberberg, später Sankt-Nikolaus-Kirchspiel. Es ist die einzige innerhalb des Verwalls gelegene Siedlung. In diesem heute noch weitgehend unberührten Gebirge spüren empfindsame Bergwanderer einen eigenen Pulsschlag, einen heilkräftigen Gleichklang. Die moderne Welt mit ihrer Eile, mit ihrem Renditedenken hat hier, abgesehen von wenigen Randwunden, noch keinen Einzug gefunden.

Suchen wir uns also eine typisch einsame Verwall-Gipfeltour aus, ruhig ein wenig anspruchsvoll. Hoch hinaus, des besseren Überblicks wegen. Am liebsten gleich eine ausgefuchste Überschreitung, möglichst ohne allzu langen Talmarsch, auf der wir nur geduldigen Einzelgängern begegnen werden, die in jedem Steilgelände souverän zurechtkommen. Was erwarten wir uns noch? Ein paar ungestüme Sturzbäche, belebende Wasserfälle, weltentrückte Trümmerkare und als Krönung vielleicht einen himmelnahen Seespiegel zum Träumen … Ja, so ungefähr soll unser Verwall-Klassiker aussehen. Der erhabene Doppelgipfel der Lobspitze, die auch den Beinamen Silbertaler Lobspitze führt, scheint unseren Vorstellungen entgegenzukommen.

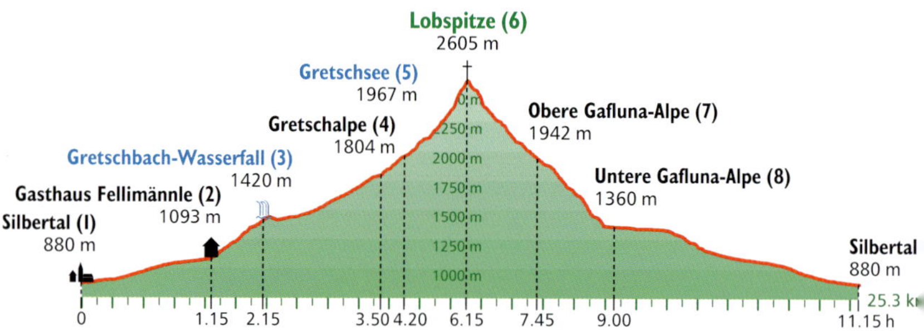

KURZINFO

Talort: Silbertal, 889 m. Verstreutes Erholungsdorf im gleichnamigen Tal, Äußeres Montafon. Mit dem Bus von Schruns erreichbar (Zug von Bregenz). Tourismusbüro, 6780 Silbertal, Tel. +43 50 6686230, montafon.at.
Ausgangspunkt: Bushaltestelle an der Kristbergbahn, 880 m; Parkplatz.
Gehzeit: 11.15 Stunden.
Höhenunterschied: 1760 Hm.
Anforderungen: Überwiegend gut bezeichnete Pfade, Steige und Steigspuren, Forst- und Ziehwege. Mehrere kurze Steilaufstiege. Trittsicherheit, Schwindelfreiheit und große Ausdauer erforderlich. Nur für Geübte bei zuverlässigem Wetter, nicht bei Nebel und Nässe! Orientierungssinn vorteilhaft. Das Gasthaus Fellimännle und die Untere Gafluna-Alpe sind auch mit dem Wanderbus erreichbar. Bis ins obere Kar unter dem Gipfel mittelschwer.
Einkehr: Gasthaus Fellimännle (Übernachtung).

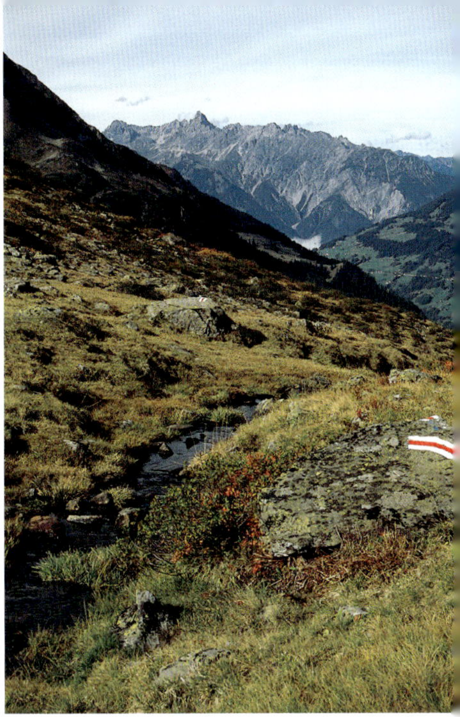

Stille Wanderroute zum Gretschsee.

Wir folgen an der Kristbergbahn in **Silbertal (1)** der Talstraße und im weiteren Verlauf einem unmerklich steigenden Forststräßchen ins enge Hochgebirgstal. An der Litz, deren Lauf Felssturzblöcke behindern, auf die Lobspitze zuhaltend kommen wir am Teufelsbach-Wasserfall vorbei zur Bannwaldkapelle. Nach steileren Kehren verflacht sich das Tal ab der Selbstversorgerhütte Hubertusstube, 1060 m, wieder. Weiter geht's zu den auf winzigen Lichtungen stehenden Taler Maisäßhütten und zum **Gasthaus Fellimännle (2)**, 1093 m.

Dort weist das Schild »Kristberg« auf einen Pfad, der über eine Jungviehweide bergan leitet und im Wald mehrere Male auf einen Forstweg stößt. Oberhalb einer Weidelichtung mit den kleinen Hütten am sogenannten »Starken Eck« trägt uns unter dem 30 Meter hohen **Gretschbach-Wasserfall (3)**, 1420 m, der über drei Gneisstufen stäubt, ein Holzsteg über den Sturzbach.

Bald nachdem wir am Ausgang des Wasserstubentals in den nur noch sanft steigenden Fahrweg einschwenkend den Burtschabach gequert haben, dirigiert uns bei einer Hütte der Wegweiser »Gretschalpe« abermals über den Bach. Talauswärts rückt bald die Zimba ins Blickfeld. Anmutig erscheinen die Streusiedlungen von Bartholomäberg. Ein Ziehweg leitet an einer Jagdhütte vorbei, von der sich das Hochjoch-Grastrapez zeigt, und an der Waldgrenze Weidehänge querend zur nahen **Gretschalpe (4)**, 1804 m (auch Gritscher Stafel). Unter uns öffnet sich das trauliche Silbertal.

Weiter geht's auf einem spärlich ausgetretenen, aber zuverlässig markierten Steig gemütlich an einem murmelnden Rinnsal bergauf durch eine Alpwanne. Nach kurzem Aufschwung teilt sich am kleinen ovalen **Gretschsee (5)**, 1967 m (auch Gritscher See), die Route. Der andere Aufstieg führt zum leichteren Fellimännle. Im Norden steht das Bollwerk der Roten Wand.

Ein weiterer Aufschwung ist von Zwergsträuchern überzogen, die uns mit schmackhaften Beeren verwöhnen. Dann betreten wir ein Blockkar. An seinem linken Oberrand folgen wieder anstrengendere, weiter grasdurchsetzte Zwischenstücke. Ins obere Kar finden sich nur noch Steigspuren, ein mühsames Vorwärtskommen. Von hier sieht unser Gipfel recht zerschartet aus. Nun schaltet sich das knackigste Stück der Tour ein, eine grimmig steile und schweißtreibende Schrofenrinne, in der meist Rasenstufen das Höhersteigen erleichtern. Eine gämsenartige Standfestigkeit und ein nervenstarkes Ertragen luftiger Rückblicke sind hier unabdingbar.

Von einer Einsattelung, 2535 m, umgeht man kurzzeitig ausgesetzt rechts den obersten Grat – technisch problemlos, aber nicht ohne Kitzel. Bis zuletzt markiert, verbindet ein flaches Schlussstück den Vorgipfel mit dem ersehnten Kreuz der **Lobspitze (6)**, 2605 m. In näherer Umgebung begeistern im Osten die zerborstene Westliche Eisentaler

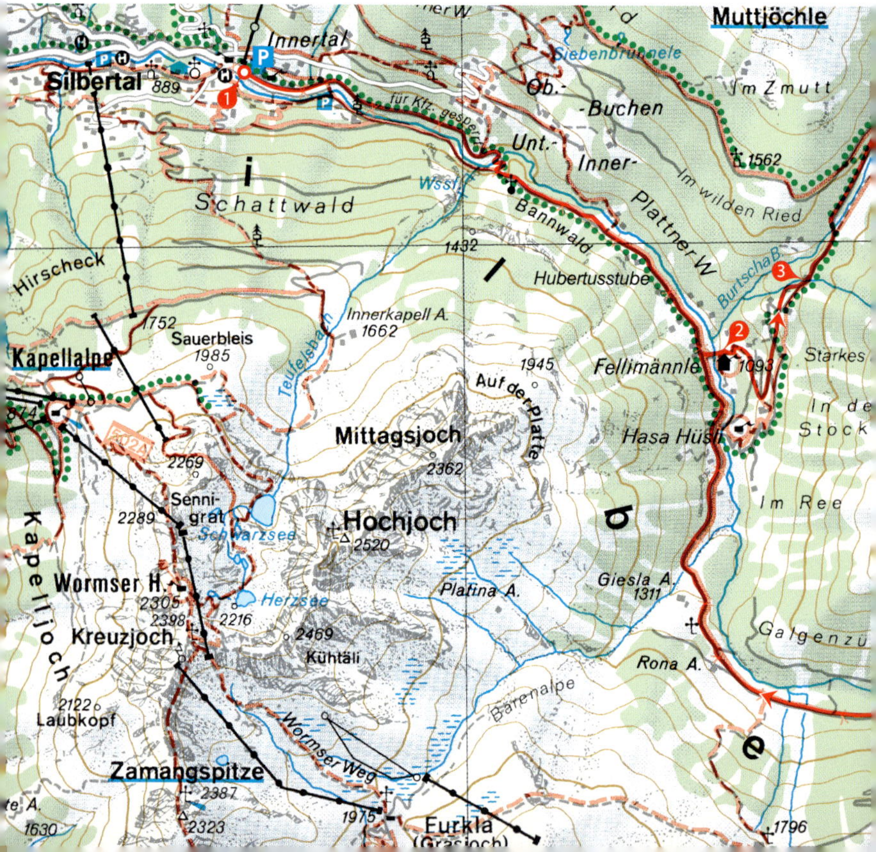

Spitze und jenseits des Silbertals der Valschavieler Maderer mit seiner Spitzhaube. Etwas weiter östlich sehen wir die höchsten Verwallgipfel. Nach dem Vorgipfel halten wir uns nur noch wenige Meter an die Aufstiegsroute und wählen dann den links abzweigenden Steig. Dieser fällt über einen ebenfalls markierten und abschüssigen Schrofenrücken zu einer Scharte, 2565 m, ab. Die anschließende Steilflanke wird auf Grastritten, später auf Schutt überwunden. Wo dieser in grobes Geröll übergeht, halten wir uns auf Steigspuren am Bergfuß und im weiteren Verlauf am Rand eines Blockkars entlang. Sehr sparsam bezeichnete Weidehänge leiten danach schräg rechts zu einer Wasserversorgung,

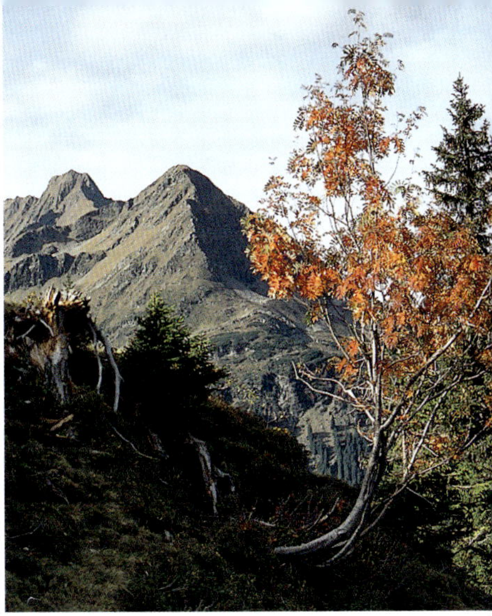

Bei der Gretschalpe lässt sich der Hochjochstock sehen.

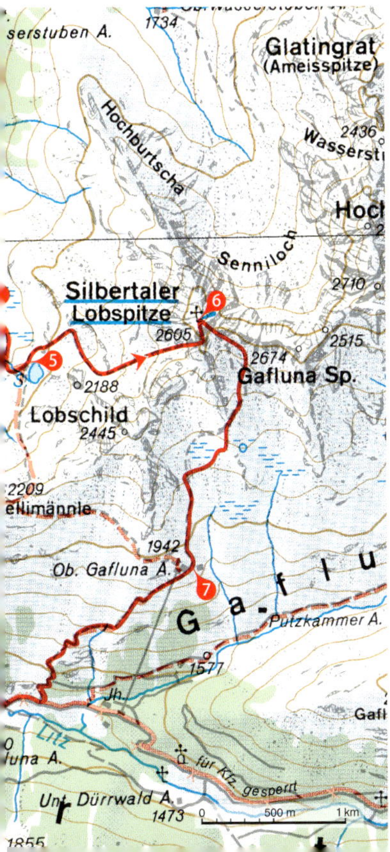

wo genau auf die Markierung zu achten ist. Langweilig wird es während dieser ständigen Wegsucherei kaum. Bald darauf erreicht man die **Obere Gafluna-Alpe (7)**, 1942 m, mit Käserei, die keinen Fahrweganschluss, nur eine Materialseilbahn besitzt.

Über zwischendurch mit Fichtengruppen und Krummholz bestockte, heute nicht mehr bewirtschaftete steile Bergwiesen geht's auf einem Pfad hinunter ins Silbertal. Bei der Einmündung des Gaflunatals steht die **Untere Gafluna-Alpe (8)**, 1360 m. Hier stoßen wir auf den Fahrweg an der Litz. Über Weideböden und durch Waldflecken wandert man an der Rona-Alpe und am Wasserfall Giesla-Fuchsschwanz sowie an der Giesla-Alpe vorbei, um das Fellimännle herum. Die wüste Gieslabach-Rüfe querend trifft man nach einem Gefällabschnitt wieder am Abzweig zum Gasthaus Fellimännle ein, wo man den morgendlichen Weg nach **Silbertal (1)** aufnimmt.

35 Grappeskopf, 2206 m

Über Sasarscha ★★

Abspecktour im Inneren Montafon

Der erste Abschnitt des kaum begangenen Aufstiegs aus dem Inneren Montafon auf den Grappeskopf über der Öffnung des Valschavieltals geht bis Sasarscha deutlich an die Substanz. Verliefe die Route nicht im Schatten, wäre das die reine Askese. Doch auch so kommt man an den selten auftauchenden Ruhebänken nur schwerlich ohne wiederholten kleinen Sitztest vorbei. Weitere positive Auswirkungen dieser konstant wadenschindenden Prozedur: Allmählich gelangt der heutzutage überstrapazierte Geist wohltuend zur Ruhe und die verkümmerte Seele wird empfänglich für die geheimnisvollen Stimmen des Montafoner Bergwaldes.
Außerdem hat bekanntlich jede Plagerei einmal ein Ende. Die Entschädigung für den sportlichen Tourenauftakt erhält man, wenn man sich an den heimeligen Maisäßhütten niederlässt, den Blütenduft der artenreichen Kräuterwiese einsaugt und die betörende Ausstrahlung dieses malerischen, friedlichen Örtchens uralter Bergbauernkultur ausgiebig auf sich wirken lässt. Dann lockt die Liebhaber verschwiegener Wege unaufhaltsam das Naturschutzgebiet Verwall, einer der letzten noch ausgedehnten, urtümlichen alpinen Naturerlebnisräume Vorarlbergs.
Die früheren Mähwiesen im Gipfelbereich werden schon lange nicht mehr bewirtschaftet. In alten Zeiten musste das während des Sommers mit unvorstellbarer Mühsal gemähte und in einfachen Bargen aufbewahrte Winterfutter unter großen Gefahren während einigermaßen sicherer Winternächte zu Tal befördert werden. Heute sorgen die stabilen »Eisenzäune« der Verbauungsanlagen dafür, dass das von der Schneelast geplättete lange Gras keine Lawinen abgehen lässt.

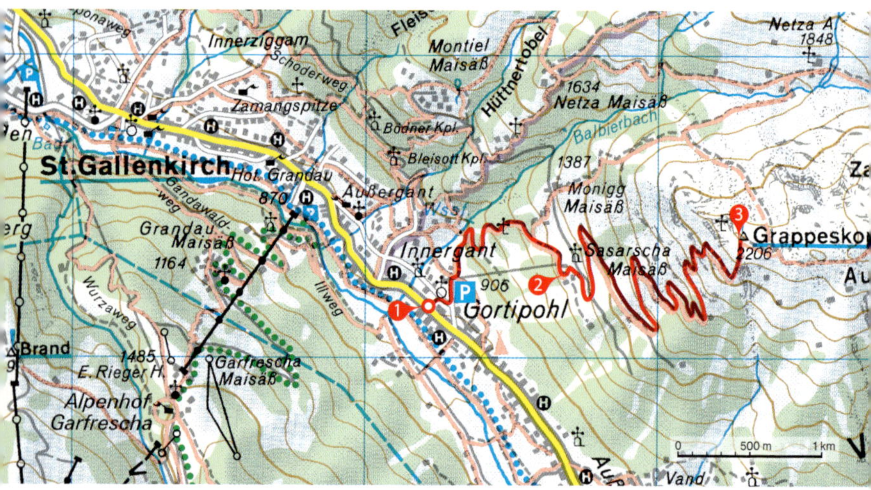

KURZINFO

Talort: Gortipohl (Gemeinde St. Gallenkirch), 906 m. Kleines Feriendorf im Hochmontafon. Mit dem Bus von Schruns erreichbar (Zug von Bregenz). Tourismus Information, 6791 St. Gallenkirch, Tel. +43 50 6686300, montafon.at.
Ausgangspunkt: Bushaltestelle beim Kirchlein, 900 m; Parkplatz am Verkehrsbüro.
Gehzeit: 7.30 Stunden.
Höhenunterschied: 1310 Hm.
Anforderungen: Gut bezeichnete Steige und Güterwege, kurze Abschnitte auf Pfad und Pfadspuren. Langer Steilaufstieg. Kondition notwendig.

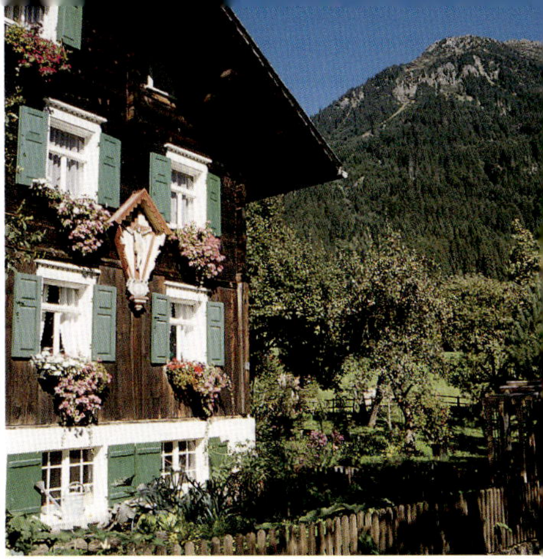

Montafoner Haus in Gortipohl mit dem Grappeskopf.

Wir spazieren vom Kirchlein in **Gortipohl (1)** ganz kurz taleinwärts, nehmen den Allmeinweg und folgen über Wiesen dem Kreuzweg, einem Pfad, an einer alten Steinmauer entlang zum Wasserfall mit idyllischer Grillstelle. Man kommt dabei an einer unter einen Felsen geduckten Mariengrotte vorbei. Kraftvoll tost der Balbierbach über eine kristalline Felsstufe aus Gneisglimmerschiefer.
Den bald darauf erneut einmündenden Kreuzweg in Richtung Frohe Aussicht verlässt man sogleich wieder auf dem ohne große Windungen in recht einheizender Manier ansteigenden Waldsteig nach **Sasarscha (2)**, 1366 m. Ab und an überschreitet man unterwegs kleine Rinnsale, die die erlahmenden Lebensgeister wieder erwecken. Auf Pfadspuren queren wir die Maisäßwiese und genießen die Aussicht zum nördlich aufragenden Scheimersch und zur Zamangspitze links davon. Jenseits des Balbierbachtobels versammeln sich die Hütten des Netza-Maisäß. Auf der anderen Seite der Illfurche öffnet sich unter der Versettla das Garneratal und ganz rechts späht noch die unverkennbare Felsspitze der Zimba über eine Bergschulter.
Wir stoßen nun auf einen Güterweg, dessen Steigung im Vergleich zum eben absolvierten Aufstiegsstress kaum spürbar ist. St. Gallenkirch taucht aus der Versenkung auf, dann hat uns erneut das Fichtengrün verschluckt. Der Güterweg wechselt jetzt in die Baustraße der

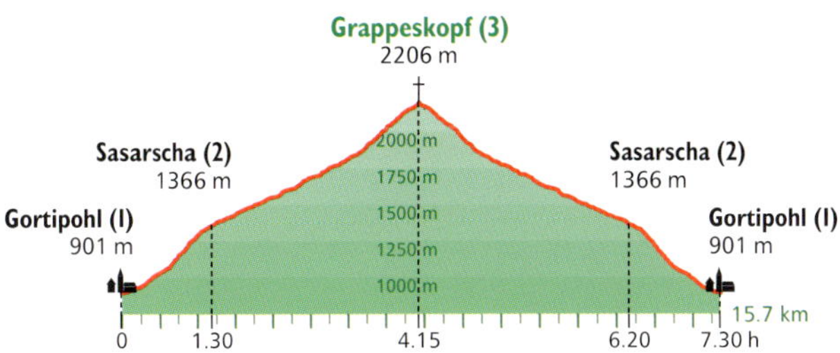

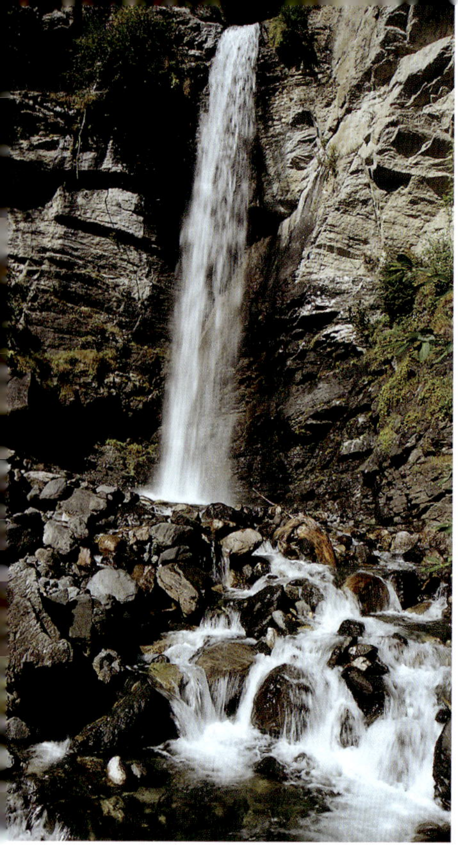

Balbier-Wasserfall.

Wildbach- und Lawinenverbauung, eine schmale Naturfahrbahn in weit geschwungenen Kehren. Ab einem Gortipohl-Tiefblick lichtet sich der Wald. Bei einer Bauhütte betreten wir das südliche Teilgebiet des Naturschutzgebietes Verwall.

Der Wegweiser »Grappes« dirigiert uns auf einen teilweise blockigen und beschwerlichen Steig. Unter einem Felswulst vorbei und im Zickzack zwischen den kostspieligen Stahlgerüsten der Lawinenschutzanlagen, Fichten- und Latschenanpflanzungen ist es nicht mehr weit zum schrofigen **Grappeskopf (3)**, 2206 m. Der Name bezieht sich auf die rätoromanische Bezeichnung »crappes«, was einfach Stein bedeutet.

Erst jetzt gewinnt der mächtige, aber nicht sonderlich ansprechende Berg als vorspringender Aussichtsthron zwischen der Verwallgruppe und der Silvretta an Bedeutung. Hinter dem Gargellental beschäftigt uns das Gipfelreich des Rätikon. Unendlich weit unten hört man gerade noch sanft die Illwasser plaudern. Abstieg wie Anstieg.

Das Maisäß Sasarscha am Grappeskopfaufstieg.

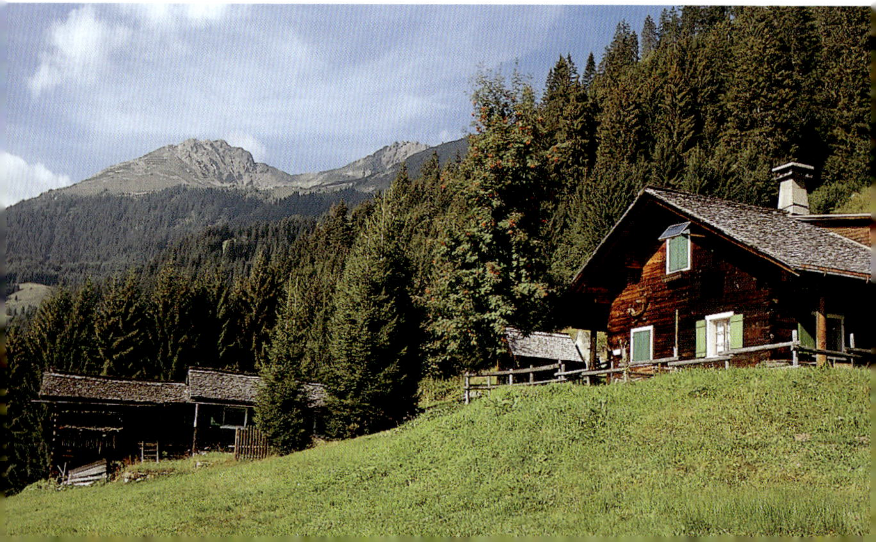

Gurtisspitze, 1778 m

Rundtour von Gurtis

★★

Anregender Rätikon-Gipfelgang über dem Walgau

Leicht zu haben ist sie nicht, die Gurtisspitze in den westlichen Rätikonbergen. Wer sich jedoch eine etwas pfiffigere Unternehmung zutraut und vor kleinen Felspartien nicht zurückschreckt, der wird an der unterhaltenden Überschreitung des vortrefflichen Aussichtsberges nahe der Grenze zu Liechtenstein seine wahre Freude haben.

Auf dem Weg zur Bazora-Alpe sticht jenseits des Saminatals das scharf gezahnte Massiv der Drei Schwestern ins Auge. Der Sage nach soll es sich bei den rassigen Felsgestalten um Schwestern handeln, die einstmals das Beerensammeln dem feiertäglichen Gottesdienst vorgezogen und die Mitbürger wegen deren religiöser Folgsamkeit verspottet hatten. Ein zorniges Venedigermännlein, das in der Gegend ab und an nach Goldsand schöpfte, ließ die schnippischen Mädchen zu Stein erstarren. Nun müssen sie für alle Zeiten jede für sich allein dastehen.

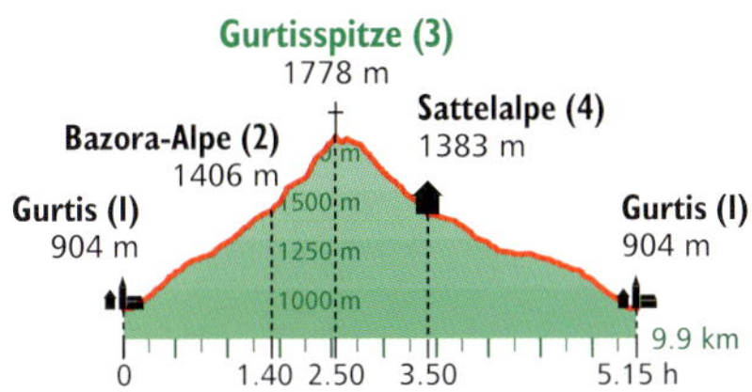

KURZINFO

Talort: Gurtis (Gemeinde Nenzing), 904 m. Verstreutes Bergdorf über dem vorderen Walgau. Mit dem Bus von Frastanz erreichbar (Zug von Bregenz). Tourismusverein, 6710 Nenzing, Tel. +43 5525 63031, nenzing-gurtis.at.
Ausgangspunkt: Bushaltestelle am Feuerwehrhaus, 904 m; Parkplatz.
Gehzeit: 5.15 Stunden.
Höhenunterschied: 900 Hm.
Anforderungen: Gut bezeichnete Pfade (anfangs Pfadspur) und kurz gesicherte Steige, Zieh- und Forstwege. Langer Steilaufstieg. Nur für Geübte mit Kondition, eine ganz leichte Passage in festem Fels erfordert Trittsicherheit. Vorsicht bei Nässe!
Einkehr: Sattelalpe.

Am Feuerwehrhaus in **Gurtis (1)** folgen wir der Bazorastraße und beachten den Wegweiser »Bazora Alpe«.

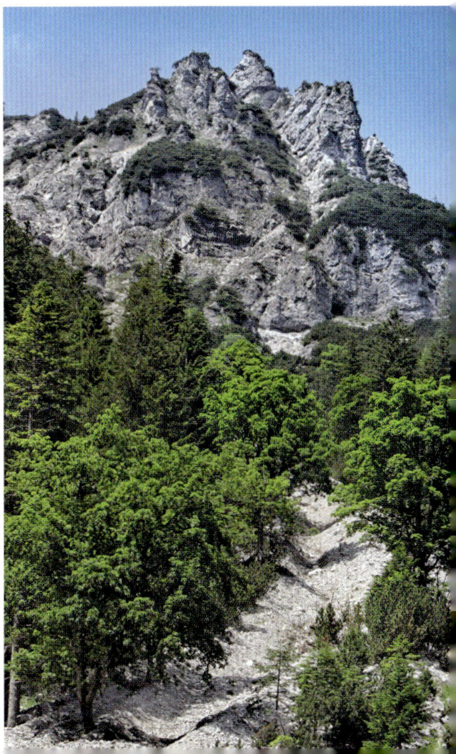

Die Abbrüche der Hohen Köpfe.

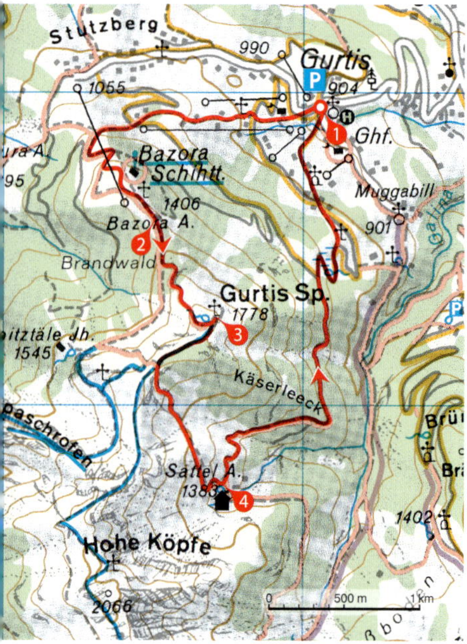

Gurtis und die Gurtisspitze (Westrätikon).

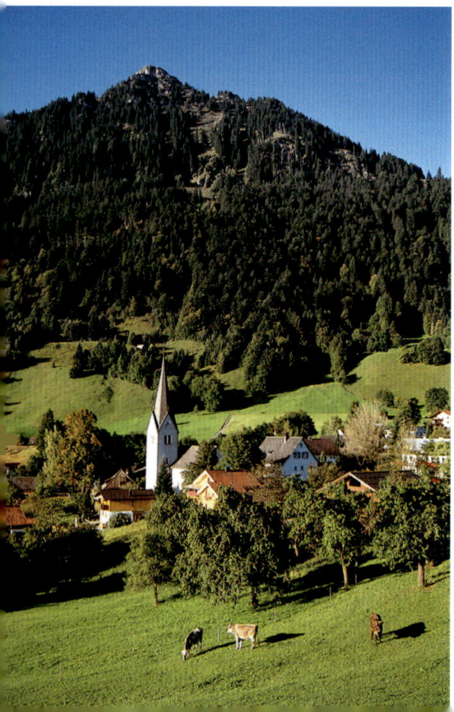

Beim letzten Haus weist das Täfelchen »Gurtisspitze« auf eine ansteigende Wiesenspur. Diese mündet später in einen Fahrweg. Bereits von hier gewinnt man herrliche Ausblicke auf eine großartige Bergkulisse sowie den Walgaukessel, das Große Walsertal und das Klostertal. Gleich darauf zweigt ein über kräuterreiche Buckelwiesen führender Pfad ab, der kurzzeitig von einem Waldweg abgelöst wird.

Bald nach einer Forstwegquerung verläuft der Weg über einen anstrengenden Weidehang unter einem Skilift hindurch. Unter uns breiten sich die einst vom Illgletscher modellierten typischen Walgauterrassen aus. Die Ill schneidet sich durch große Auwaldflecken und strebt in schnurgerader Fließrichtung dem Alpenrhein zu. In wenigen Kehren erreicht man die Hütte des Skiclubs Frastanz, auch Bazora-Skihütte genannt, und kurz danach auf einem Absatz die **Bazora-Alpe (2)**, 1406 m.

Wir halten jetzt auf den Nordwestsporn unseres Bergziels zu und kämpfen uns bald in knackigen Steigwindungen durch den Brandwald. Allmählich mischen sich kleine Felsriegel zwischen die teilweise kranken Fichten. Ab einer Scharte geht es über den schrofigen Gipfelaufschwung empor zur **Gurtisspitze (3)**, 1778 m.

Was für eine Tälerschau! Hier modern, dort harmonisch, gliedern sich die Walgauorte mit den kleinen grünen Stauseen entlang der Ill in das anmutige Landschaftsbild. Und erst die Gipfelwelten: vom Bregenzerwaldgebirge bis zur Silvretta.

Zurück in der Scharte leitet der kleine Gegenanstieg in Richtung Spitzwiesle drahtseilgesichert in solidem Fels den spannenden Rückweg ein.

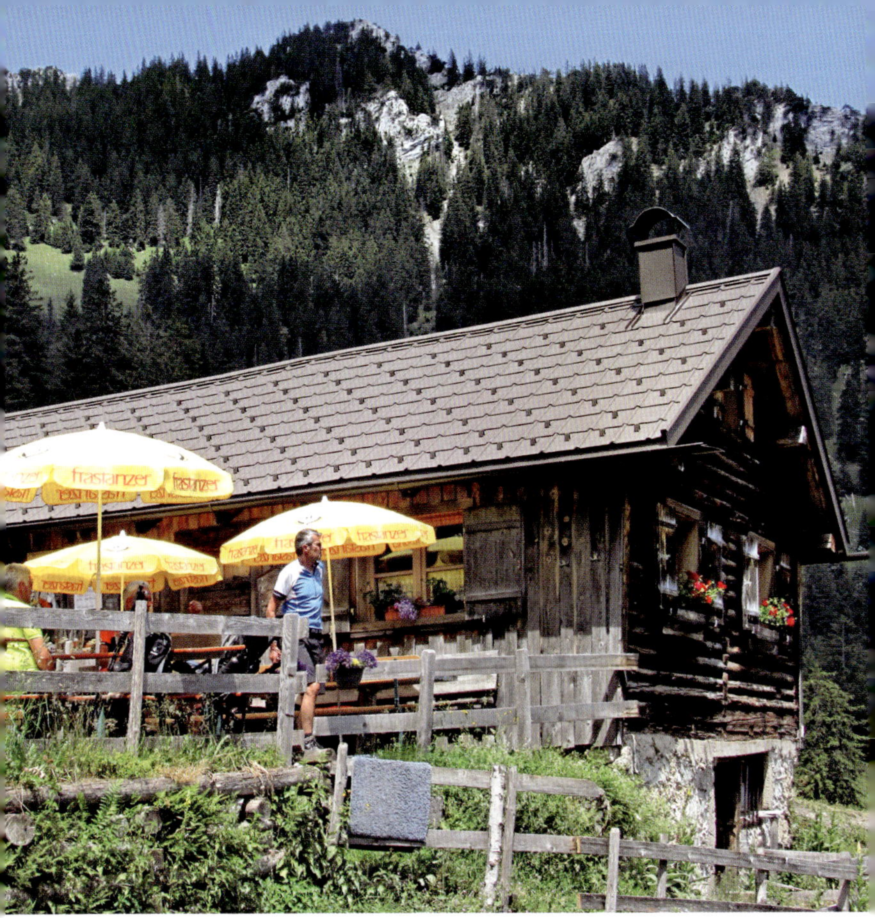

Die urgemütliche Sattelalpe am Abstieg von der Gurtisspitze.

Von einer Zwischenerhebung bringt uns ein Steig etwas unterhalb des Kammes sanft bergab zu einer grünen Einsattelung, dem Spitzwiesle. Die Beschilderung »Sattelalpe« beachtend geht es nun meist steil im Wald in Kehren talwärts. An der Gabelung nach einer flachen Runsenquerung folgen wir rechts weiterhin der markierten Route. Unter dem zerhackten Felsgrat der Hohen Köpfe treffen wir bei der kleinen wildromantisch gelegenen **Sattelalpe (4)**, 1383 m, ein. Ein Pfad schwindelt sich anschließend mit einem in die Felsen gehauenen Abschnitt über einem jäh abstürzenden Tobel entlang. Gegenüber hat ein Erdrutsch eine klaffende Wunde in die Bergflanke gerissen. Im weiteren Verlauf fällt unsere Route wieder deutlicher und mündet schließlich am Käserleeck in einen sanft talwärts leitenden Forstweg. An einer Gabelung geht's abwärts über ein Weidegelände. In der dritten Kehre zweigt ein Steig ab, der bei ein paar alten Heuhütten den Forstweg kreuzt und in einen Hohlweg nach **Gurtis (1)** wechselt.

37 Naafkopf, 2571 m

Zweitagestour durch das Gamperdonatal ★★★

Höher als der »Himmel«

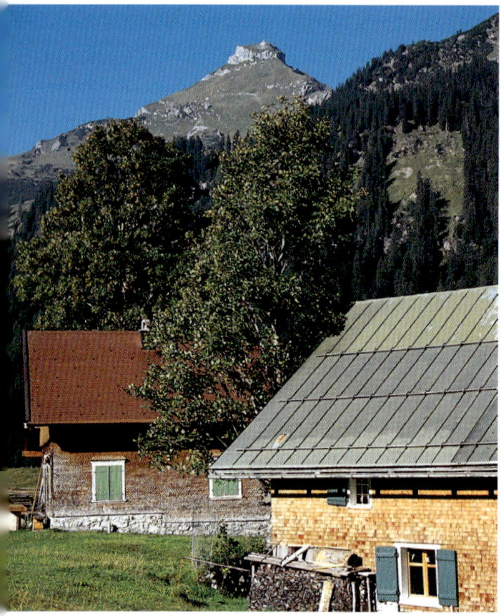

Im Nenzinger Himmel.

Das vom Walgau bis zum Fuß des monströsen Schesaplanamassivs reichende Gamperdonatal mit seiner artenreichen Pflanzen- und Tierwelt darf vielleicht als das eindrucksvollste Tal des gesamten Rätikon angesehen werden. Insgesamt verteilen sich auf die acht Alpen des Tales, das größte Alpgebiet Vorarlbergs, etwa 1000 Stück Vieh. Der Güterweg durch das lange Hochtal zum Nenzinger Himmel ist nur für die Mitglieder der Nenzinger Agrargemeinschaft befahrbar. Selbst Radfahrer haben keinen Zugang, die Strecke sei zu gefährlich, heißt es.

An der Wallfahrtskapelle Kühbruck kann man einen ausgewaschenen Felsblock aus Kristallingestein bestaunen. Dass der Eiszeitgletscher aus der Silvretta dieses Gneispaket durchs Montafon bis hierher verfrachtet hat, verdeutlicht die Breite des einstigen Illgletschers. Zerstörerische Hochwasserfluten hatten das ursprüngliche Andachtshäuschen mit sich gerissen. Wie durch ein Wunder blieb dabei das alte Gnadenbild unbeschädigt an einem Felsen hängen.

Die spannende Wanderung durch eine ständig wechselnde Landschaft weist zwar einen leichten Routenverlauf auf, bleibt aber wegen ihrer Ausdeh-

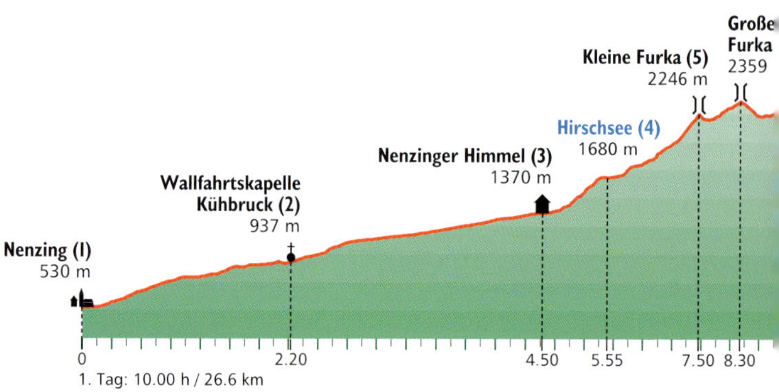

nung, vor allem in Verbindung mit einer nur als Zweitagestour durchführbaren Naafkopf-Besteigung, Naturfreunden mit einem sonnigen Gemüt und einer Vorliebe für stramme Aktionen vorbehalten. Besonders im Herbst, wenn die tiefen Schluchtwälder in ihrer betörenden Farbenpracht aufleuchten, wird diese technisch verhältnismäßig einfache Unternehmung im Dreiländereck Vorarlberg – Liechtenstein – Schweiz zu einem unauslöschlichen Hochgenuss: höher als der »Himmel«.

KURZINFO

Talort: Nenzing, 530 m. Marktgemeinde im mittleren Walgau. Mit dem Zug von Bregenz erreichbar. Tourismusverein, 6710 Nenzing, Tel. +43 5525 63031, nenzing-gurtis.at.
Ausgangspunkt: Bushaltestelle an der Kirche, 530 m; Parkplatz.
Gehzeit: 1. Tag: 10.00 Stunden, 2. Tag: 8.45 Stunden.
Höhenunterschied: 2520 Hm.
Anforderungen: Gut bezeichnete Güterwege, Steige und Pfade, anfangs verkehrsarmes Sträßchen. Lange steile Aufstiege. Bei Nebel nicht empfehlenswert, Vorsicht bei Nässe! Ausdauer nötig, Grenzübertritt. Nenzinger Himmel auch mit Kleinbus erreichbar: vorzubestellen z. B. im Lebensmittelladen Anton Gantner in Nenzing, Tel. +43 5525 62217.
Einkehr: Nenzinger Himmel (Übernachtung) und Pfälzer Hütte (Liechtensteiner Alpenverein, Übernachtung Mitte Juni bis Mitte Oktober, Tel. +43 423 2633679).

Beim Gasthaus Rössle nahe der Kirche in **Nenzing (1)** nehmen wir die Andreas-Gassner-Straße und achten auf den Wegweiser zum »Nenzinger Himmel«. Nach der Mengbachbrücke windet sich ein Kurvensträßchen durch den Wald bergan zur Mautstelle Stellfeder, 760 m, auf einer Talschwelle. Nur noch unmerklich steigend entführt uns nun ein asphaltierter Güterweg am Felsendach Tropfstein vorbei und, Seitenbäche querend, hinein ins urweltliche Gamperdonatal. Bald schleichen wir durch den Tunnel der Enge. Wasserstürze – bizarre Felsformationen – und immer wieder bannt die abgrundtiefe Mengschlucht das staunende Auge. In einer der Aushöhlungen über uns, der Betschis Kammer, hat einst eine Alpbäuerin aus Beschling ihr Kind zur Welt gebracht. Jenseits erzählt die Bruchflanke des Eckskopfs von einem gewaltigen Bergsturz. Bei der **Wallfahrtskapelle Kühbruck (2)**,

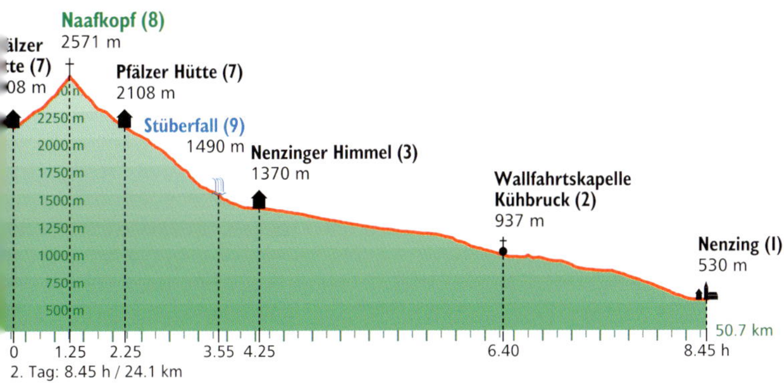

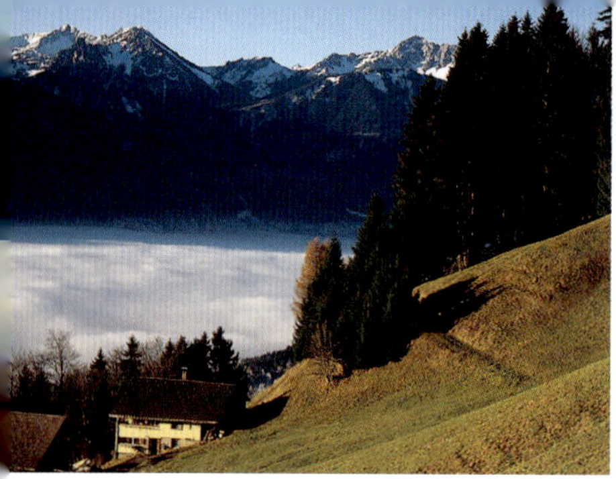

Über den Walgaunebeln versammeln sich die Berge um das Gamperdonatal.

937 m, trägt uns die gleichnamige Brücke ans Westufer. Bald darauf erinnert ein Marterl an eine arme Seele, die hier auf dem Weg in den »Himmel« erstochen wurde. Unmittelbar am Mengbachufer entlang schreitend überwältigen die Riesenwände des Fundlkopfs, zur Rechten der Rauhe Berg und der imponierende Ochsenkopf. Über dem Talschluss zeigen sich Hornspitze und Naafkopf.

Mehrere Murbrüche wälzen sich im weiteren Verlauf nahe an den Weg heran. Ab der Valsalpe lässt die etwas bedrückende Enge nach, das begeisternde Hochtal gewinnt an Weite. Kurz vorher ziehen wir den linksuferigen Alpweg an einer kleinen Hütte vorbei vor, der an der Schafbruck wieder in die Hauptroute mündet. Unter dem Fundlkopf passiert man die Bärenrüfe, einen chaotischen Schuttstrom. Anschließend streift man durch ein duftendes Spirkenwäldchen. Diese seltenen und gedrungenen, eher in Hochmooren heimischen Kiefern geben inmitten der dominierenden Fichtenmäntel eine liebenswerte Kleinlandschaft ab.

Bald danach beginnt das ansehnliche Weidegebiet **Nenzinger Himmel (3)**, 1370 m. Hinter der Gamperdona-Alpe mit Käserei schart sich eine etwas übertriebene Ansammlung von Wochenendhäuschen. Was fällt in dem trotzdem hochromantischen Talschluss sonst auf? Beispielsweise die dem heiligen Rochus geweihte Kapelle. Neben einer Säge und dem kleinen Lebensmittelgeschäft gibt es noch ein Café und den stattlichen Alpengasthof Gamperdona, nicht zu vergessen die 70 bis 80 Alpschweine. Hauptblickfang des Nenzinger Himmels ist die Riesenmauer des Panüelerkopfs, die nicht mehr von dieser Welt zu sein scheint. Beim Café Panüler gehen wir auf einem Güterweg über die Bachbrücke. In Richtung Hirschsee steigen wir zwischen Fichtengruppen gemütlich an einem Bach bergan über Weideböden. Ein Pfad kürzt bald zahlreiche Kehren ab. Später wandern wir durch Wald zu dem in einer Krummholzmulde eingebetteten, kleinen **Hirschsee (4)**, 1680 m, am Fuß des übermächtigen Panüelerschrofens. Dieser romantische Hochkessel ist ein Plätzchen, um dem Rätikon-Bazillus restlos zu verfallen! Jetzt schaltet sich ein Flachstück ein, bevor die Route wieder in den Güterweg mündet. Danach weist das Schild »Salarueljoch« auf einen Steig, der zwischen Latschen zu einer Karschwelle leitet. Am Rand ausgedehnter Schuttströme schleichen wir hinein ins hinterste Salaruel und haben uns nun auf einem wadenschindenden Steig über einen Geröllhang die **Kleine Furka (5)**, 2246 m, zu erkämpfen. Diese Scharte, auch Salarueljoch genannt, trennt die Hornspitze vom Salaruelkopf. Hier offenbart sich die Prättigauer Seite des Rätikons.

Wir folgen nach kurzem Abstieg dem Liechtensteiner Höhenweg in

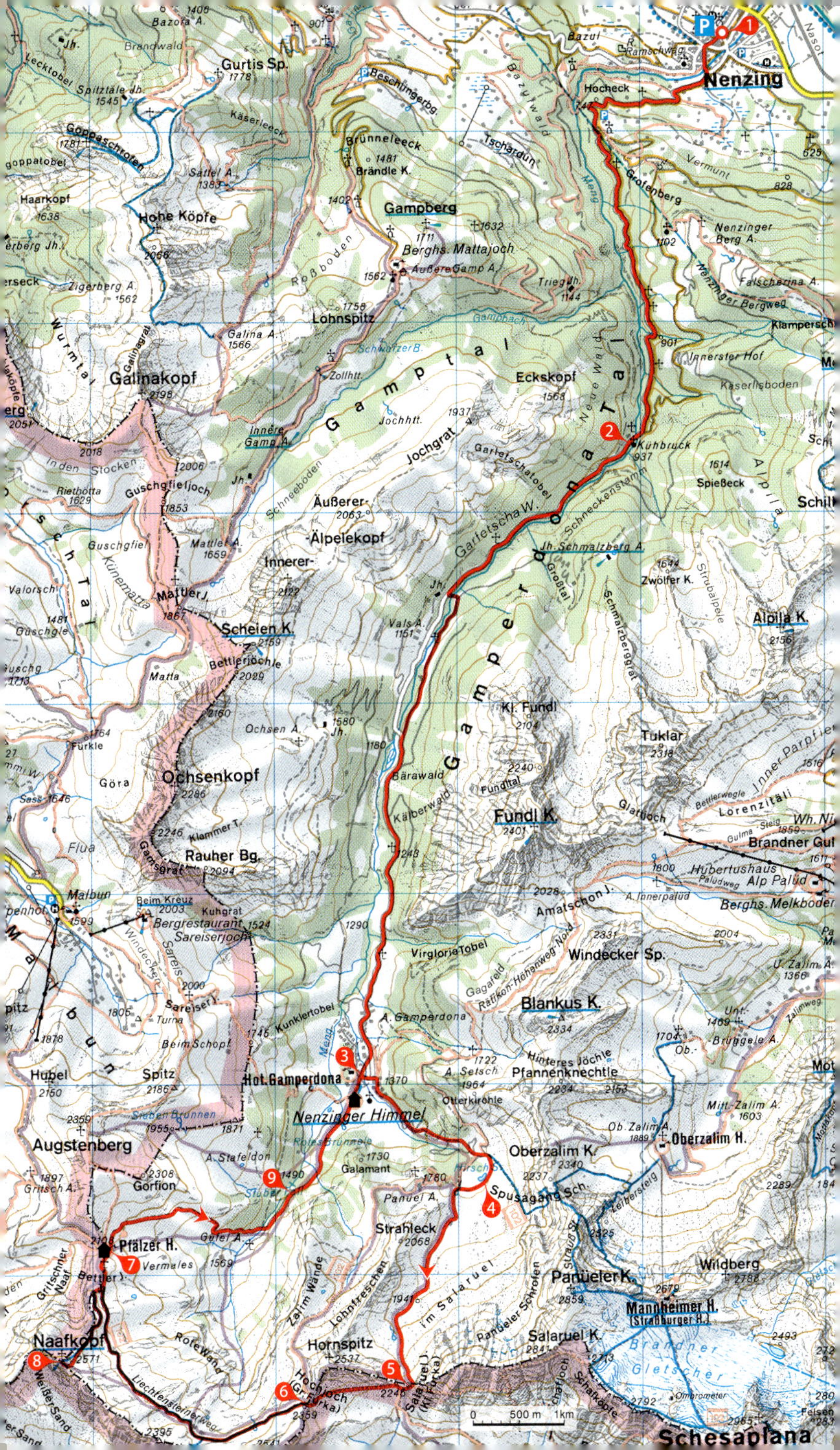

Nenzing
Gamptal
Gamperdonatal
Kühbruck
Hot. Gamperdona
Nenzinger Himmel
Pfälzer H.
Naafkopf
Hornspitz
Hochjoch (Gr. Furka)
Salaruel J. (Kl. Furka)
Spusagang Sch.
Oberzalim H.
Mannheimer H. (Straßburger H.)
Schesaplana
Brandner Gletscher
Galinakopf
Gampberg
Ochsenkopf
Augstenberg
Malbun
Fundl K.
Windecker Sp.
Blankus K.
Panüeler K.
Strahleck
Eckskopf
Lohnspitz
Gurtis Sp.
Hohe Köpfe
0 500 m 1 km

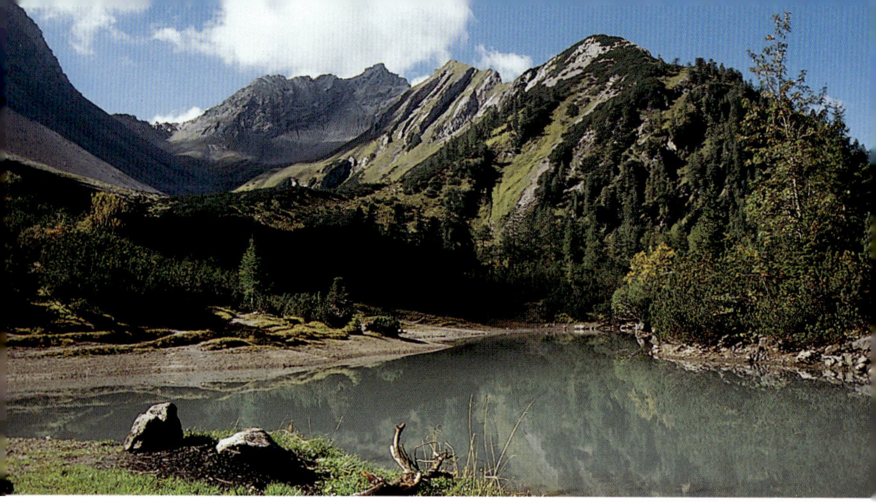

Hirschsee und Hornspitze nahe dem Nenzinger Himmel.

Richtung Pfälzer Hütte und queren ein Stück auf Schweizer Boden nur noch mäßig steigend die Schutthalden und Grashänge in die auch Hochjoch genannte **Große Furka (6)**, 2359 m. Diese schiebt sich wiederum zwischen die prägnant geschichtete Hornspitze und den Tschingel. Dessen zweiter Name ist verwirrenderweise Augstenberg, nicht zu verwechseln mit dem Namensvetter bei der Pfälzer Hütte. Nun geht es anfangs im Zickzack deutlich fallend auf den Naafkopf zu. Später traversiert man meist flach einen Felsrücken zu einem begrünten Absatz unter dem Barthümeljoch. Teilweise über recht ausgesetztes Schrofengelände wandert man anschließend in leichtem Auf und Ab, unter den Naafkopf-Abbrüchen wieder mit anhaltendem Gefälle, ins Bettlerjoch mit der aus groben Steinen gemauerten **Pfälzer Hütte (7)**, 2108 m, des Liechtensteiner Alpenvereins. Diese bietet sich vortrefflich für eine Übernachtung an.

Anderntags gehen wir ein kurzes Stück zurück, bis der Gipfelsteig abzweigt. Dieser führt entlang der Grenze zu Liechtenstein über den erst blumenreichen, nordostgerichteten Gratrücken, im weiteren Verlauf links davon steil über teilweise rötlich gefärbtes Schuttgelände auf den beherrschenden **Naafkopf (8)**, 2571 m. Der Dreiländerspitz bietet eine einprägsame Gipfelschau, unter anderem in die Bernina und Adula-Alpen. Imponierend gestaltet sich der 2100-Meter-Tiefblick ins Rheintal.

In aller Seelenruhe geht's zurück zur Pfälzer Hütte. Nach anfangs nur mäßig steilem Talgang durch eine Weidemulde in Richtung Nenzinger Himmel, später unter Schrofen an ihrem Rand entlang, nimmt uns der Bergwald auf. Ein Güterweg passiert zwei Wasserfälle. Einer davon, der Mengbachfall, wälzt seine stiebenden Fluten ungefähr 30 Meter tief in die Talsohle. Man nennt ihn dementsprechend auch den »Stübafall« oder **Stüberfall (9)**, 1490 m. Bald darauf trifft man wieder im **Nenzinger Himmel (3)** ein. Ab dort hat man »nur« noch den bekannten Marathon-Talspaziergang nach **Nenzing (1)** vor sich.

Mondspitze und Schillerkopf, 2006 m

Rundtour über die Furkla-Alpe

★★

Freie Sicht über den Fünftälerstern Bludenz

Die Mondspitze ist als nördlichste Erhebung der Fundelkopfgruppe eine ideale Aussichtswarte für den Fünftälerstern Bludenz. Übersichtlicher können sich die Talöffnungen von Alfenz, Alvier und Lutz zur Ill hin sowie die unterschiedlich gestalteten Gipfelgruppierungen ringsum von ein und demselben Punkt aus kaum mehr darbieten. Im Frühsommer ist die vielfältige Blütenpracht während des Aufstiegs eine köstliche Augenweide.

Auf dem Gratübergang zum Schillerkopf, früher auch Kessikopf genannt, der sich aus mehreren kleinen Schrofenerhebungen zusammensetzt, kommt man am weit klaffenden Kessiloch vorbei. Der 100 Meter tief durchs Dolomitgestein zum Gipsuntergrund einstürzende Trichter mit einem Durchmesser von 300 Metern gilt als die größte Doline Vorarlbergs. Der heutige Name des Berges bezieht sich auf die Ähnlichkeit des von Osten gesehenen Gratprofils mit dem deutschen Dichter der Klassik.

KURZINFO

Talort: Bürserberg, 895 m. Ferienort über dem unteren Brandnertal. Mit dem Bus von Bludenz erreichbar (mit dem Zug von Bregenz). Brandnertal Tourismus, 6708 Brand, Tel. +43 5559 555, vorarlberg-alpenregion.at.

Ausgangspunkt: Tschengla, 1225 m, Bushaltestelle (nur Ferien, ab 17.9. nur an Wochenenden) beim Parkplatz Rona (P3), am Ortsende, 1200 m.

Gehzeit: 6.00 Stunden.

Höhenunterschied: 960 Hm.

Anforderungen: Gut bezeichnete Pfade, kurzzeitig drahtseilgesicherte Steige und Güterwege. Längere steile Anstiege. Ausgesetzte Stellen erfordern Trittsicherheit. Vorsicht bei Nässe!

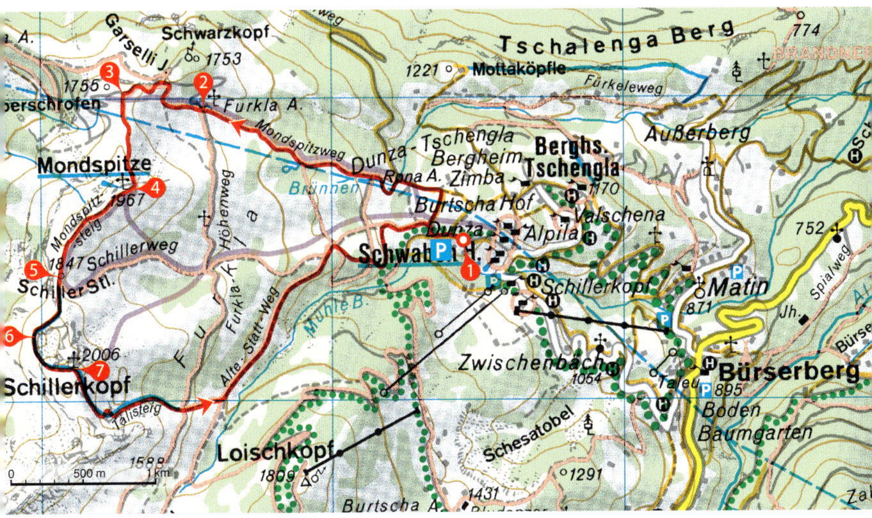

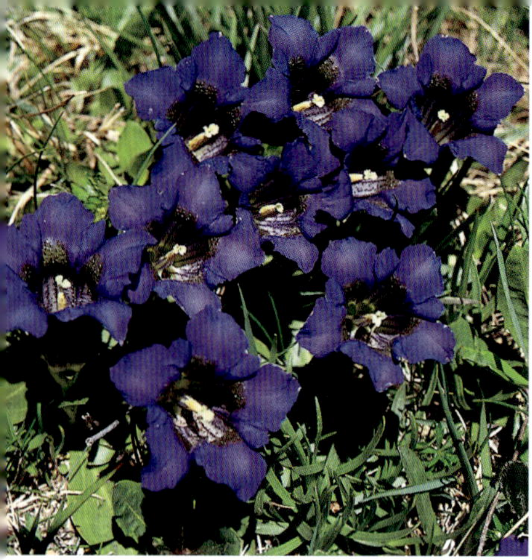

Wenn der Enzian wieder blüht …

Die Beschilderung »Mondspitze über Garsellijoch« lenkt gleich nach dem Ortsende von **Tschengla (1)** auf einen flachen Güterweg, der über eine Alpweide zur nahe gelegenen Rona-Alpe führt. Im Osten erfreut uns über dem Sarotlatal die Zimba mit ihrer stattlichen Erscheinung. Bei der blitzsauberen Schausennerei weist die Tafel »Furklaalpe« den zwischen Latschengruppen wieder leicht steigenden Weiterweg an einer einfallsreich gestalteten Kneippstelle mit eigenem Hunde-Kneippbecken vorbei. Über uns zeigt sich bereits das Gipfelkreuz der Mondspitze. Nach der zweiten Wegbiegung zweigt unsere Route auf einen kreislauffördernden Steig ab. Am Aussichtspunkt Glinzgieck, einer winzigen Hangschulter, wird ein Fahrweg gequert, er heißt »Höhenrundweg Rona«. Hier ergibt sich ein schöner Tiefblick auf das Klostertal mit dem stolzen Roggelskopf sowie auf Nüziders, im weiteren Verlauf auch nach Bludenz. Zwischendurch auf einem Ziehweg wandernd, nimmt allmählich der Wald immer mehr Besitz von den Weideflächen. Nur auf den buckeligen Böden der **Furkla-Alpe (2)**, 1617 m, mit ansehnlichem Stallgebäude, wo wir wieder auf einen Güterweg stoßen, findet das Vieh nochmals üppigeres Futter.

Hier zeigt sich unser Bergziel plötzlich von seiner schroffen Seite. Die rot-weiße Markierung lenkt wenig später auf einen Steig, der uns in Kürze zum Garsellijoch bringt. Hier stößt man ein letztes Mal auf einen Güterweg und erreicht bald darauf das **Klamperasättele (3)**, 1715 m.

Der Steig in Richtung Mondspitze steigt etwas unterhalb des zugewachsenen Nordgrates anstrengend durch die Krummholzzone empor zum Gipfelansatz. Dort öffnet sich der Blick in den Westrätikon und auf den vorderen Walgau, hinter dem sich der Walserkamm erstreckt. Nicht mehr lange, dann hat man in steilen, engen Kehren die felsdurchsetzte und schweißtreibende Flanke auf die aussichtsreiche **Mondspitze (4)**, 1967 m, hinter sich gebracht.

Eine gemütliche Latschengasse zieht sich nun mit geringem Gegenanstieg in Nähe des Südwestgrates hinunter zum **Schillersattel (5)**, 1847 m. Nach einem Aufschwung umgehen wir westlich mit leichtem Höhenverlust und stellenweise ausgesetzt

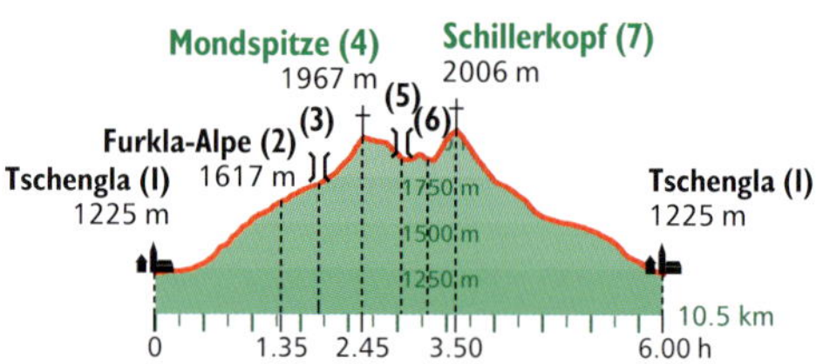

den wilden Trichter des **Kessilochs (6)**, 1845 m. Dann setzt der nächste kraftraubende Gipfelaufstieg mit teilweise hohen Fels- und Wurzelstufen in Gesellschaft eng stehender Latschen an. Zuletzt gelangen wir nochmals ausgesetzt und mit kurzer Drahtseilsicherung um zwei Schrofenzacken herum auf den **Schillerkopf (7)**, 2006 m.

Für den Abstieg wählen wir am Fuß der Gipfelfelsen den links abzweigenden, steilen, aber technisch unproblematischen Tälisteig über die Südostflanke. Nach Querung einer Schutthalde und einer kleinen Karmulde kreuzen wir abermals den Furkla-Höhenweg. Ein Stück unterhalb, in der Nähe des Mühlebachs, schwenkt man in den Alte-Statt-Weg ein, einen Güterweg, und gelangt durch Wald zurück zur bekannten Route nach **Tschengla (1)**.

Mondspitze von Tschengla.

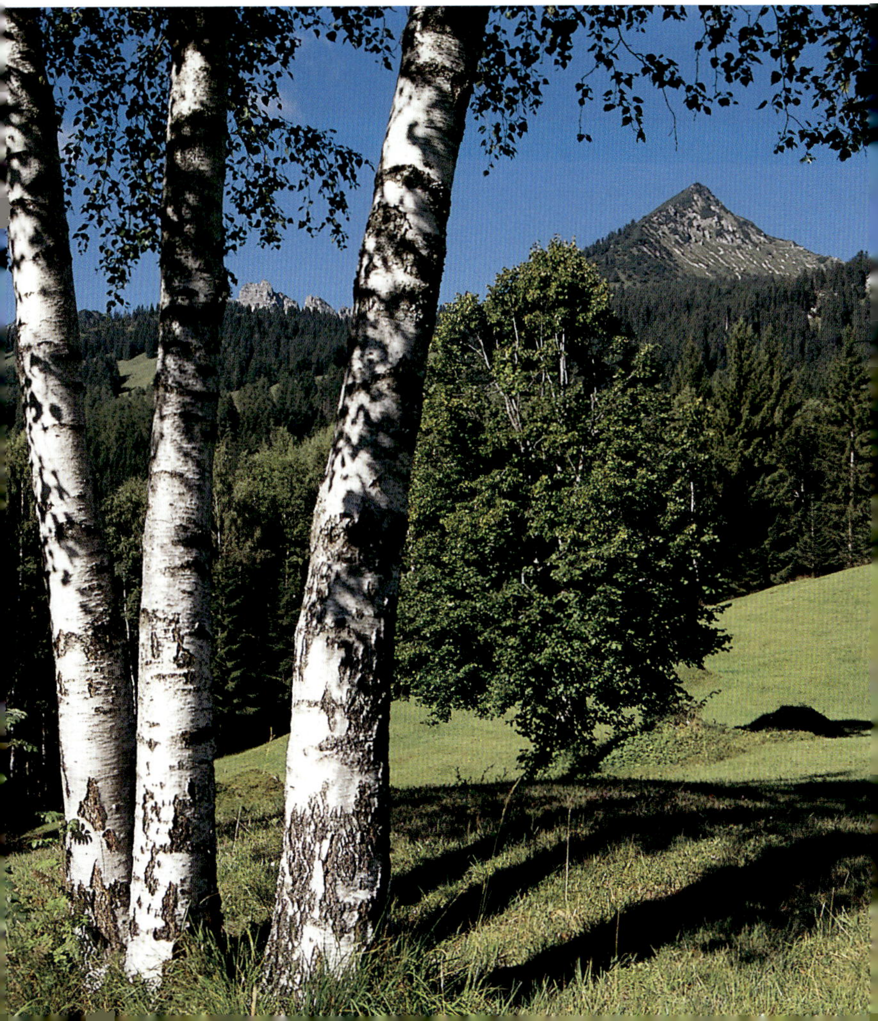

39 Großer Valkastiel, 2449 m

Über die Sarotlahütte ★★★

Im Banne der Zimba

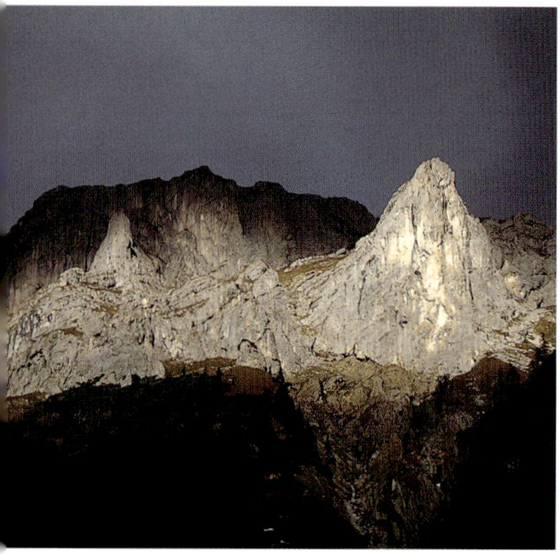

Magisch beleuchtet: der Zwölferkopf im Sarotlatal.

Die Zimba! Welch klangvoller Bergname! Wer würde von dieser brillantesten aller Rätikongestalten, dem flammend im ersten Morgenlicht stehenden Wahrzeichen des Montafon erwarten, dass sie beim Annähern durchs wilde Sarotlatal so enttäuschend an Wirkung verliert. Erst auf dem Weiterweg durch die Geröllwildnis zum Eisernen Törle gewinnt der Berg seinen unverwechselbaren Charakter wieder zurück. Da steht sie mit ihrem schneidigen, türmebesetzten Ostgrat über dem wüsten Steintäli, das sie selbst mit ihrem fortschreitenden Zerfall nährt. Dem Pfarrer G. W. Gunz, dem kletterfreudigen »Zimbapfarrer«, gewährte diese Felsendame gar mehr als 100-mal eine Audienz. Wenn sie es nur den »Normalbergwanderern« nicht gar so schwer machen würde, dann möchte man zu gerne noch eine nähere Zwiesprache wagen.

Doch beinahe hätten wir's vor lauter Hingabe ganz vergessen: Unser Ziel heißt ja Großer Valkastiel. Der nicht sonderlich auffallende Schrofenkopf bleibt erfahrenen Gehern mit dem Blick für die richtigen Tritte im unübersichtlichen hochalpinen Gelände vorbehalten. Diese nach der Zimba höchste Erhebung der übermächtigen Vandanser Steinwand heißt auch Großer Hüttenkopf. Walther Flaig nannte das urweltliche, fast sieben Kilometer lange Riesengemäuer eine der wildesten und großartigsten Landschaften unserer Alpen.

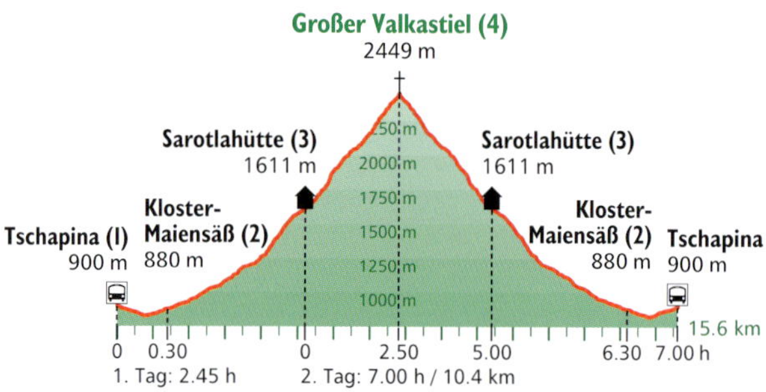

KURZINFO

Talort: Bürserberg, 895 m. Ferienort über dem unteren Brandnertal. Mit dem Bus von Bludenz erreichbar (Zug von Bregenz). Brandnertal Tourismus, 6708 Brand, Tel. +43 5559 555, vorarlberg-alpenregion.at.

Ausgangspunkt: Tschapina, Bushaltestelle am Ausgang des Tschapinatunnels, 900 m; Parkplatz vor dem Eingang.

Gehzeit: 1. Tag: 2.45 Stunden, 2. Tag: 7.00 Stunden.

Höhenunterschied: 1700 Hm.

Anforderungen: Meist bezeichnete, kurz ausgesetzte Steige und Forstwege. Längere Steilaufstiege. Leichte Kletterstelle (I). Trittsicherheit und Kondition erforderlich. Nur für Geübte bei zuverlässigem Wetter. Orientierungssinn vorteilhaft. Nicht bei Nebel! Als Zweitagestour zu empfehlen. Bis Eisernes Törle mittelschwer.

Einkehr: Sarotlahütte (AV-Sektion Vorarlberg, Übernachtung Mitte Juni bis Anfang Oktober, Tel. +43 664 9652995).

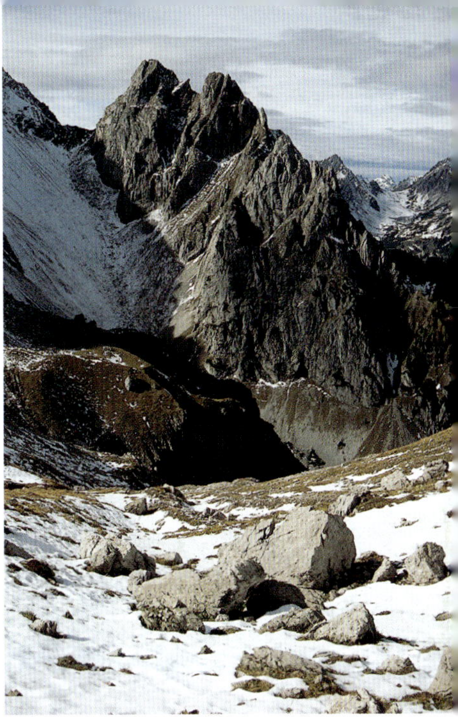

Sarotlahörner vom öden Steintäli.

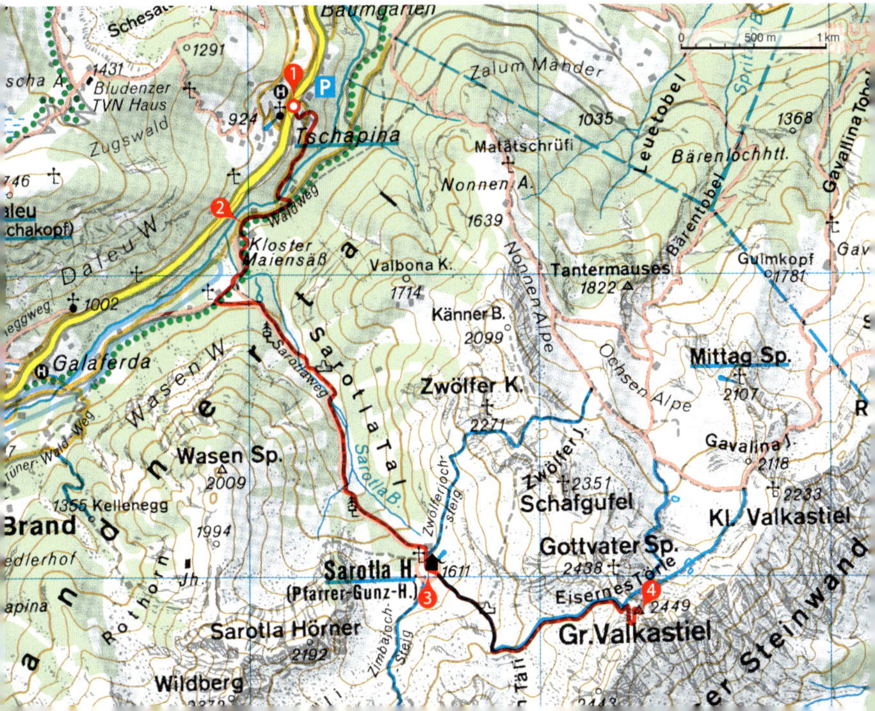

Ein anfangs asphaltierter Fahrweg senkt sich in **Tschapina (1)** nach dem Tunnelende in Richtung Sarotlahütte zum Bergrutsch von Pfingsten 2000. Dort trägt uns die Alvierbachbrücke, 825 m, zu einem asphaltierten Forstweg, der ein Stück das Bachufer begleitet. In Gesellschaft des Alpviehs über wenige Kehren wieder leicht bergauf an der Jagdhütte beim **Kloster-Maiensäß (2)**, 880 m, vorbeiwandernd, öffnet sich über uns plötzlich das malerische Sarotlatal mit der attraktiven Zimba-Pyramide. Nach der Querung des Sarotlabachs schwenken wir auf der Wegkuppe am Viehstall der Hofalpe auf den Ziehweg ins tobelartige Sarotlatal ab, der nach Kurzem in einen Steig wechselt.

Unterschiedlich steil geht's nun, zu Beginn durch eine Schneise, am kraftvoll in Kaskaden zu Tal stürzenden Wildbach bergan, der noch zweimal überschritten wird. Links ragt der schroffe Zwölferkopf auf. Ab der Gedenktafel für einen hier samt seinen drei Söhnen im Winter 1830 beim Heuziehen von einer Lawine begrabenen Bauern durchquert man von Waldflecken unterbrochene magere Weideflächen. Aus dem von mehreren kleinen Wasserfällen belebten, wildromantischen Talschluss folgt in vielen Kehren ein längerer anstrengender Aufstieg durch lawinengeschundenen Lärchenmischwald zur kleinen **Sarotlahütte (3)**, 1611 m, unter den kecken Sarotlahörnern.

Die auf der obersten Talstufe einladende Unterkunft der Alpenvereinssektion Vorarlberg, die nur mit Saumpferden und Hubschrauber versorgt wird, ist von bescheidenen Alpweiden umgeben. Sie war früher auch unter dem Namen »Pfarrer-Gunz-Hütte« bekannt. Der Zwölferkopf zeigt von hier seine wehrhafte Felsenstirn. Die näher rückende Zimba verliert überraschenderweise an majestätischer Würde. Besonders ins Auge stechen über dem Isatäli

Bergwildnis am Aufstieg ins Eiserne Törle.

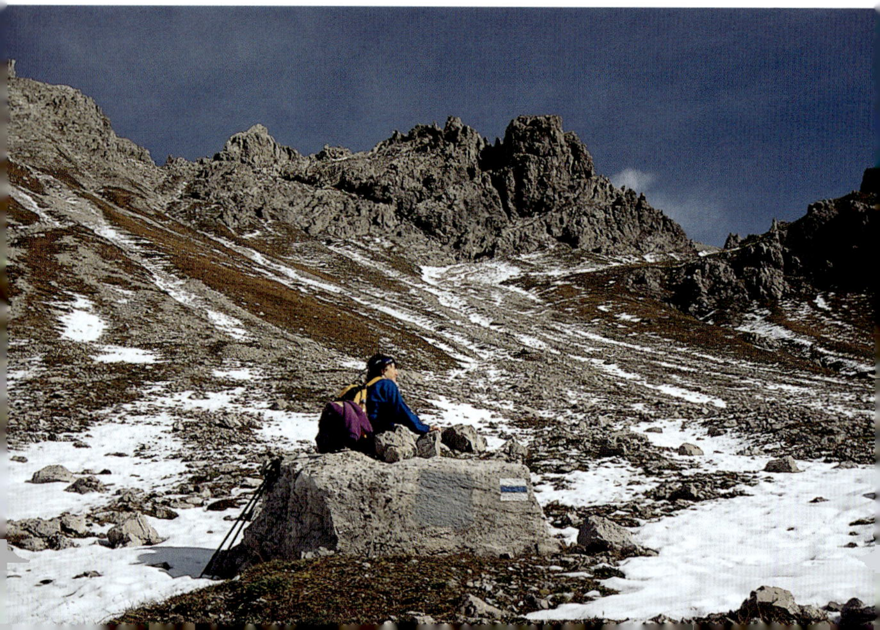

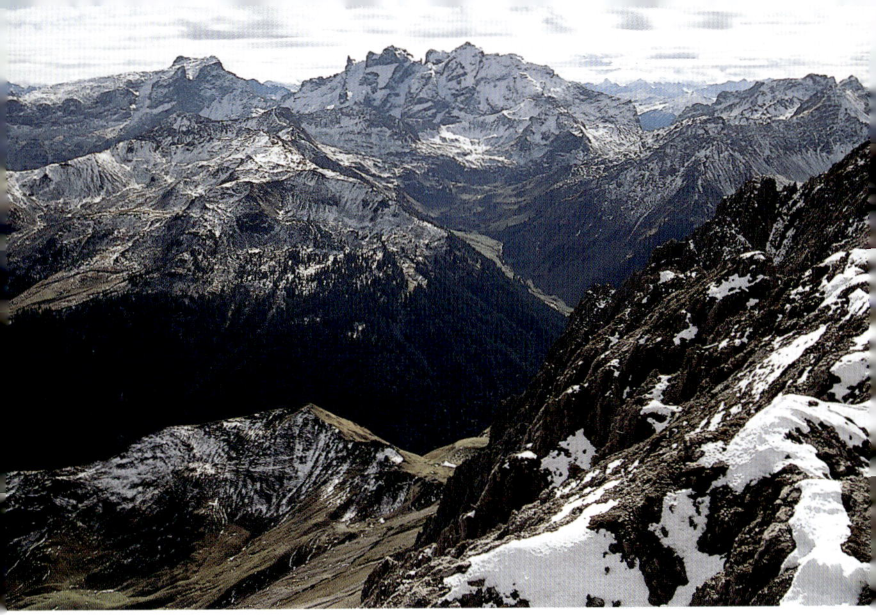

Auf dem Gipfel bannen jenseits des Rellstals die Berge des Osträtikon den Blick.

die Sarotlahörner und links davon die Brandner Mittagspitze. Das Schild »Eisernes Törle« weist nun durch lockere Krummholzbestände an einer Schuttrunse bergauf ins Steintäli. Allmählich kann man die gesamte Zackenkrone der Sarotlahörner bestaunen, die sich genau genommen in ein Sarotlahorn und zwei Isatälispitzen aufgliedern. Im Osten lässt sich ein auffallender Faltenwurf bestaunen. Nach Überwinden eines kleinen steilen Schrofenriegels und dem an einer Verzweigung östlich abschwenkenden, nur noch spärlich begrünten Erholungsabschnitt folgt ein Geröllhang. Unser Gipfel macht zwar einen recht zerschundenen Eindruck, lockt aber den Neugierigen dennoch unweigerlich. Im Übrigen gehört jetzt alle Bewunderung der Zimba.

Ein steiler Rasenhang leitet in das obere Minikar. Durch dieses ist es nur noch ein Katzensprung zum Eisernen Törle, das die Gottvaterspitze vom Valkastiel trennt. Ab dem Schartenübergang quert ein schmaler Schuttsteig ohne Bezeichnung südlich zu einem Absatz in der Südwestflanke. Nach einer abschüssigen, Trittsicherheit verlangenden Passage geht's in einem Linksbogen über eine grusbedeckte, glatte und ausgesetzte Felsplatte, die große Vorsicht verlangt. Zum Schluss halten wir uns erst knapp unterhalb des Nordwestgrates, dann erreichen wir in leichter Kletterei (I) über eine kurze Felsstufe mit soliden Tritten eine Signalstange. Diese bezeichnet das ersehnte Ziel: **Großer Valkastiel (4)**, 2449 m. Erst während der letzten Meter beglückt uns die erwartete Fernsicht. Überwältigend ist der Blick ins Montafon, eingerahmt vom mannigfaltigen Bergkranz Verwall – Silvretta – Osträtikon.

Der Abstieg erfolgt auf dem Aufstiegsweg.

40 Schesaplana, 2965 m

Zweitagestour über die Oberzalimhütte ★★★

Der klassische Anstieg auf den höchsten Rätikonberg

Wie oft wird als Hauptblickfang eines Bergpanoramas die Schesaplana gerühmt! Dabei ist die bereits im Jahre 1610 erstmals bestiegene Monarchin des Rätikon, gleichsam das gewaltigste Massiv der Gebirgsgruppe, oftmals selbst gar nicht sichtbar, da sie einer ihrer mächtigen Trabanten verdeckt. So wird einmal der Panüelerkopf mit der höchsten Rätikonwand, ein andermal der Wildberg und wieder ein andermal der Zirmenkopf als vermeintliche Schesaplana »angebetet«. Zum gesamten Massiv gehören aber auch noch der Felsenkopf, die Schafköpfe und der Salaruelkopf. Der mittlerweile leider sehr stark geschrumpfte Brandner Gletscher war ursprünglich, abgesehen von der Silvretta, der einzige Vorarlberger Gletscher von Bedeutung.

Der Dreikant des 2400 Meter über dem Bludenzer Talkessel aufragenden Hauptgipfels selbst mit seiner dunklen Schieferkappe ist am besten vom unteren Brandnertal aus zu lokalisieren. Seinen Namen hat er von den Schweizern, da seine Südseite als »ebener Stein« erscheint. Von den aus allen Himmelsrichtungen möglichen »Normalwegen« darf wohl jener von Brand durchs glanzvolle Zalimtal über die Oberzalimhütte und auf dem abenteuerlichen Leibersteig über die Mannheimer Hütte und den Restgletscher als der schönste und klassischste gelten. Nur sehr sportlich eingestellte Konditionsbolzen packen diesen Höhenunterschied von rund 2200 Metern bei einer Gesamtgehzeit von 13 Stunden an einem Tag.

Der Gipfelrundblick umfasst neben zahlreichen Gebirgsgruppen der Nördlichen Kalkalpen und Zentralalpen auch einen respektablen Anteil der Westalpen, bis zum Monte Rosa und Dom.

Schesaplana (dritter Gipfel von links) und Mottakopf mit dem Hauptort Brand.

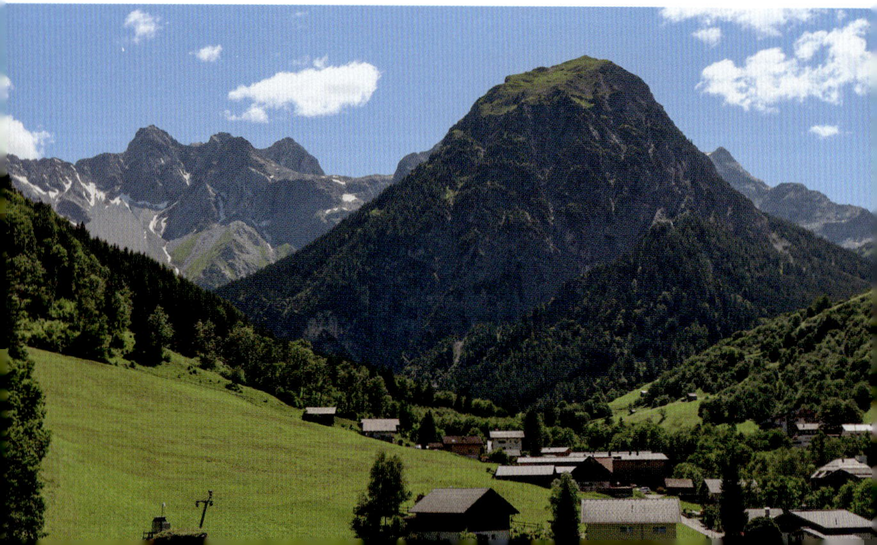

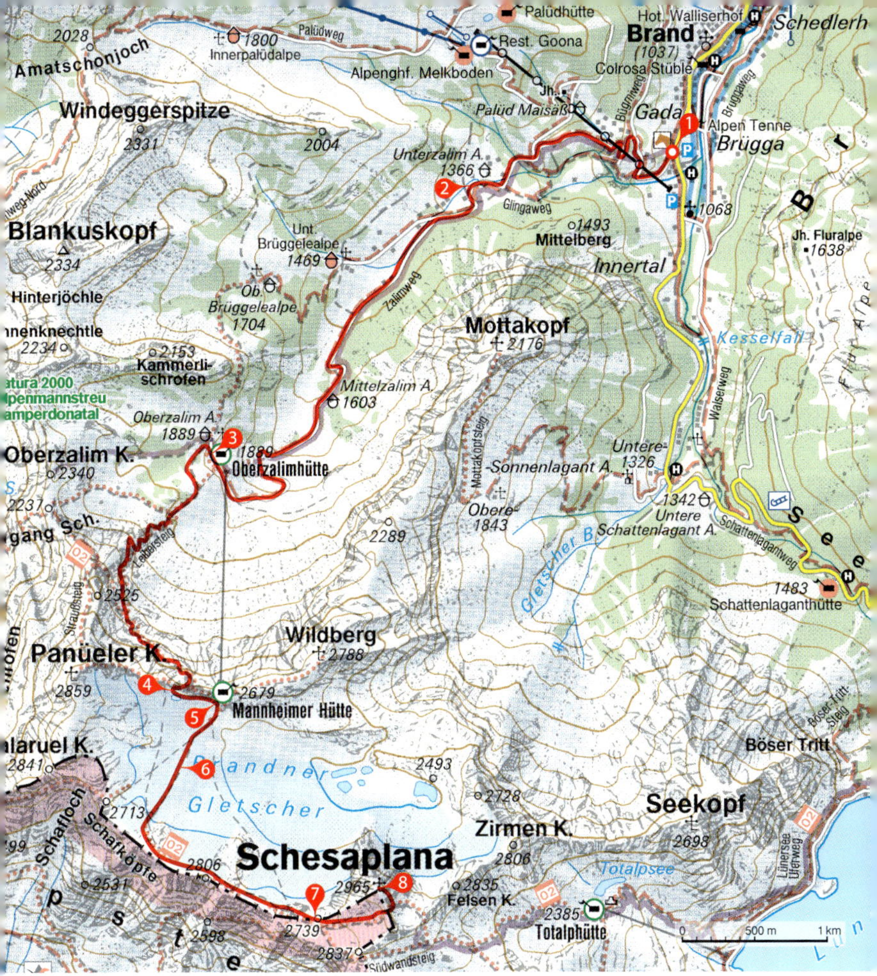

KURZINFO

Talort: Brand, 1037 m. Höhenkurort im oberen Brandnertal, am Fuß der Schesaplana; touristische Metropole des Rätikon. Bus ab Bludenz (Zug ab Bregenz). Brandnertal Tourismus, 6708 Brand, Tel. +43 5559 555, vorarlberg-alpenregion.at.

Ausgangspunkt: Innertal (letzter Ortsteil von Brand), Bushaltestelle kurz vor dem Dorfende, 1060 m; Parkplatz.

Gehzeit: 1. Tag: 5.15 Stunden, 2. Tag: 7.45 Stunden.

Höhenunterschied: 2230 Hm.

Anforderungen: Bestens bezeichnete, stellenweise ausgesetzte, mit Drahtseilen und Eisenketten gesicherte Steige, Steiganlagen, Pfade und Güterwege, Gletscherrest mit Stangenmarkierung (Leichtsteigeisen empfehlenswert). Längere steile Anstiege. Einfache Kletterstufen verlangen Trittsicherheit und Schwindelfreiheit. Nur für ausdauernde Geübte bei zuverlässigem Wetter. Große Vorsicht bei Nässe, nicht bei Nebel! Grenzübertritt. Bis zur Oberzalimhütte mittelschwer.

Einkehr: Oberzalimhütte (Übernachtung) und Mannheimer Hütte (AV-Sektion Mannheim, Übernachtung Anfang Juli bis Mitte September, Tel. +43 664 1900691).

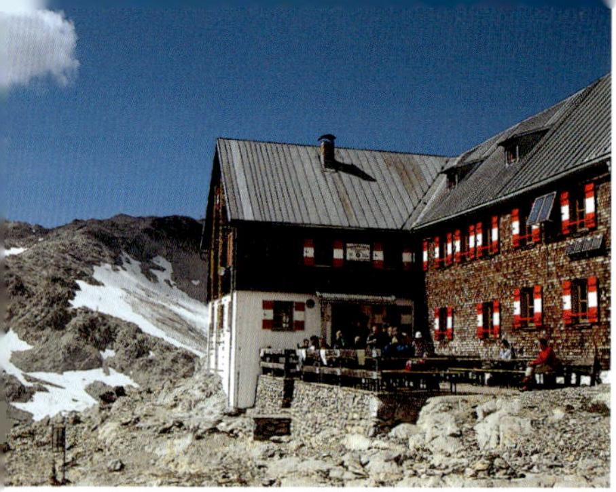

Auf 2679 Meter: die geschindelte Mannheimer Hütte.

Der Zalimweg führt vom Ortsende von **Innertal (1)** in Richtung Oberzalimhütte. Über Weidehänge und durch Waldflecken, begleitet vom Rauschen des Palüdbachs, steigt der Güterweg in wenigen Windungen zur Gabelung auf der Talschulter namens Riedstutz an. Felsriesen in fast erdrückender Größe, wohin man schaut. Wir queren den Bach und kommen bei der **Unterzalimalpe (2)**, 1366 m. zu den Zalimer Böden mit ihren Heubargen. Wieder ein Stück ansteigend geht es ins Zalimtal. Das vom Eiszeitgletscher ausgehobelte Trogtal besticht durch hochalpine Ausstrahlung. Ab der Gabelung am Hohen Bühel bleiben wir durch einen Waldstreifen dem Zalimweg treu. Zur Linken steht der wuchtige Mottakopf. Zwei Schleifen schwingen sich über karges Weidegelände hinauf zur Mittelzalimalpe, einem Viehstall, überragt vom Felsmonster Panüelerkopf. Kaum vorstellbar, dass sich durch diese völlig abweisende Bastion ein gangbarer Weg ziehen soll. Nach einer weiten Serpentine im Talschluss empfängt uns am Rand einer Hochwanne die **Oberzalimhütte (3)**, 1889 m. Der DAV-Stützpunkt der Sektion Mannheim nennt sich auch Georg-Orth-Hütte.

Das Schild »Mannheimer Hütte« lenkt jetzt auf einen Ziehweg, der zur nahen, bereits über der Baumgrenze stehenden Oberzalimalpe führt. Daraufhin strebt ein angenehm steigender Pfad zwischen Latschenflecken und über einen kleinen Bergsporn dem Einstieg in die Felsen zu. Im steilen Zickzack schwingt sich der kitzlig ausgesetzte, aber vorbildlich angelegte und stellenweise in den Fels gesprengte Leibersteig über die respektzollende Schrofenflanke empor. Was für eine Tiefe! Die hochalpine Erlebnisroute, wiederholt mit Drahtseilen und Eisenketten gesichert, beinhaltet gelegentlich kaum nennenswerte Kletterstellen.

Es folgt eine meist erholsame Querung schuttbedeckter Bänder. Nachdem hinter der Brandner Mittagspitze die prächtige Zimba auftaucht,

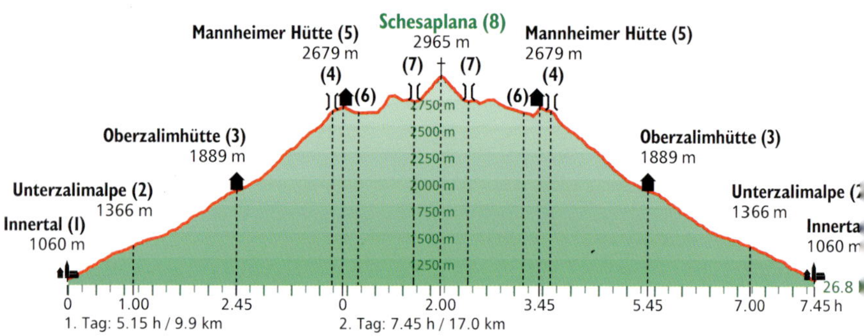

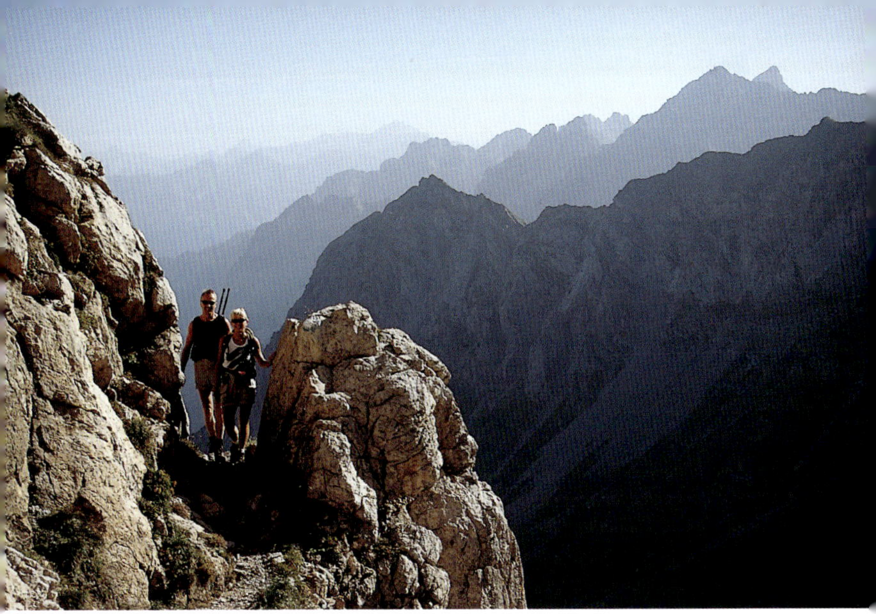

Der spannende Leibersteig über dem hintersten Zalimtal.

mündet der Aufstieg vom Nenzinger Himmel ein. Unter dem Panüelerkopf ist eine Geröllhalde zu queren, dann leitet bald nach einem mit Holzschwellen befestigten Abschnitt – eine Felsplatte ist durch solide Schwellen begehbar gemacht – ein anstrengender, erdiger Schlussaufschwung in engen Kehren zu einem **Sattel (4)**, 2634 m, auf der Abbruchkante des Brandner-Gletscher-Beckens. Entlang dieser Kante erreicht man rasch die geräumige **Mannheimer Hütte (5)**, 2679 m (früher Straßburger Hütte), die höchstgelegene Hütte im Rätikon.

In Richtung Schesaplana geht's am zweiten Tag kurz über Schuttgelände bergab zum Becken des ehemaligen **Brandner Gletschers (6)**, 2600 m. Auf der später nur von kleinen Schmelzwasserspalten durchzogenen, leicht ansteigenden Eisfläche leitet eine meist ausgetretene, mit Stangen markierte Spur – manchmal auch mehrere Spuren – über den Restgletscher auf die unbedeutenden Schafköpfe, 2756 m. Eine eigenwillige Toureneinlage, begleitet vom Konzert der ober- und unterirdisch sprudelnden Rinnsale. Die Schesaplana spannt uns als schöne, zerfurchte Pyramide auf die Folter.

Ein Steig mit weißen Markierungen passiert eine Zwischenerhebung, 2806 m, leitet ein Stück bergab über einen Schrofengrat und, seitlich davon ein Firnfeld querend, hinunter zum **Schesaplanasattel (7)**, 2728 m. Unser Regent büßt von hier leider merklich an Ausdruckskraft ein. In einer allerletzten Schinderei für heute geht's auf dem Südwandsteig, einem Pfad, schräg über den Schuttrücken der Schweizer Seite empor zum obersten Südostgrat und wenig unterhalb von diesem völlig problemlos auf den heiß ersehnten Gipfel der **Schesaplana (8)**, 2965 m.

Der Rückweg nach **Innertal (1)** verläuft wie der Aufstieg.

41 Saulakopf, 2517 m

Von Vandans über die Heinrich-Hueter-Hütte ★★

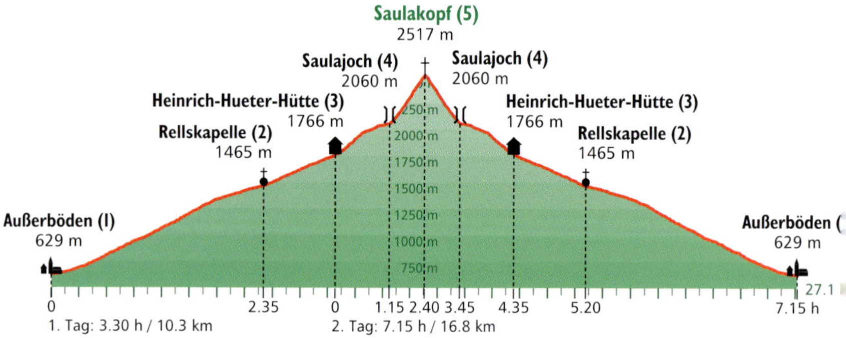

Ernstes Felsengesicht im Talschluss des Rellstals

Die lang gezogene Zimbagruppe zwischen Brandnertal und Rellstal ist bekannt für ihre unverwechselbaren Felsengesichter. Auch der einschüchternde Saulakopf über der Heinrich-Hueter-Hütte ist ein Berg mit Format. Er bietet uns nur zwei Anstiegsmöglichkeiten zur Wahl. Entweder man macht sich's bequem und startet mit Bahnhilfe am traumfarbenen Lünersee oder aber man schätzt das immer wieder aufs Neue tief beglückende Erleben der verschiedenen Höhenzonen und beginnt ganz unten, an der Ill im Montafoner Blumendorf Vandans. Die Nah- und Fernblicke verleiten auf dem Gipfel zum Schwärmen und Aushecken neuer vielversprechender Tourenziele.

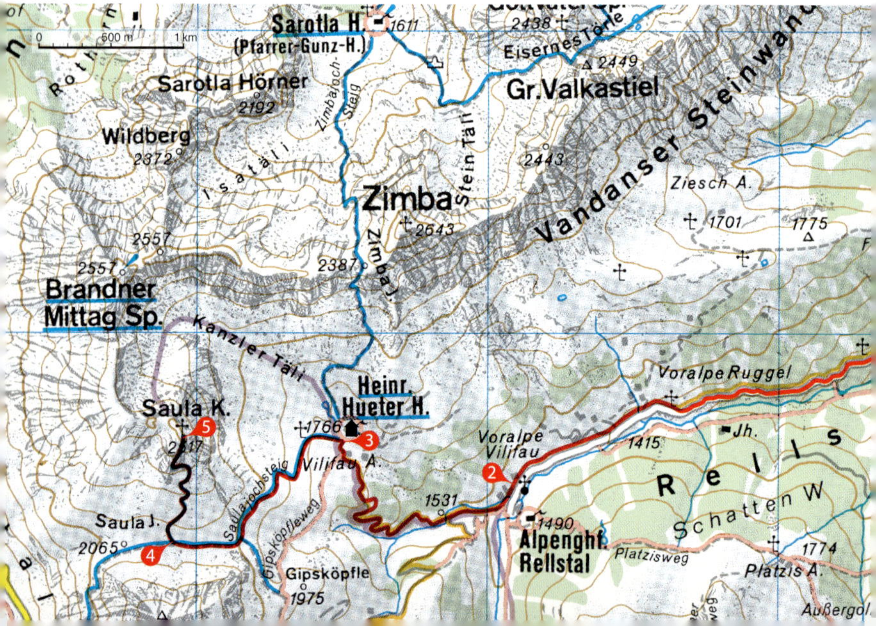

KURZINFO

Talort: Vandans, 648 m. Mehrfach gekürtes Blumendorf an der Öffnung des Rellstals, Äußeres Montafon. Mit dem Zug von Bregenz erreichbar. Tourismus Information, 6780 Schruns, Tel. +43 50 6686200, montafon.at.
Ausgangspunkt: Bahnhaltestelle Vandans im Bartholomäberger Ortsteil Außerböden, 629 m; Parkplatz links am Gemeindeamt.
Gehzeit: 1. Tag: 3.30 Stunden, 2. Tag: 7.15 Stunden.
Höhenunterschied: 1900 Hm.
Anforderungen: Gut bezeichnete Güterwege, Steige, Pfade und Steigspuren. Langer Steilaufstieg. Ausgesetzte, drahtseilgesicherte Passagen mit einfachsten Kletterstellen verlangen Trittsicherheit und etwas Übung. Ausdauer nötig. Vorsicht bei Nässe, nicht bei Schnee oder Nebel! Die Rellskapelle ist auch mit dem »Wanderbus Rellstal« erreichbar.
Einkehr: Heinrich-Hueter-Hütte (AV-Sektion Vorarlberg, Übernachtung Mitte Juni bis Mitte Oktober, Tel. +43 5556 76570, hueterhuette.at).

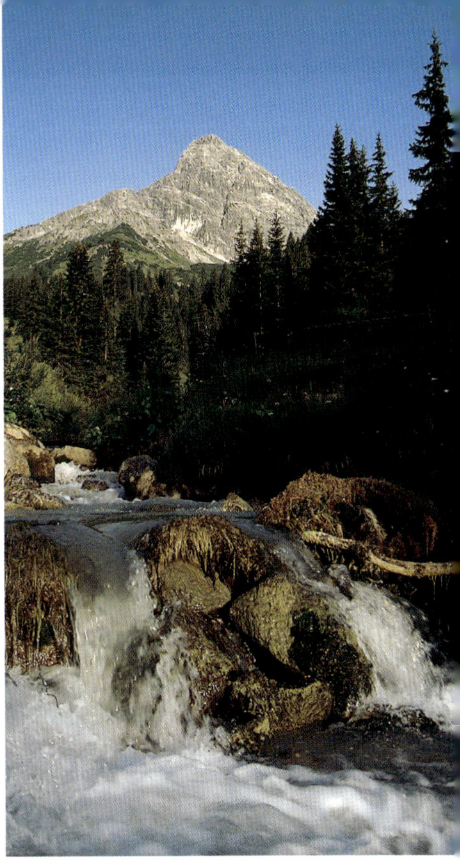

Der Lünerbach mit dem Saulakopf.

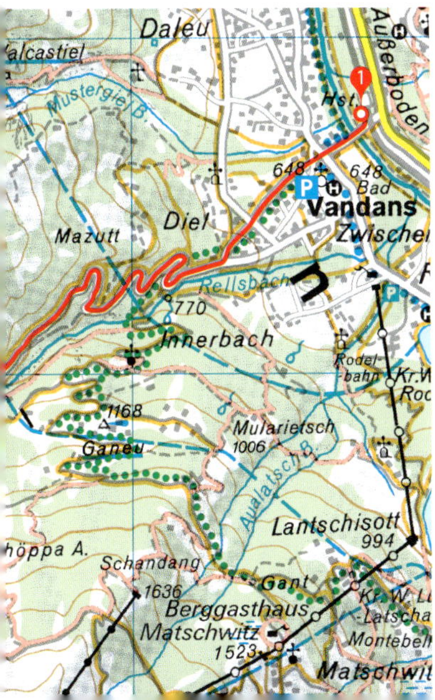

Wir spazieren von der Bahnhaltestelle Vandans in **Außerböden (1)** über die Illbrücke nach **Vandans** und halten uns in Richtung Rells (Rätikonstraße). Ab der Tafel »Lendi« schwingt sich ein Güterweg in wenigen Kehren empor ins Rellstal. Zwischendurch zeigt sich in der schluchtartigen Tiefe der wild schäumende Rellsbach. Überrascht steht man nach entspannendem Mischwaldwandern unter der Voralpe Ruggel plötzlich vor Schafgafall, Saulakopf und Zimba. Hinter der Voralpe Vilifau weitet sich an der kleinen Hüttenansammlung am Speicherbecken bei der **Rellskapelle (2)**, 1465 m, in der im Jahre 1750 die erste Messe gelesen wurde, das Tal. Wer Schleichwege bevorzugt, kann durch das Hochtal auch den Rells-Bachweg wählen, einen Pfad, der bei der Voralpe Vilifau wieder in den Fahrweg mündet. Nach der Brücke über den Lünerbach, der sich hier mit dem Zaluandabach zum Rellsbach verbindet, nimmt man den deutlich steigenden Vilifauer Weg am munteren Bergbach entlang. Dieser leitet in Schleifen zwischen Fichtengruppen und zum Schluss über Alpweiden bergan zur **Heinrich-Hueter-Hütte (3)**, 1766 m, an der Waldgrenze, etwas oberhalb der Vilifaualpe.

Sogar die stattliche Drusenfluh und die kühnen Drei Türme verstecken sich von der in königlicher Umgebung postierten Schutzhütte, die sich für eine Übernachtung anbietet, nicht länger. Die 500 Meter hohe Saulakopf-Ostwand nagt jetzt spürbar an unserer vor dem erstmaligen Auftauchen dieses Felsprotzes eben noch ungetrübten Zuversicht. Wie mag wohl die dem Schafgafall zugewandte Aufstiegsseite aussehen?

Nach verdienter Einkehr folgen wir dem Saulajochsteig am Fuß unseres Tagesziels durch die Latschenzone hinauf ins **Saulajoch (4)**, 2060 m, das mehr einer langen Hochmulde ähnelt. Hier beginnt der Gipfelaufstieg. Auch aus dieser Perspektive hat der Berg noch einige seiner ernsten Charakterzüge bewahrt. Über die zu Beginn mit Legföhren bewachsene, im weiteren Verlauf von einem grasigen Schuttfächer überzogene Südseite windet sich ein immer schweißtreibenderer Pfad empor. Vom Felsansatz leiten ein Steig und zwei felsige Drahtseileinlagen in die mitunter geröllbedeckte Südwestflanke hinüber. Steigspuren neben dem Grat warten nochmals mit Seilsicherung und kaum nennenswerten Kletterstellen auf. Ohne Probleme steigt man auf den **Saulakopf (5)**, 2517 m.

Tief unter unseren müden Füßen schimmert der aufgestaute Lünersee. Im Norden baut sich die breitgelagerte Brandner Mittagspitze auf, jenseits der Seetalfurche brüstet sich der Schesaplanastock. Ein Großteil des Montafon liegt uns zu Füßen. Doch was da in der Ferne erst alles zu genauerer Betrachtung einlädt: Lechtaler Alpen, Verwall, Silvretta, Bernina, Albula-Alpen.

Der Abstieg erfolgt auf dem Aufstiegsweg.

Bei Vandans öffnet sich das Rellstal.

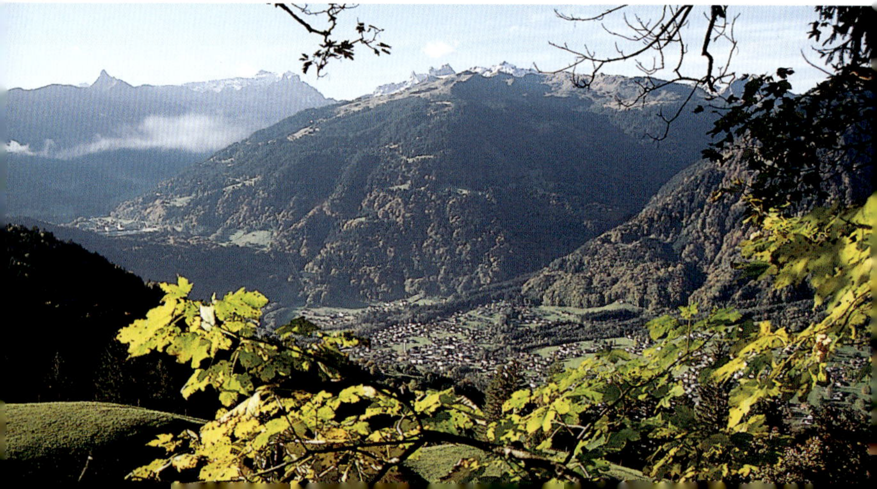

LÜNERSEE UND DOUGLASS

Man muss es ihm zugestehen, dem »vergewaltigten« Lünersee, er ist wirklich ein Glanzstück, nicht nur des Rätikon, sondern ganz Voralbergs! Vor seinem Aufstau war das Gewässer der höchste natürliche Hochalpensee der Ostalpen. Sein Umfang misst 4,2 Kilometer. Bis Ende Mai ist der Lünersee nur etwa 50 Meter tief. Deshalb genießen die Tourenskifahrer den seltenen Anblick einer Insel. Die Normaltiefe liegt bei 137 Metern. Die prächtigen Wasserfälle, in die sich der See einst ergoss, sind heute abgedichtet.
Beim Ablassen des Wassers durch einen künstlichen Stollen entdeckte man vor dem Ausbau auf dem Seegrund Geweihe und Knochen von vorgeschichtlichen Rothirschen und Elchen. Vor etwa 7000 bis 8000 Jahren umkränzte demnach Fichtenwald den Wasserspiegel. Die nördliche Hälfte des Seebeckens ist im Vergleich zum südlichen, von den Quellflüssen des einstigen Gletschers ausgeschliffenen Beckenraum, durch den Einbruch eines Gipslagers entstanden.
Mit der Douglasshütte an der Staumauer ist eine angesehene und überaus beliebte Persönlichkeit der Vorarlberger Alpingeschichte verbunden. John Sholto Douglass, der Sohn des schottischen Fabrikanten John Douglass – dieser gründete die Spinnerei und Weberei Thüringen im Walgau – erbaute als begeisterter Bergsteiger und Jäger nicht nur die Lünerseehütte, er war auch ein Begründer des Alpenvereins. Mit ihm und seinen wagemutigen Erstbegehungen wurde das Bergsteigen im Rätikon und in der Silvretta zum Begriff. Wegen des damals recht anstrengenden Saumweges von Bürs durchs lange Brandnertal kam er 1872 auf die Idee, am Lünersee eine Schutzhütte für Bergsteiger erbauen

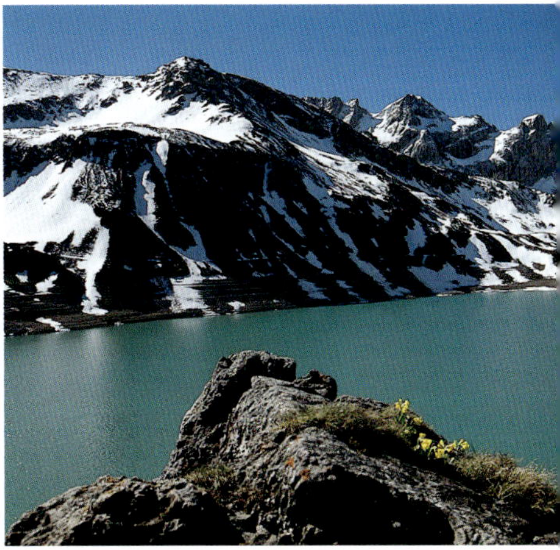

Der Lünersee über dem Talschluss des Brandnertals.

zu lassen. Diese erste Alpenvereinshütte war gleichzeitig die allererste Schutzhütte für Bergsteiger im westlichen Teil Österreichs. Zwei Jahre darauf stürzte der erst 36-jährige Gönner des Walgaus auf einer Gamsjagd im Klostertal zu Tode. Erst auf diesen traurigen Zwischenfall hin benannte man die Lünerseehütte in Douglasshütte um.
Bei der Schutzhütte lohnt es sich, den Schaukasten mit Erläuterungen und Fotos zum Bau der Lünersee-Staumauer und der Kraftwerksanlagen der Illwerke, die insgesamt 900 Personen beschäftigen, zu studieren. Dieser bietet auch Informationen über die Entwicklung der Wasserkraft. Am Eingang zur Bahn gilt es zudem einen Gletscherschliff zu bestaunen. Der Hauptdolomitklotz wurde vor etwa 10.000 Jahren von einem ungefähr 200 Meter starken Eisstrom »überfahren«. An den Schürfspuren lässt sich die »Fließrichtung« des Gletschers erkennen.

42 Tschaggunser Mittagspitze, 2168 m

Rundtour von Grabs

★★★

Wo sich das Montafon am schönsten zeigt

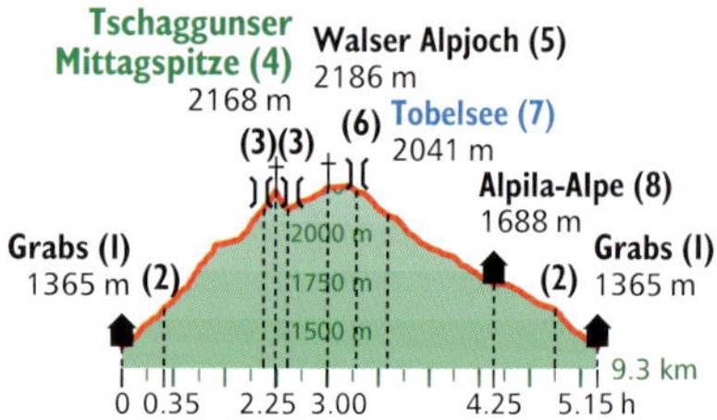

Hoch über dem Zusammentreffen des Illtals mit dem Silbertal, Gauertal und Gampadellstal bietet die Mittagspitze einen glanzvollen, umfassenden Montafon-Tiefblick. Sie zeigt den Tschaggunsern, wenn die Sonne mit dem Gipfel im Lot steht, den Mittag an. Dieses Wahrzeichen des Schrunser Talkessels wirkt von Norden wie auch aus dem Inneren Montafon gesehen wegen seiner düsteren, zerborstenen Wandabstürze eher drohend als wie ein freundlicher Rätikon-Wanderberg. Dennoch hält uns der auch für den weiteren Umkreis erstklassige Aussichtsthron ein Hintertürchen offen. Zugegeben, der peppig felsige Gipfelgang hat mit Wandern eigentlich nicht mehr viel zu tun, aber der nimmt ja auch gerade mal ein gutes Viertelstündchen in Anspruch. Überhaupt ist die Mittagspitze, wenn man für den Abstieg ebenfalls die direkte Aufstiegsroute wählt, locker als Halbtagestour machbar. Die Wanderkarte verrät jedoch, dass hier über den zauberhaften Tobelsee eine vielversprechende Runde möglich ist. Das wechselhafte geologische Antlitz der Umgebung und das sagenhafte Felsentheater der Drei Türme festigen diese anfängliche Idee zu einem dringlichen Muss.

Die Mittagspitze ist wegen ihrer traumhaften Montafonschau einer der lohnendsten Rätikon-Aussichtsberge.

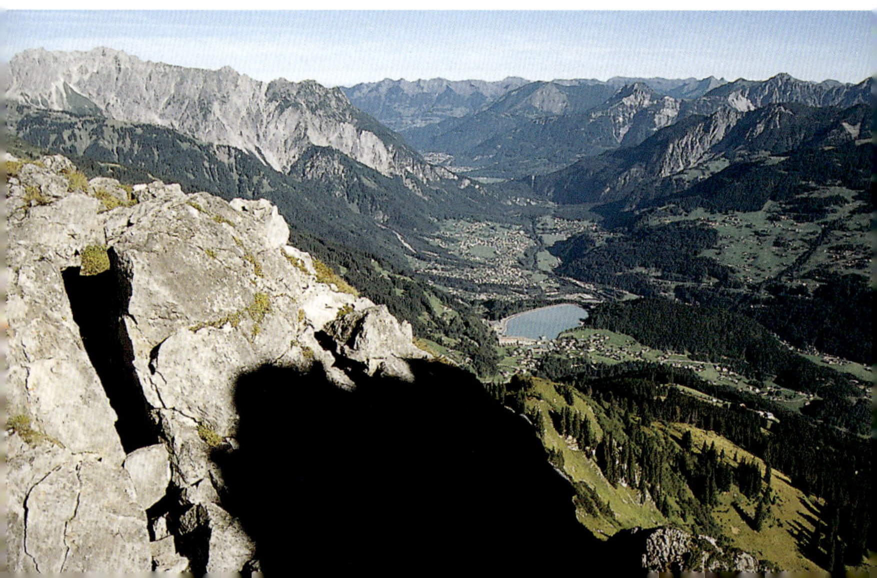

KURZINFO

Talort: Tschagguns, 687 m. Schmuckes Dorf auf einer erhöhten Uferterrasse der Ill, an der Einmündung des Gauertals, Äußeres Montafon. Mit dem Zug von Bregenz aus erreichbar. Tourismus Information, 6780 Schruns, Tel. +43 50 6686200, montafon.at.
Ausgangspunkt: Alpengasthof Grabs, 1365 m. Zufahrt mit eigenem Pkw auf schmalem Bergsträßchen möglich (um vorherige Anfrage wegen verfügbarem Parkplatz wird gebeten: Tel. +43 5556 72584), in Tschagguns in Richtung Latschau und unterhalb der Bushaltestelle Lochmühle nach Grabs abbiegen. Als Alternative mit dem Taxi Filzmaier (Tel. +43 5556 78080) ab dem Gemeindeamt; Parkplatz.
Gehzeit: 5.15 Stunden.
Höhenunterschied: 930 Hm.
Anforderungen: Überwiegend bezeichnete Pfade, Steige, Steigspuren und Alpwege. Längere steile Aufstiege. Kurze leichte Kletterei (I) in festem Fels verlangt Trittsicherheit und etwas Orientierungssinn. Nur für Geübte. Nicht bei Nässe oder Nebel! Rundtour ohne Gipfelaufstieg nur mittelschwer, sehr empfehlenswert.
Einkehr: In Grabs (Übernachtung) und Alpila-Alpe.

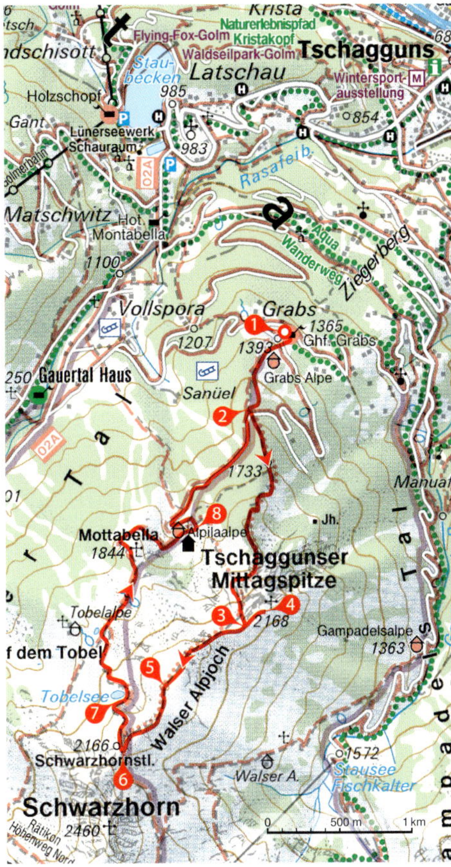

Der mit »Hochegga« beschilderte Pfad führt ab dem **Alpengasthof Grabs (1)** über Weidehänge an der Alpe Grabs vorbei und an einem Skilift bergauf. Vom Absatz **Hochegga (2)**, 1558 m, wählen wir den nur noch leicht steigenden, blau-weiß markierten Steig durch den Wald in Richtung Mittagspitze. Nach einem steileren Zwischenspiel mündet die Route von der Alpila-Alpe ein. Der Wald öffnet sich. Und schon haben wir unseren Wunschgipfel vor der Nase. Das Zackenband des südlichen Lechquellengebirges über dem Klostertal drängt nach einer Schaupause. Links des Latschau-Stausees beeindruckt die Vandanser Steinwand mit dem Horn der Zimba.

Zwischen Zwergsträuchern und Erlengebüsch legt die Route wieder an Steigung zu. Kleine Felsstufen verlangen ein gelegentliches Handanlegen. Auf einer winzigen Bergschulter breitet sich das fesselnde Gipfelreich der Lindauer Hütte vor uns aus: die Drei Türme und die Drusenfluh. Es folgen ein kaum nennenswerter Abstieg auf einem latschenbewachsenen Grat und die Querung eines teilweise geröllbedeckten Hanges.

Ab einer Verzweigung wird der schroffe Gipfelaufbau auf blockübersäten Rasenhängen westlich umgangen. Die Ostseite zeigt sich mit kleinen Türmen und wilden Wandabstürzen auf dem **Mittagspitzsattel (3)**, 2070 m, noch beeindruckender. Nach einem schrofigen Beginn leiten unmarkierte Steigspuren in leichter Kletterei (I) kurzzeitig über solide gestuften Fels und an einer Mini-Spalthöhle vorbei auf die Gipfelkrone der **Tschaggunser Mittagspitze (4)**, 2168 m. Rechts des Tilisuna-Seehorns steht im Süden die wuchtige Weißplatte, hinter dem dunklen Vulkangestein des schlanken Schwarzhorns baut sich die aus hellem Thitonkalk gemauerte Sulzfluh auf, der gesamte Osten wird vom Verwall bestimmt und im hintersten Montafon blinken die Silvrettaspitzen.

Zurück am Mittagspitzsattel, führt der Mittagspitzsteig in genussreicher Höhenwanderung über eine grasige Erhebung mit kaum nennenswertem Abstieg und ein paar felsigen Passagen zum Minigipfel des **Walser Alpjochs (5)**, 2186 m, vor dem Schwarzhorn. Nach geringem Abstieg und ebenfalls unbedeutendem Gegenanstieg steigen wir vom **Schwarzhornsattel (6)**, 2166 m, bergab zum **Tobelsee (7)**, 2041 m, einem der prächtigsten Plätze ganz Vorarlbergs.

Oberhalb der Tobelalpe und an ein paar Tümpeln vorbei geht's, zuletzt auf einem Ziehweg, hinunter zu den kleinen Steinhütten der **Alpila-Alpe (8)**, 1688 m. Ein Güterweg bringt uns zurück zum Absatz Hochegga. Dort schlagen wir den bekannten Pfad ein zum **Alpengasthof Grabs (1)**.

Drusenfluhgruppe von der Mittagspitze.

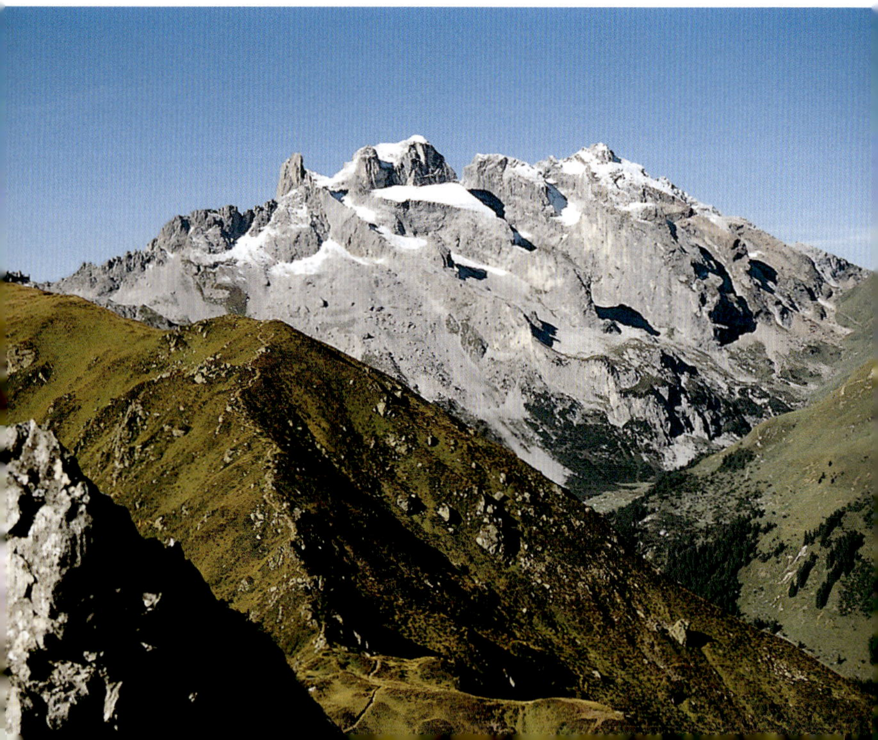

Kreuzjoch und Kreuzspitze, 2351 m

Mit Geißspitze von der Bergstation Golm ★★★

Alpine Traumwelten über dem romantischen Gauertal

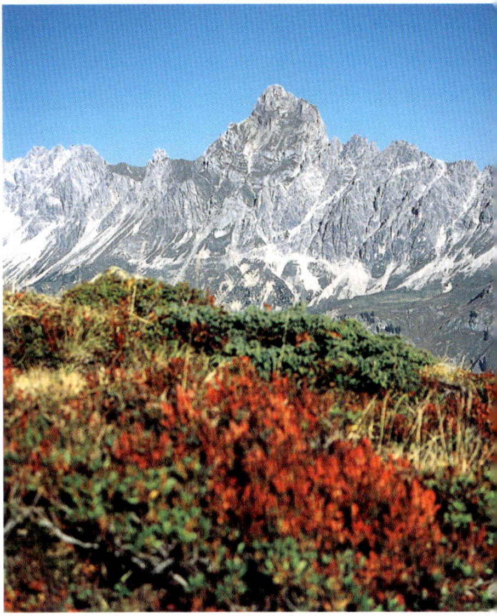

Auf dem Golmer Joch fesselt das erhabene Felsenhorn der Zimba.

Die Berggruppierung zwischen Rellstal und Gauertal wird als schönstes Wandergebiet des Montafoner Rätikon gelobt. Zudem ist das Gauertal als schönstes Hochtal Vorarlbergs bekannt. Der Alpenmaler E. T. Compton schwärmte sogar, die innerste Umrahmung fände in den gesamten Ostalpen keine Steigerung. Da mag es nun unverbesserliche Skeptiker geben, die mit eigenen Augen die Haltbarkeit dieser Lobeshymnen zu überprüfen gedenken. Ihnen sei die in Hufeisenform angelegte Fünf-Gipfel-Tour über den Golmer Grat mit dem Golmer Joch, Latschätzkopf und Kreuzjoch und weiter über den Zerneuer Grat mit Kreuzspitze und Geißspitze sowie der Rückweg durchs Gauertal wärmstens ans zweifelnde Herz gelegt. Einen besseren Überblick vermag kein anderer Weg zu bieten. Dass manche Gipfel hier etwas geringschätzig als Joch bezeichnet werden, braucht einen weiter nicht zu stören. Die Seilbahn erspart uns die 900 Höhenmeter Mühsal zum Berghof Golm. Die Aufstiege zu den einzelnen Gipfeln fallen dann kaum mehr ins Gewicht. Ein Höhen-Lustwandeln vom Allerfeinsten. Und wer kein Freund unmarkierter Kraxeleien ist, der kann die höchste Erhebung, die Kreuzspitze, auch auf der bequemen Hauptroute umgehen.

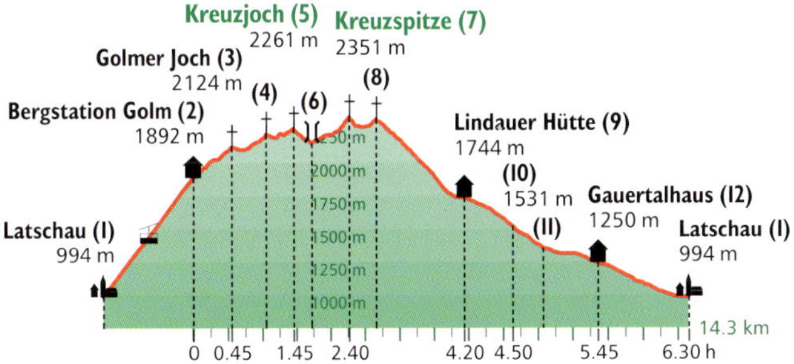

KURZINFO

Talort: Tschagguns, 687 m. Schmuckes Dorf auf einer erhöhten Uferterrasse der Ill, an der Einmündung des Gauertals, Äußeres Montafon. Mit dem Zug von Bregenz aus erreichbar. Tourismus Information, 6780 Schruns, Tel. +43 50 6686200, montafon.at.
Ausgangspunkt: Bushaltestelle an der Golmerbahn in Latschau, 994 m; Parkplatz.
Gehzeit: 6.30 Stunden.
Höhenunterschied: 710 Hm im Auf- und 1610 Hm im Abstieg.
Anforderungen: Meist bezeichnete Steige (kurzzeitig ausgesetzte Steigspuren) und Pfade sowie Güter- und Wanderwege. Kleine mittelsteile bis steile Aufstiege. Trittsicherheit erforderlich, leichte Kletterstellen (I). Nur für Geübte, bei Nässe nicht ratsam. Bei Umgehung der Kreuzspitze mittelschwer.
Einkehr: Berghof Golm (Übernachtung), Panorama-Restaurant Grüneck, Lindauer Hütte (Übernachtung) und Gauertalhaus.

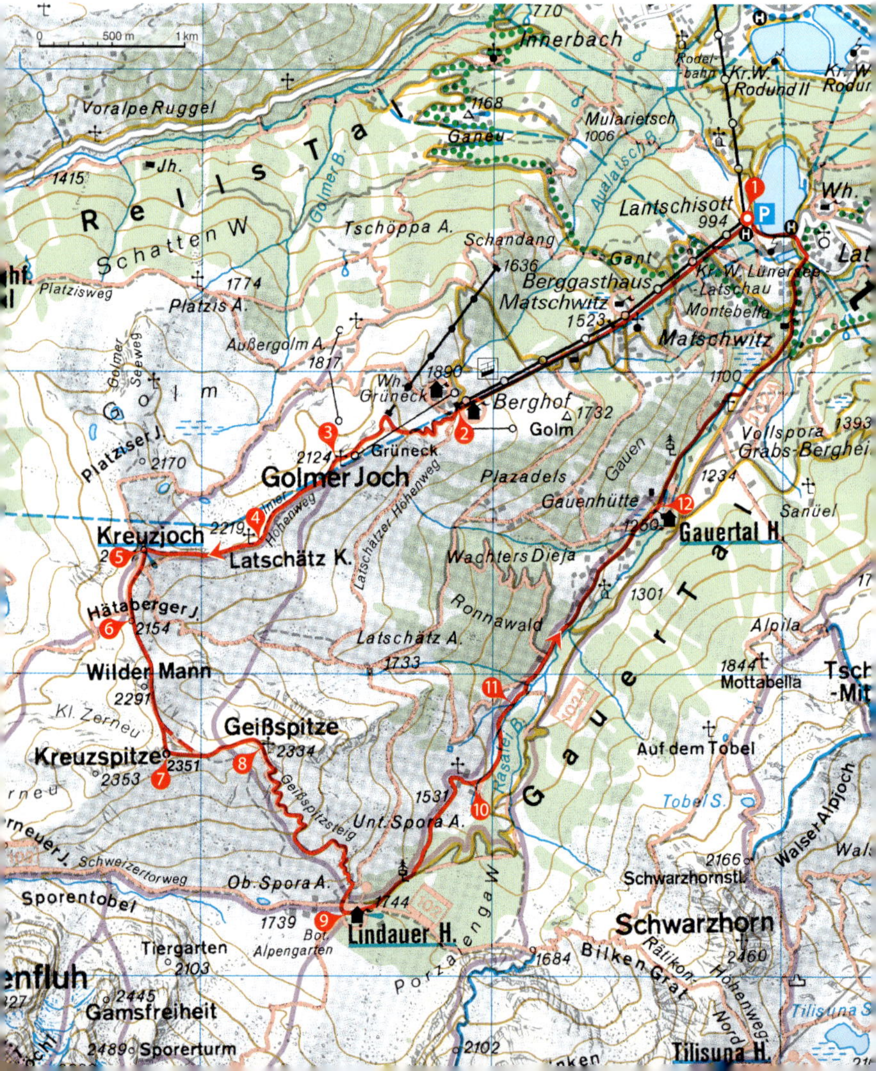

Wir nehmen von **Latschau (1)** die Golmerbahn in zwei Sektionen zur **Bergstation Golm (2)**, 1892 m, mit dem Berghof Golm und dem Panorama-Restaurant Grüneck. Der herrliche Golmer Höhenweg steigt erst als Fahrweg, später als bequemer Pfad über das Weidegebiet am Grüneck empor zur kleinen Schrofenerhebung namens **Golmer Joch (3)**, 2124 m, unserem ersten Gipfelziel für heute. Dort erwartet uns eine fantastische Rätikonschau: im Osten jenseits des Gauertals die Tschaggunser Mittagspitze, rechts davon das Schwarzhorn, über dem Talschluss die Karrenfeld-Abdachung der Sulzfluh, hinter der nahen Geißspitze der Kleine Turm sowie Mittlerer und Großer Turm mit der glatt gehobelten Sporerplatte, daneben Drusenfluh und als Prunkstück des Rellstals die Zimba. Der Blick schweift bis hinaus ins Bregenzerwaldgebirge.

Auf einem Steig wandern wir über eine unbedeutende, blumenreiche Zwischenerhebung zum folgenden Joch, 2094 m, und zum nächsten Gipfel, dem **Latschätzkopf (4)**, 2219 m. Nun bringt uns ein kleiner Schrofengrat-Abstieg zu einem weiteren Joch, 2185 m. Nach einer grünen Zwischenerhebung ist das **Kreuzjoch (5)**, 2261 m, erreicht, Gipfel Nummer drei. Ein Stück hinter dem Zaluandatal taucht jetzt im Westen die kantige Schesaplana auf.

Über den steilen Südrücken mit kleiner Felsstufe und einen kurzen Grat geht's ins **Hätaberger Joch (6)**, 2154 m. Der nun beginnende Geißspitzsteig (Hätaberger Weg) weicht mit geringem Höhenverlust in die Flanke des zerklüfteten, nicht ohne weiteres überschreitbaren Wilden Mannes aus. Anschließend verlassen wir die Hauptroute und folgen auf

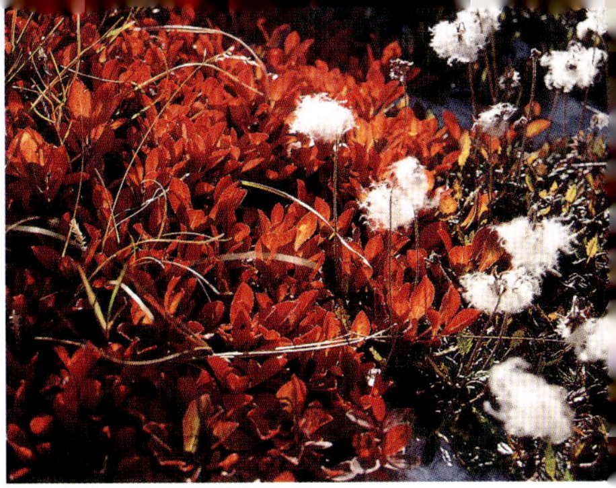

Herbstboten über dem Gauertal.

Trittsicherheit verlangenden Steigspuren dem immer anstrengenderen, zuletzt ausgesetzten und leicht schrofigen, nordgerichteten Grasgrat zur **Kreuzspitze (7)**, 2351 m.

Der schmale, ebenfalls ausgesetzte Ostgrat zur Einmündung in den Höhenweg überrascht mit ein paar leichten Kletterstellen (I), die Achtsamkeit erfordern. Gleich darauf kommen wir in ein Joch, 2250 m. Der Grataufstieg zur grasigen **Geißspitze (8)**, 2334 m, dem fünften Gipfel, bereitet keine Probleme mehr.

In steilen Pfadkehren steigen wir schließlich über den Südosthang hinunter zur **Lindauer Hütte (9)**, 1744 m, der anheimelnden, an der Waldgrenze zu einer Einkehr verlockenden Schutzhütte der Alpenvereins-Sektion Lindau im hochromantischen Talschluss des Gauertals. Zurück geht's auf einem Fahrweg durch den Porzalengawald, bis ein Wanderweg abzweigt, der auf der westlichen Talseite später in einen Pfad wechselt. Die **Untere Spora-Alpe (10)**, 1531 m, ist die nächste Zwischenstation. Nochmals spaziert man durch einen Waldfleck zur **Unteren Latschätzalpe (11)**, 1360 m. Ein Güterweg leitet über die Alpsiedlung Gauen mit ihren Ferienhäuschen und am **Gauertalhaus (12)**, 1250 m, vorbei zurück nach **Latschau (1)**.

44 Sulzfluh, 2818 m

Zweitagestour durchs Gampadelstal ★★★

Der leuchtende Regent des Osträtikon

Eine Besteigung der Sulzfluh zählt zu den lohnendsten Touren Vorarlbergs. Die mit Abstand mächtigste und höchste Erscheinung im östlichen Rätikon wurde schon 1782 erstmals besucht. Höhlen führen tief ins Innere des geheimnisvollen Berges. Die Wahl der Zugänge auf den wechselhaft strukturierten Grenzgipfel zur Schweiz ist fast schon verwirrend groß. Wer es eilig hat, entscheidet sich für eine Tagestour mit Hilfe der Golmerbahn. Ab der Bergstation Golm erreicht man auf dem Latschätzer Höhenweg rasch die Lindauer Hütte und durch den sogenannten Rachen die doppelgipflige Kalkburg selbst. Einfacher ist die Höhenwanderung über den Tobelsee und die Tilisunahütte. Rechnet man sich dagegen zu jenem emsigen Völkchen, das wegen des optimalen Ausschöpfens landschaftlicher Steigerung am liebsten ganz unten beginnt, so führen am direktesten die etwa gleich nachhaltigen Hochtäler, das Gauertal und das Gampadelstal, zum Ziel. In beiden Fällen empfiehlt es sich, zwei Tage einzuplanen. Wir wollen den weniger stark begangenen Hüttenweg über die Gampadels- und Walseralpe und den überraschend problemlosen Gipfelaufstieg über das Karrenfeld wählen. Unser Stützpunkt, die Tilisunahütte, ist ebenso auf einer gemütlicheren, wenn auch etwas weiteren Route zu erreichen. Man braucht nur dem kühn angelegten Güterweg bis zu seinem Ende kurz nach der Tilisuna-Alpe zu folgen. Im Bogen leitet dann ein Pfad ums Tilisuna-Seehorn herum zur AV-Unterkunft.

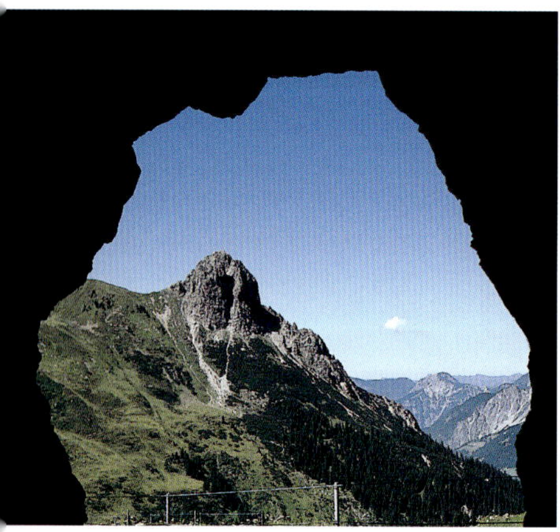

Tunnel auf dem alternativen Hüttenanstieg.

KURZINFO

Talort: Tschagguns, 687 m. Schmuckes Dorf auf einer erhöhten Uferterrasse der Ill, an der Einmündung des Gauertals, Äußeres Montafon. Zug von Bregenz. Tourismus Information, 6780 Schruns, Tel. +43 50 6686200, montafon.at.
Ausgangspunkt: Bushaltestelle Lochmühle im oberen Ortsteil, 800 m; Parkplatz.
Gehzeit: 1. Tag: 4.45 Stunden, 2. Tag 7.30 Stunden.
Höhenunterschied: 2100 Hm.
Anforderungen: Gut bezeichnete Pfade, Steige (kurz weglos) und Güterwege, anfangs Bergsträßchen. Langer Steilaufstieg. Ausdauer und stabiles Wetter erforderlich, bei Nebel nicht zu empfehlen.
Einkehr: Tilisunahütte (AV-Sektion Vorarlberg, Übernachtung Mitte Juni bis Mitte Oktober, Tel. +43 664 1472896, tilisuna-huette.at).

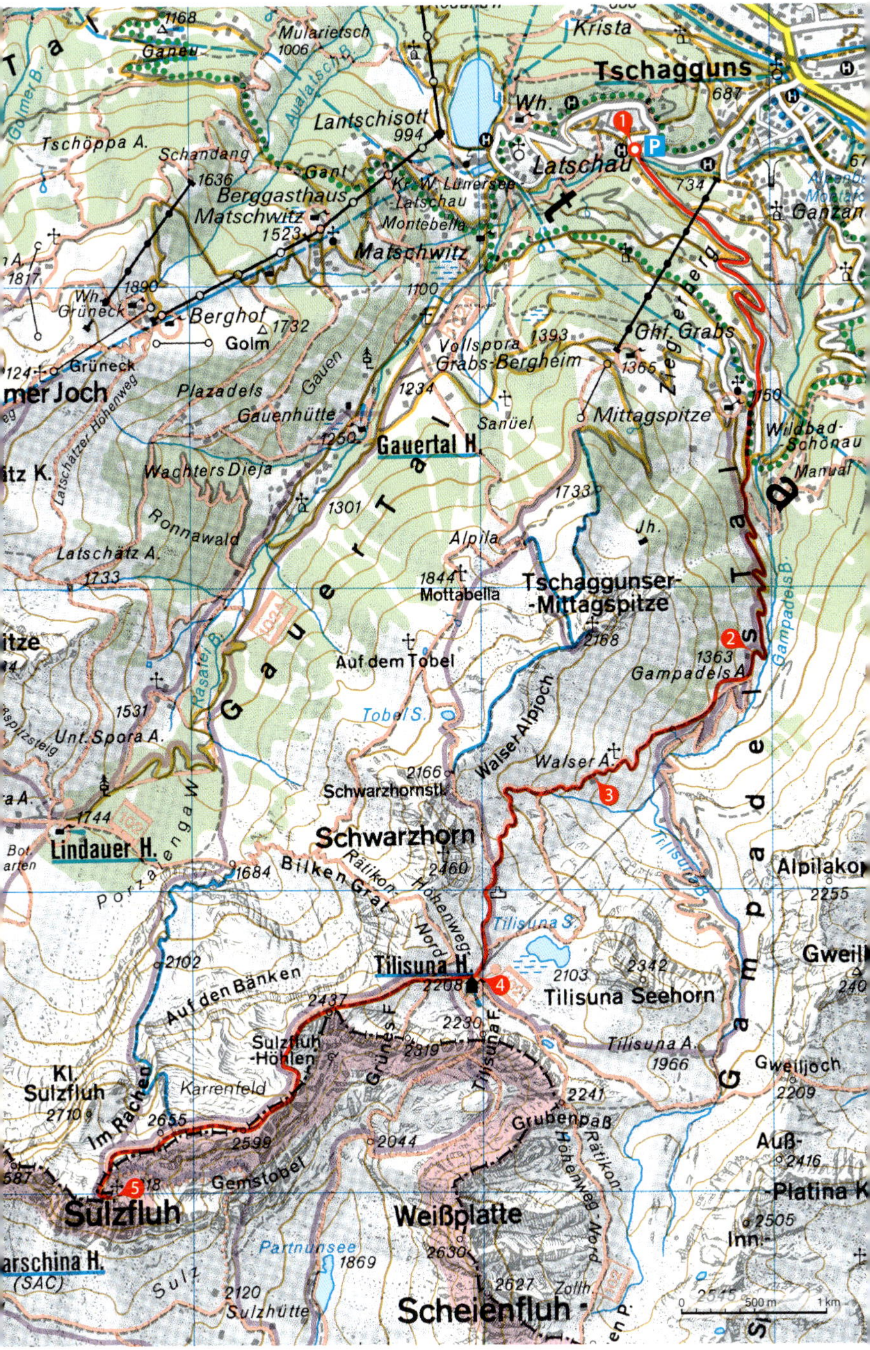

Tschagguns
Krista
Latschau
Wh.
734
Ganzan
Lantschisott
994
Mularietsch
1006
Ganeu
1168
Tschöppa A.
Schandang
1636
Gant
Berggasthaus
Matschwitz
1523
Kr. W. Lünersee
-Latschau
Montebella
Matschwitz
1100
1890
Grüneck
Berghof
1732
Golm
Grüneck
Plazadels
Gauen
Gauenhütte
1250
Gauertal H.
Vollspora
Grabs-Bergheim
1393
Ghf. Grabs
1365
Ziegerberg
Mittagspitze
1234
Sanüel
Wildbad-
-Schönau
Manual
Wachters Dieja
Ronnawald
Latschätz A.
1733
1301
Alpila
1844
Mottabella
Tschaggunser-
-Mittagspitze
2168
1363
Gampadels A.
Auf dem Tobel
Tobel S.
Walser Alpjoch
Walser A.
Gampadels B.
1531
Unt. Spora A.
2166
Schwarzhornstl.
Schwarzhorn
2460
Lindauer H.
1744
1684
Bilken Grat
Rätikon-
Höhenweg
Nord
Tilisuna S.
Tilisuna H.
2208
2103
2342
Tilisuna Seehorn
Alpilakopf
2255
Gweil
2102
Auf den Bänken
2437
2230
2319
Sulzfluh
-Höhlen
Grünes F.
Tilisuna F.
Tilisuna A.
1966
Gweiljoch
2209
Kl.
Sulzfluh
2710
Karrenfeld
Im Rachen
2655
2598
2044
2241
Grubenpaß
Rätikon-
Höhenweg
Nord
Gemstobel
Auß-
2416
-Platina K
2505
Sulzfluh
Weißplatte
2630
Partnunsee
1869
Carschina H.
(SAC)
2120
Sulzhütte
2627
Zollh.
Scheienfluh
Gauertal
Gampadelstal
0
500 m
1 km

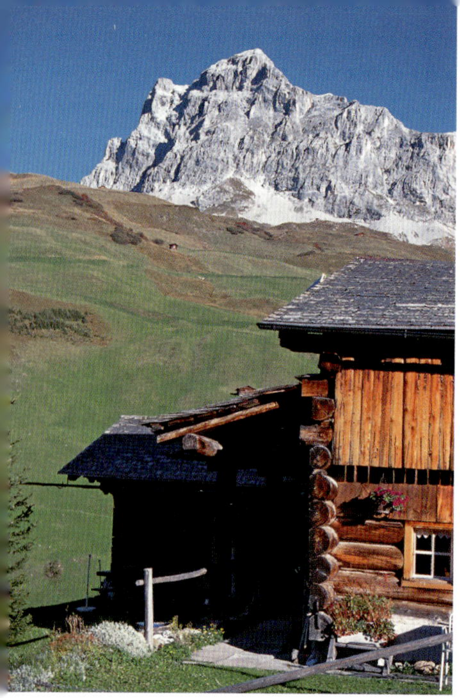

Die Schweizer Seite der riesenhaften Sulzfluh von den Partnuner Bergmähdern aus betrachtet.

Bei der Bushaltestelle Lochmühle in **Tschagguns (1)**, an der Straße nach Latschau, beginnt die hin und zurück 28 Kilometer lange Gipfelwanderung auf der stillen Ziegerbergstraße in aussichtsreichen Kehren über Bergwiesen in Richtung Ferienhaus Mittagspitze. Man genießt dabei befreiende Ausblicke über Tschagguns und Schruns zu den Streusiedlungen von Bartolomäberg und ins Silbertal. An einer Verzweigung folgen wir dem Schild »Gampadelsalpe« und wandern auf einem Güterweg hinein in das verschwiegene, gleichnamige Hochtal. Überm wilden Gampadelsbach führen die Schleifen in angenehmer Steigung unter der Tschaggunser Mittagspitze durch Waldflecken zur **Gampadelsalpe (2)**, 1363 m.

Dort zweigt die anfangs über eine Viehweide weglose Seewegroute in Richtung Tilisunahütte ab. Später führt der Steig in geologisch vielfältiger Umrahmung, das Tilisuna-Seehorn vor der Nase, über schweißtreibende, blumenreiche Weidehänge mit Zwergstrauchvegetation bis zur **Walseralpe (3)**, 1728 m. An einer Gabelung nach einer kleinen Bachquerung wählen wir den Kessiweg und mühen uns empor zum Fuße des beeindruckenden Schwarzhorns. (Die andere Route führt am Tilisunasee vorbei ebenfalls zu unserem Hüttenziel.) Über die feuchten Matten der Schwarzhornebene erreicht man nahe der Schweizer Grenze die einladende, bereits 1879 erbaute **Tilisunahütte (4)**, 2208 m, der Alpenvereins-Sektion Vorarlberg.

Am nächsten Morgen lenkt der Wegweiser »Sulzfluh« auf einen über wellige Matten ansteigenden Pfad. Das warnende Pfeifen der Murmeltiere begleitet uns zum Nordostausläufer des hellen Sulzfluhmassivs, wo ein Steig den Pfad ablöst. Gestein und Vegetation wechseln urplötzlich ihre Art. Nach einer Mulde verläuft die zusätzlich mit Steinmännchen markierte Route im Bereich der Schweizer Grenze angenehm ansteigend über ein ausgedehntes, plattiges Karrenfeld und hält ein Stück auf die Kleine Sulzfluh zu.

Pittoresk. Wie ein während des Sturmes zu Stein erstarrtes Meer. Gar mancher mag sich in der weiten, unordentlichen Plateau-Welt vorkommen, als wandle er auf einem fremden Planeten. Hinter uns bauen sich Weißplatte und Scheienfluh auf. Auch das kleine Gipfelfirnfeld, ein Rest des einstigen Sporagletschers, erweist sich als völlig harmlos.

Die einprägsamsten Blickfänge auf der königlichen **Sulzfluh (5)**, 2818 m,

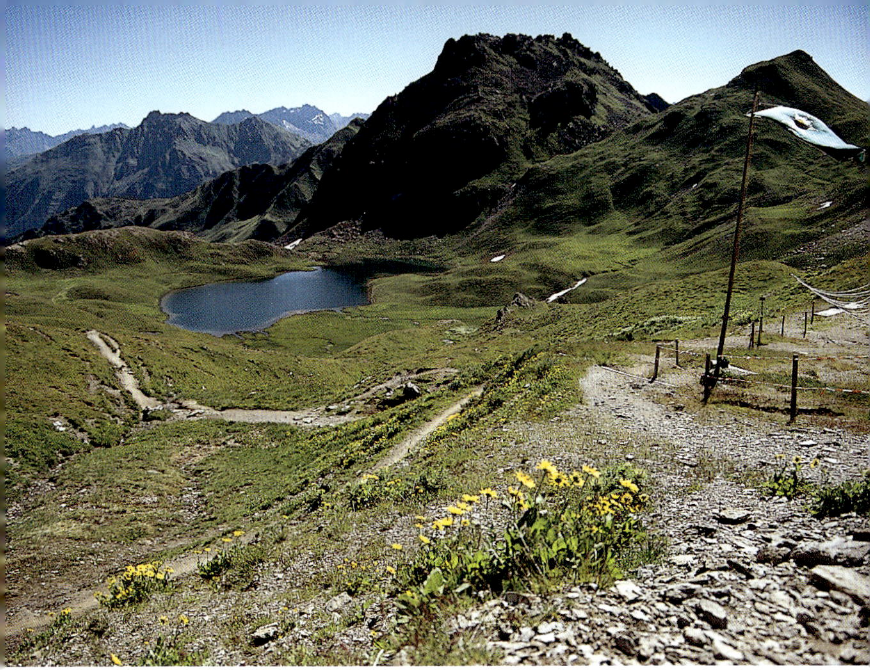

Tilisunasee und Tilisuna-Seehorn.

die man über den kurzen Westrücken erreicht: Wildspitze und Ortler, eine Reihe Silvretta-Majestäten, Piz Palü und Piz Bernina und fast in Reichweite das Turm-Kleeblatt über der Lindauer Hütte. Im Norden erreicht das suchende Auge sogar das Allgäu, im äußersten Westen sind bei ganz klarem Wetter noch die Walliser und Berner Alpen auszumachen. Als protziger Wandblock bricht die Südseite auf die Partnuner Bergmähder ab. Immer wieder fesselt das Aufeinanderprallen der verschiedenartigen Gesteine: da noch leuchtender, verwitterungsfreudiger Kalk der Nordalpen, unmittelbar daneben dunkles, »urwüchsiges« Kristallingestein der Zentralalpen.
Der Abstieg folgt dem Anstiegsweg.

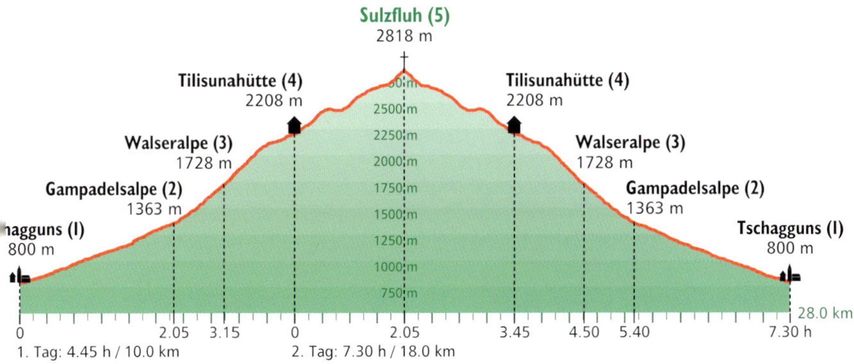

45 Riedkopf, 2552 m

Teilrunde über den Gafiersee

★★★

Im Bereich des Gargellner Fensters mit Besuch in Graubünden

Umständlicher als in vorliegendem Fall kann man einen Riedkopf-Aufstieg kaum planen. Zudem der Berg selbst eigentlich nicht viel hermacht. Abgesehen von seiner wirklich rühmenswerten Aussicht und der Tatsache, dass man dort oben gelegentlich Steinböcke und Adler beobachten kann. Wie so oft gilt auch für diese Unternehmung der bekannte Wahlspruch: »Der Weg ist das Ziel«. Was für Momente: der wilde Gargellner Alptobel, die formenschöne Madrisa und das nahe Gezacke des Frygebirgs, weltabgeschiedene Hochkare und kaum begangene Grate, der farbenprächtige Gafiersee … All dies gestaltet unsere grenzüberschreitende Tour zu weit mehr, als man es von der Besteigung eines zweitrangigen Gipfels auf dem schnellsten Weg erwarten kann. Gespanntes Lustwandeln zwischen Rätikon und Silvretta.

Während des Aufstiegs durch den Gargellner Alptobel präsentiert sich ein Teil des geologisch überaus bedeutsamen »Gargellner Fensters«. Unermüdliche Erosionskräfte haben hier im Laufe der Zeit den aufgeschobenen Gneis der kristallinen Silvrettadecke einschließlich des darunter liegenden Thitonkalks der Sulzfluhdecke durchschnitten. Der helle Kalkfelsriegel wirkt nun wie ein Fenster unter der dunklen Gneisschicht. Noch anschaulicher als hier zeigt sich diese erdgeschichtliche Rarität in den nahe gelegenen Schluchten von Rongg- und Röbibach.

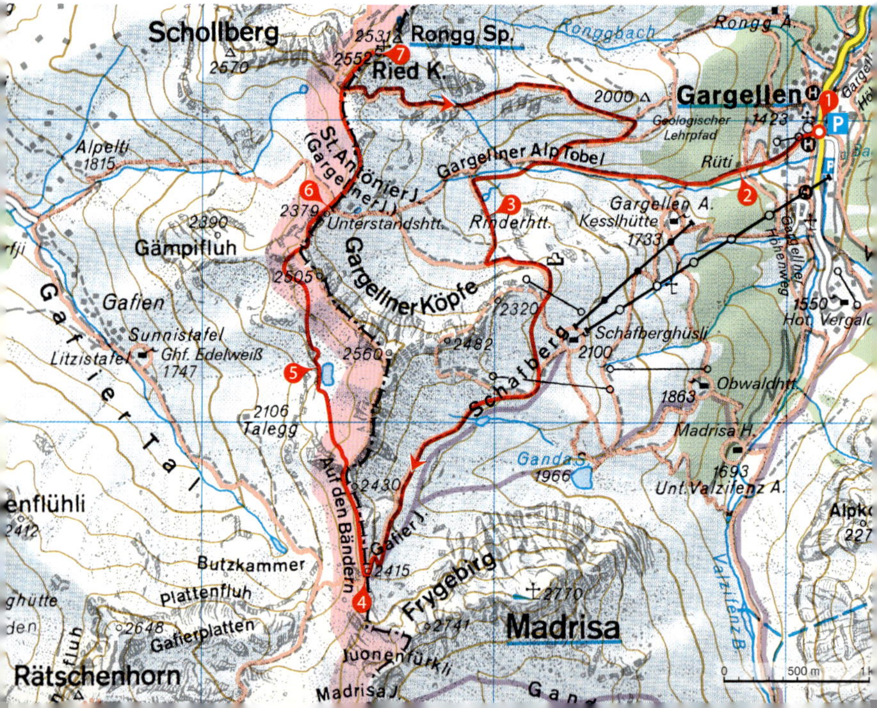

KURZINFO

Talort: Gargellen (Gemeinde St. Gallenkirch), 1423 m. Höhenkurort im Gargellental, höchstgelegene Montafon-Siedlung. Mit dem Bus von Schruns erreichbar (Zug von Bregenz). Tourismus Information, 6787 Gargellen, Tel. +43 50 6686310, montafon.at.
Ausgangspunkt: Bushaltestelle an der Tourismus Information, 1400 m; Parkplatz kurz danach.
Gehzeit: 8.15 Stunden.
Höhenunterschied: 1460 Hm.
Anforderungen: Ausnahmslos gut bezeichnete Pfade, Steige und Ziehwege. Längerer steiler Anstieg. Trittsicherheit erforderlich. Vorsicht bei Nässe! Grenzübergang.

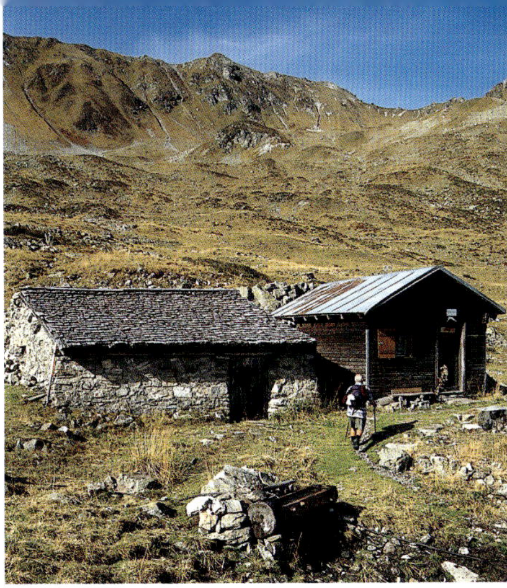

Rinderhütte überm Gargellner Alptobel.

Wir gehen von der Tourismus Information in **Gargellen (1)** hinauf zum Kirchlein mit dem roten Zwiebelturm. Alt und neu ist hier bunt durcheinandergewürfelt. Der pinkfarben markierte Geologische Naturlehrpfad leitet uns in Richtung »Schafberg–Gandasee« über Wiesen zu den obersten Häusern des noch vor einem Jahrhundert nur als Maisäß genutzten Ortes. Auf der anderen Seite des malerischen Hochtals erheben sich das imponierende Felsenhorn des Schmalzbergs und das Massiv der Ritzenspitzen. Durch steilen Wald geht's zum Einzelanwesen von **Rüti (2)**, 1600 m.
Über eine Weide folgen wir nun dem Steig in Richtung »Alpe-Gargellen« und mühen uns daraufhin durch einen Fichtenwaldstreifen des unverfälschten Gargellner Alptobels empor. Ab der Verzweigung an der Waldgrenze richtet man sich nach dem Wegweiser »St. Antönier-Joch«. Auf einer Geländestufe stehen die Gebäude der Gargellenalpe. Ein gemächlicherer Pfad führt jetzt durch ein Alptälchen mit Gebüschzonen und Zwergstrauchvegetation. Im Südosten öffnet sich das Vergaldatal mit Mittagspitze und Valisera. Im weiteren Verlauf nimmt uns ohne große Windungen ein bald extrem ansteigender Ziehweg auf. Ab der Routenteilung unter ein paar namenlosen Schrofenerhebungen mit Blick zu den Spitzen des Patte-

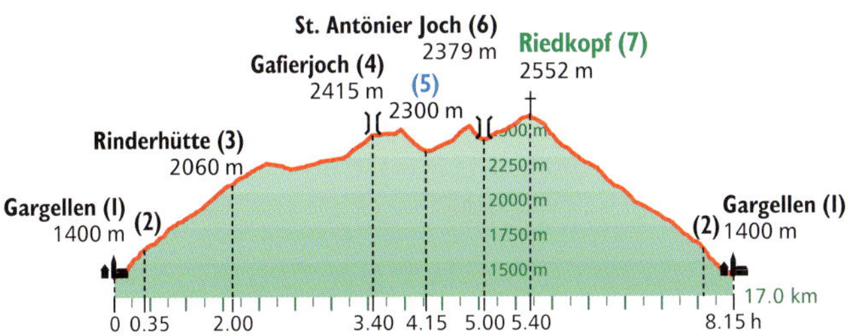

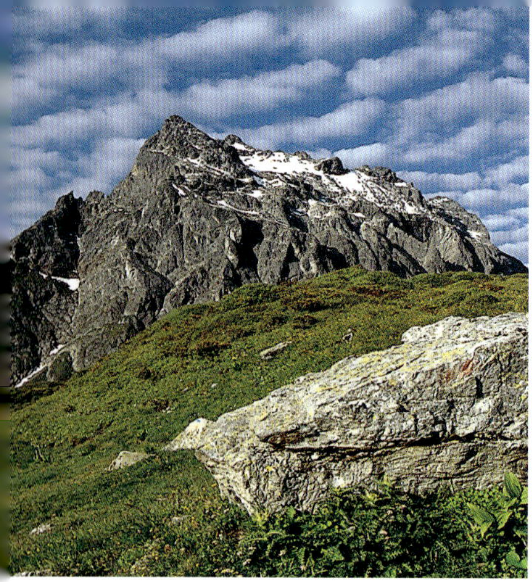

Am Ostrand des Rätikon setzt sich die Madrisa in Pose.

riol im Verwall passieren wir auf dem Steig in Richtung Schafkopf die **Rinderhütte (3)**, 2060 m. Später bringt uns wieder ein Ziehweg im Bereich einer Skitrasse zur Ostschulter, 2220 m, der Gargellner Köpfe. Eine Querung leitet zu einer Hütte oberhalb des Schafberghüslis und unter einem Sessellift hindurch.

Bald führt ein Steig südlich unter den verwitterten Gargellner Köpfen meist flach über Weideböden zum Rand einer Hochmulde. Bewunderung verdienen die gewaltigen Abstürze der Madrisa. Auch die anschließend wilden Gratzacken des Frygebirges wissen auf sich aufmerksam zu machen. Rechts eines Trümmerkars deutlich ansteigend gewinnen wir das **Gafierjoch (4)**, 2415 m, an der Grenze zu Graubünden. Im Südwesten ziehen die Gafierplatten zum Rätschenhorn empor. Über dem Gafiertal und St. Antönien erkennt man Drusenfluh und Sulzfluh. Nach einem Höhenrücken entlang der Landesgrenze wechselt auf der Schweizer Seite Rasen und blockiges Gelände hinunter zum türkis leuchtenden **Gafiersee (5)**, 2300 m. Etwas abseits steht eine kleine Hütte. Ewig könnte man hier faulenzen und in den Tag hinein träumen. Ein Gegenanstieg bringt uns über Grashänge zurück zur Kammhöhe, von der sich ein Schrofengrat in Kürze zur winzigen Schutzhütte im **St. Antönier Joch (6)**, 2379 m (auch Gargellner Joch), senkt, einem früher wichtigen Pass. Man gewinnt dabei eine weite Aussicht in die Bündner Berge. Der helle Sulzfluhkalk tritt hier unter der Kristallindecke in auffallend langen Riegeln zutage.

Wieder entlang des Grenzverlaufs geht's meist unterhalb eines schrofenbesetzten Grates sanft steigend zu einem Sattel. Über einen bequemen Grasrücken und zum Schluss über Schrofen erreichen wir den **Riedkopf (7)**, 2552 m. Erst während der letzten Meter muss man die Hände ein wenig zu Hilfe nehmen. Eindrucksvoll ist die Schau ins Gargellental und zu den zahlreichen Silvrettagipfeln wie dem Dreizack des Fluchthorns und der Litzner-Seehorn-Gruppe sowie zur Graubündner Walsersiedlung Partnun-Stafel mit der Scheienfluh. Sogar die Eiszacken der Bernina beleben den Horizont.

Zurück an der ersten Tafel wählt man den Abstieg über den Täscher, anfangs in steilem Zickzack. Nach einem Grashang wandert man zwischen zwei winzigen Seeaugen hindurch und quert eine Bachrinne sowie unter einer Schrofenzone ein kleines Schuttfeld. Auf dem mit Zwergsträuchern bewachsenen Rücken des Täscher leitet ein Pfad geruhsam talwärts. An der Verzweigung auf einer ausgeprägten Bergschulter weist das Täfelchen »Kessl-Hütte« zum morgendlichen Ziehweg. Dort schlägt man den bekannten Kurs nach **Gargellen (1)** ein.

Vorderberg, 2553 m

Durch das Vergaldatal

★★★

Westsilvretta-Erholungswanderung

Das an Alpenblumen reiche Vergaldatal ist eines der Montafoner Prachttäler und der unbedeutend scheinende Vorderberg in der Rotbühelspitzgruppe einer der empfehlenswertesten ganz leichten Aussichtsberge der Silvretta. Der großartige Silvretta-Weitwanderweg, ein Abschnitt des Zentralalpenwegs 02, verbindet das Vergaldatal über das Vergaldner Joch mit dem Garneratal. Der Name Vergalda ist romanischen Ursprungs und bedeutet warmes Tal (»val calda«). Somit erübrigt sich die nochmalige Beifügung Tal. Wem der »alpine Sammeltrieb« nach diesem reinen Vergnügungsaufstieg so gar keine Ruhe lässt, der mag noch auf markierter Route hinüber zum ebenfalls einfach begehbaren, etwas niedrigeren Nachbargipfel Kuchenberg bummeln. Sämtliche Erhebungen südlich des Hochtales dagegen sind weglos und meist abweisend felsig.

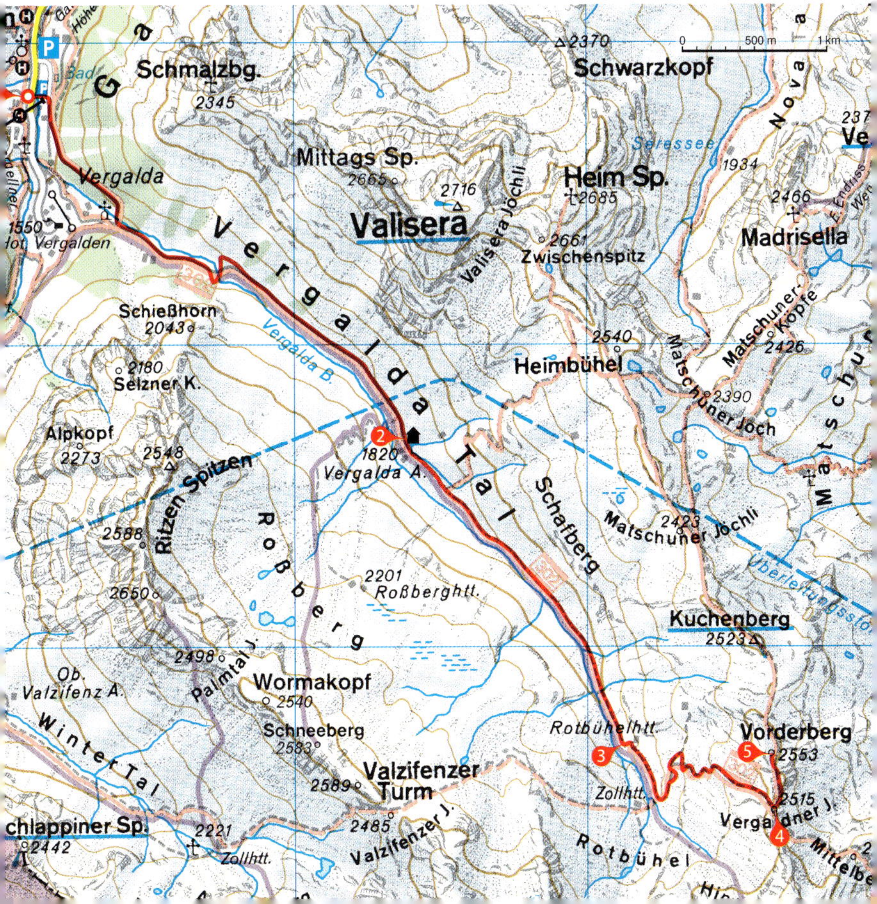

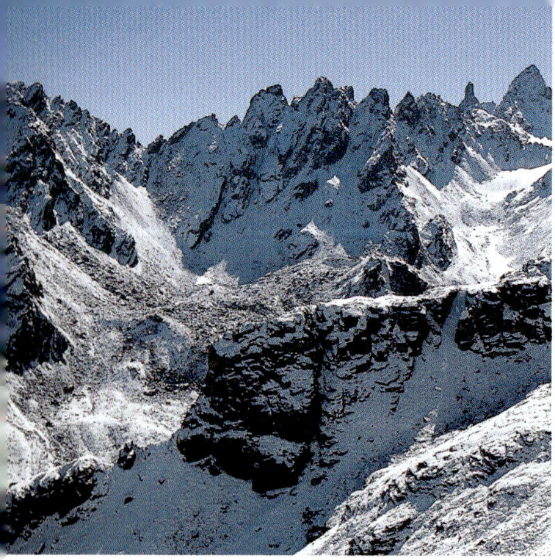

Gipfelschau im Vergaldner Joch: der Valgraggeskamm, der kühne Finger des Großen Litzner und die Pyramide des Großen Seehorns.

KURZINFO

Talort: Gargellen (Gemeinde St. Gallenkirch), 1423 m. Höhenkurort im Gargellental, höchstgelegene Montafon-Siedlung. Mit dem Bus von Schruns erreichbar (Zug von Bregenz). Tourismus Information, 6787 Gargellen, Tel. +43 50 6686310, montafon.at.
Ausgangspunkt: Bushaltestelle bei der Schafbergbahn, 1420 m; großer Wanderparkplatz.
Gehzeit: 7.15 Stunden.
Höhenunterschied: 1130 Hm.
Anforderungen: Bestens bezeichnete Güterwege und Steige, kurzer Ziehweg. Mäßig steile Aufstiege. Ein bisschen Ausdauer notwendig.
Einkehr: Vergalda-Alpe.

Die Beschilderung »Vergaldnerjoch« weist an der Schafbergbahn in **Gargellen (1)** auf einen Ziehweg. Unter dem Schmalzberg geht's durch das Vergaldner Wäldle am Suggadinbach bergan mit Blicken zu den elegant aufragenden Bergspitzen beiderseits des Valzifenztals. Der romanische Dorfname bedeutet im Übrigen so viel wie Bachstrudel und bezieht sich auf diesen vor seiner Zähmung gefürchteten Wildbach. Zur Zeit der Rätoromanen soll der Siedlungsplatz ganzjährig bewohnt gewesen sein.
Oberhalb des Ortsteils Vergalden nimmt die Wanderer nach der Querung des Vergaldabachs ein bequemer Güterweg auf, der ihn ins besonders stille Vergaldatal entführt. Nach einer kleinen Hütte verengt sich das Hochtal mit seinen schmalen Weidestreifen und steilen, zunehmend schütterer bestockten Bergflanken. Gleich hinter der Wasserfassung der Illwerke, am Fuße der bulligen Valisera, ist die **Vergalda-Alpe (2)**, 1820 m, erreicht, wo man sich eine deftige Käsbrotzeit schmecken lassen kann. Neben Milchkühen, Jungrindern und Kälbern werden hier auch ein paar Stiere, mehr als ein Dutzend Schweine und sogar ein Esel gehalten.
Ein Ziehweg leitet in den Talschluss. Auf einem Steig kommen wir an der **Rotbühelalpe (3)**, 2103 m, vorbei, einem unter einen Felsen geduckten Steinhüttchen. Über zunehmend

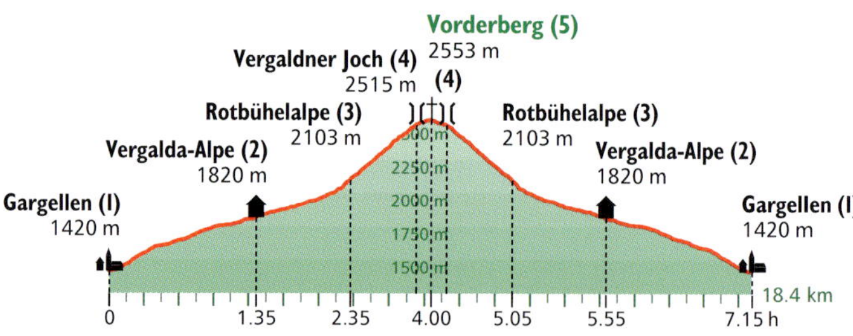

dürftigere Hochweiden wandernd halten wir uns an der Verzweigung bei einer Zollhütte in Richtung Vergaldner Joch. Das winzige Gebäude wird vom Zackengrat der Rotbühelspitze überragt. Die Route holt nun kraftsparend nördlich aus und bringt uns über steile Rasenhänge zum Absatz am Rand eines Kars. Weiterhin ohne große Anstrengung geht's ins **Vergaldner Joch (4)**, 2515 m, mit Markierungsstange.

Unmittelbar über der tief eingeschnittenen Furche des Garneratals schießen die hinreißenden Silvretta-Dreitausender in die Höhe. An Kühnheit unübertreffbar ist das Gipfelpaar: Großlitzner und Großes Seehorn. Auf dem Erich-Endriss-Höhenweg in Richtung Matschuner Joch genießt man die bestechende alpine Szenerie ringsum. Ohne jegliche Probleme lässt sich der bis obenhin begrünte **Vorderberg (5)**, 2553 m, im kurzen Zickzack auf seine Schrofenkappe steigen. Draußen über dem Haupttal beleben die Verwallriesen die schwärmerische Gipfelrast.

Der Abstieg folgt dem Anstiegsweg.

Durchs Vergaldatal bei Gargellen führt der Silvretta-Weitwanderweg.

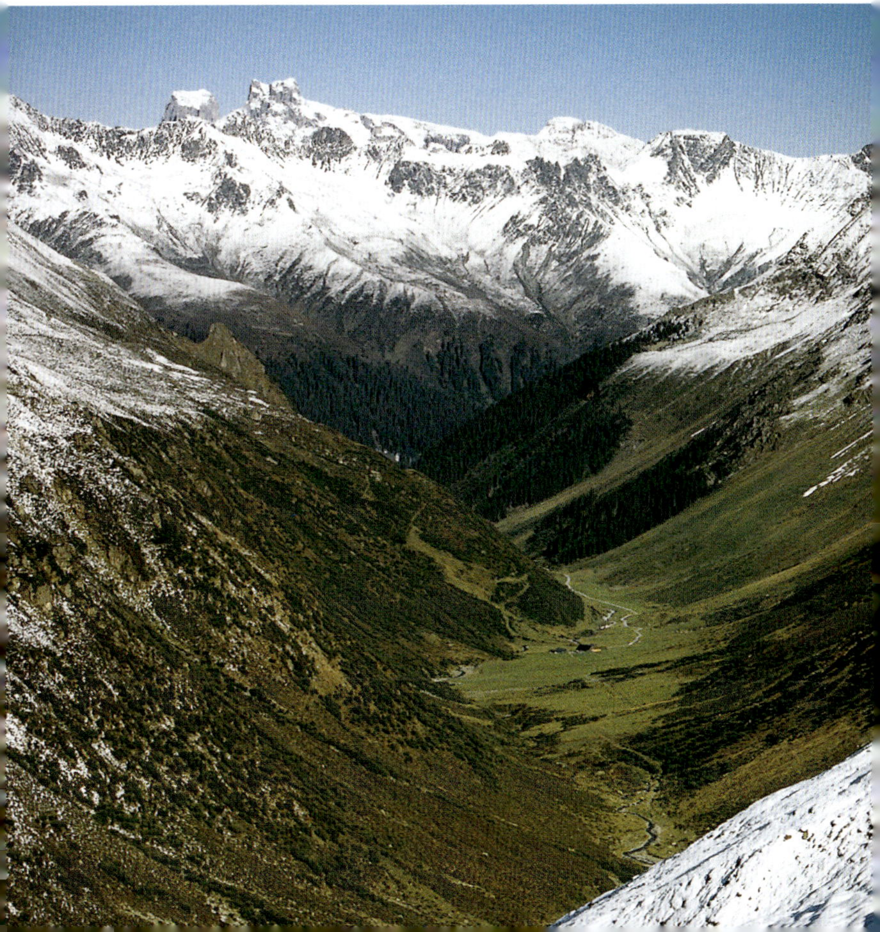

47 Madrisella und Heimspitze, 2685 m

Teilrunde von der Versettlabahn ★★★

Auf Höhenwegen in märchenhafte Berglandschaften eintauchen

So einen Empfang lässt man sich gerne gefallen. Kaum hat man auf über 2000 Meter Höhe die Gondel der Versettlabahn verlassen, bekommt man schon Vorschusslorbeeren. Und was für welche! Die ergreifenden Nah-, Fern- und Tiefblicke sind wohl schuld daran, dass vielen Bergtouristen die Spritztour hoch über dem Garneratal auf die Versettla vollkommen genügt. Ein paar neugierig gewordene Höhenwanderer machen sich noch auf den Weg zur benachbarten, kaum anspruchsvolleren Madrisella. Dann wird's still. Nur noch eine Handvoll unentwegter Gipfelsüchtiger setzen die außergewöhnlich attraktive, mit zahlreichen Seeaugen gezierte Tour fort zum Heimbühl oder gar noch auf die stattliche Heimspitze, den nach der Valisera zweithöchsten Gipfel der Heimspitze-Valisera-Gruppe. Dank des hochgelegenen Startpunktes fallen die Einzelanstiege erfreulicherweise nicht sonderlich ins Gewicht, wenn auch der Gesamthöhenunterschied nicht zu unterschätzen ist.

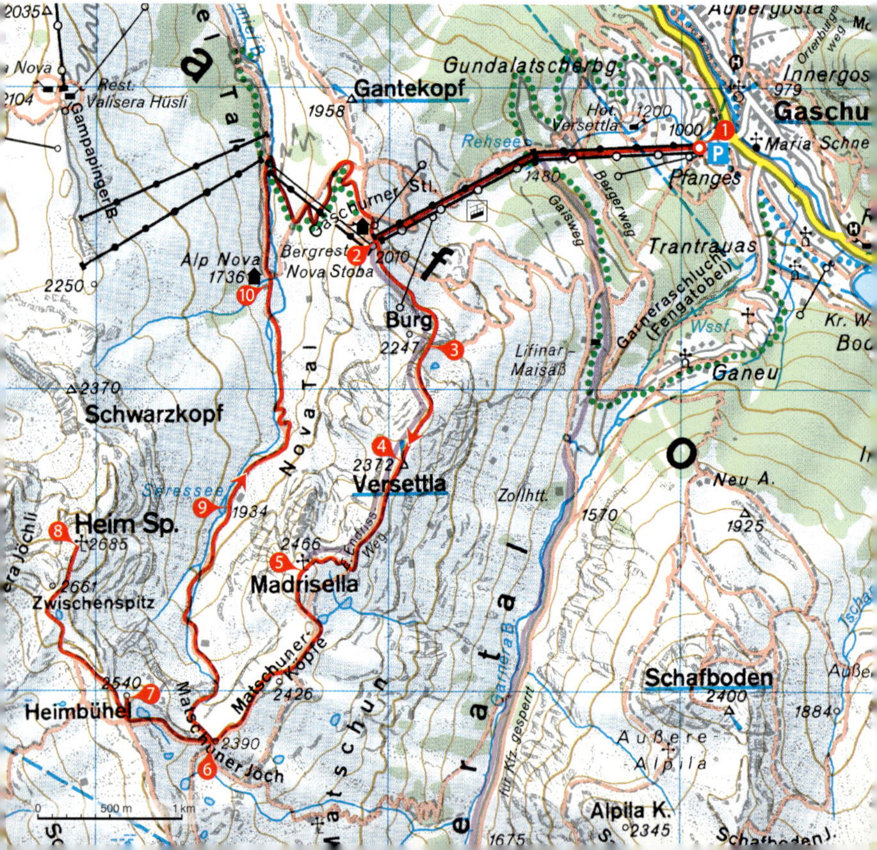

KURZINFO

Talort: Gaschurn, 979 m. Luftkurort im Hochmontafon. Mit dem Bus von Schruns erreichbar (Zug von Bregenz). Tourismus Information, 6793 Gaschurn, Tel. +43 50 66864 00, montafon.at.
Ausgangspunkt: Bushaltestelle an der Versettlabahn, 980 m; großer Wanderparkplatz.
Gehzeit: 8.00 Stunden.
Höhenunterschied: 1300 Hm.
Anforderungen: Gut bezeichnete Steige (kurz Steigspuren), Zieh- und Güterwege. Kleine Steilaufstiege. Trittsicherheit, etwas Ausdauer und zuverlässiges Wetter erforderlich. Vorsicht bei Nässe und Nebel!
Einkehr: Bergrestaurant Nova-Stoba und Alpe Nova.

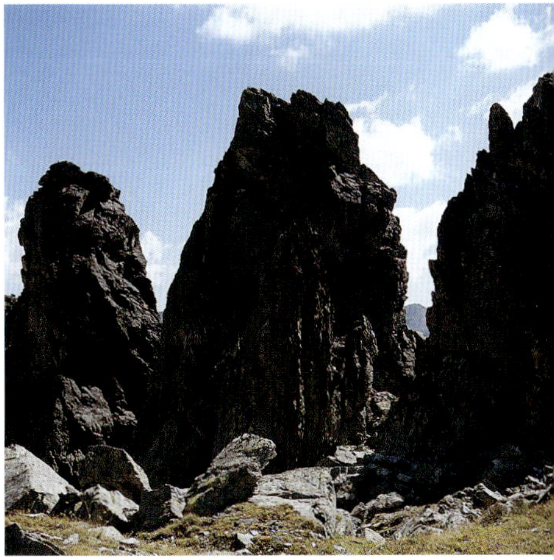

Die bizarren Heimbühltürme am gleichnamigen See.

Der Sessel der Versettlabahn schaukelt uns von **Gaschurn (1)** in zwei Sektionen zur Bergstation mit dem **Bergrestaurant Nova-Stoba (2)**, 2010 m. Dort lenkt die Beschilderung »Matschunerjoch« auf den Versettlaweg, der als breit ausgetretener, anfangs deutlich und im weiteren Verlauf angenehm steigender Steig auf den Gipfelrundling der Burg zuhält. Unter einem Schlepplift hindurch und kleine Blockhalden querend bleibt genügend Muße, das Auge immer wieder über das Verwallgebirge schweifen zu lassen. Hinter dem einsamen Valschavieltal prunkt die dreizackige Felsenkrone des Patteriol. Im hintersten Montafon – herrlich gestaltet sich auch der Tiefblick nach Partenen – fasziniert die schneidige Pyramide der Vallüla. Rechts von ihr zeigen sich die vier Spitzen der Fluchthörner. Dahinter beginnen die Samnaunberge.
Nach östlicher Umgehung der unwegsamen Burg gelangen wir, mit etwas Glück in Gesellschaft possierlicher Murmeltiere, oberhalb einer seegeschmückten Hochmulde in den **Burgsattel (3)**, 2200 m. Über dem Talschluss des Novatals erhebt sich die massige Heimspitze. Auf ei-

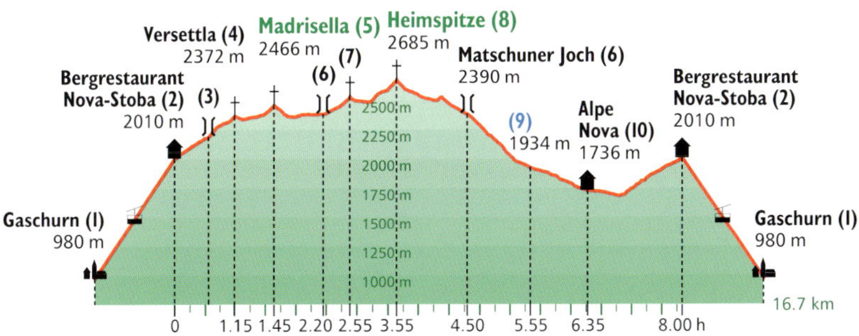

nem behäbigen, im unteren Teil felsdurchsetzten Bergrücken schlendert man erst in südliche, später in südwestliche Richtung zum nur wenig den weiteren Gratverlauf überragenden Grasgipfel der **Versettla (4)**, 2372 m.

Nun offenbart sich auch das prächtige Garneratal. Neben dem korpulenten Hochmaderer umrahmt das hochalpine Halbrund mit der eindrucksvollen Westlichen Plattenspitze das Hochkar der Tübinger Hütte. Unter uns versammeln sich die Ganeuer Maisäßhütten. Zwischen der Versalspitze und der Ballunspitze schimmert der Kopsspeicher. Und im Osträtikon fällt der helle Kalkzahn der Sulzspitze ins Auge.

Der nun weniger stark begangene, begrünte Kamm fällt nur leicht ein kurzes Stück zum folgenden Sattel, 2335 m, ab. Auch der Gegenanstieg erweist sich zu Beginn als ebenso gemütlich. Ab der Miniatur-Seenkette beim Madrisellajöchli, 2360 m, bringt uns ein kräftiger Schlussaufstieg über einen Schrofenrücken auf die **Madrisella (5)**, 2466 m. Der Hauptweg umgeht diesen zweiten Gipfel.

Auf dem leicht schrofigen Südgrat bergab haben wir jetzt die edle Litzner-Seehorn-Gruppe vor der Nase. Nach Umgehung einer kleinen Zwischenerhebung folgt von einem Sattel, 2365 m, ein kurzer Steilaufschwung, ein Flachstück an einem winzigen Seeauge vorbei und wenig unterhalb der beiden weiteren unbedeutenden Zwischenerhebungen der Matschuner Köpfe eine Que-

Heimspitze von Nordosten.

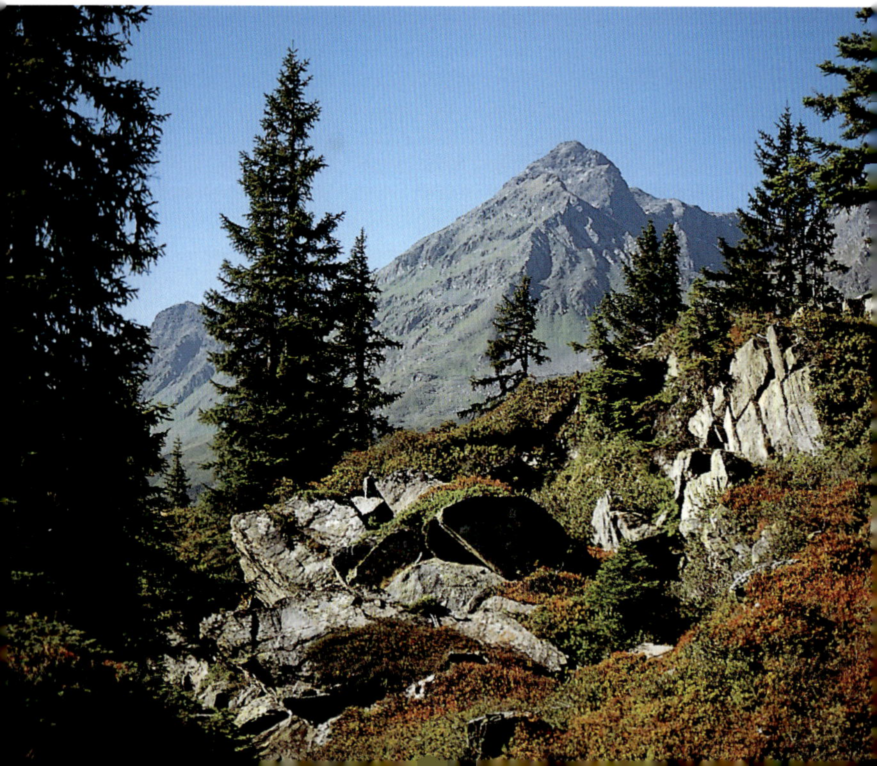

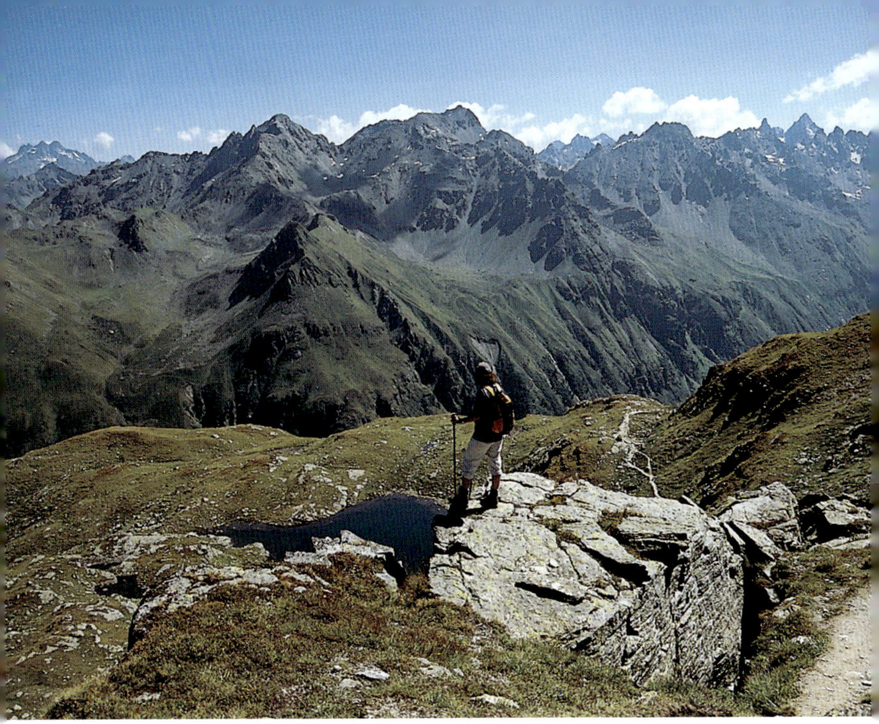

Silvretta-Panorama beim Heimbühlseeli.

rung ins **Matschuner Joch (6)**, 2390 m. In Richtung Heimbühl ansteigend kommen wir gleich nach dem Heimbühlseeli ins Heimbühljöchli, 2480 m, wo sich die fünf wilden gleichnamigen Türme gruppieren. Über einen schmalen Rücken gewinnt man, zuletzt auf Steigspuren, die unscheinbare Schrofenerhebung namens **Heimbühl (7)**, 2540 m, den dritten Gipfel.

Da der weitere Schafberggrat Probleme bereitet, wendet man sich nun die paar Meter zurück zum Steig und strebt mit einem nochmals schmerzlichen Höhenverlust gleich schräg hinüber zum Aufstieg von Gargellen am Rand einer Blockhalde. Nach einem anstrengenden Rasenhang ins Heimspitzjöchli folgt knapp unterhalb des Kammes ein Flachstück bei einem letzten Seelein. Schließlich lässt man den Zwischenspitz links liegen und erreicht aus einer kleinen Karmulde wieder über wenige Schrofen, bis zuletzt markiert, den höchsten Punkt der **Heimspitze (8)**, 2685 m.

Wieder im **Matschuner Joch (6)** weist uns das Schild »Alp Nova« über meist grasige, mitunter schuttdurchsetzte Hänge mit zwei Geländestufen und einer winzigen Hütte ins Novatäli. Im Talschluss des Novatals ist das Furten eines breiten Zusammenflusses notwendig. Ein kurzer Pfad leitet dann am **Seressee (9)**, 1934 m, entlang, bevor uns ein Ziehweg über kärgliche Alpweiden zur **Alpe Nova (10)**, 1736 m, bringt. Auf einem Güterweg wandert man von einer Skiliftstation in Serpentinen hinauf zur **Bergstation (2)** der Versettlabahn, die uns nach **Gaschurn (1)** fährt.

48 Westliche Plattenspitze, 2883 m

Zweitagestour durchs Garneratal ★★★

Malerisches Hochtal und exzellente Schauwarte

Urweltliche Eindrücke beschleichen einen angesichts der öden Trümmerkare über der Tübinger Hütte. Fast 500 Meter hoch baut sich dort an der Grenze zu Graubünden der gepanzerte Felskörper der Westlichen Plattenspitze auf. Der Name ist sicher auf die auffallenden Platten seiner Nordwestseite zurückzuführen. Umso mehr überrascht vom landschaftlich brillant gelegenen Plattenjoch die teils schrofige, teils blockige Südostflanke. Sie ermöglicht uns relativ problemlos die Besteigung dieses Aussichtsgipfels.

Als naheliegendster Aufstieg bietet sich jener durch das über eine ausgeprägte Hängeschulter ins Haupttal mündende Garneratal an, das von allen Silvrettatälern den größten Liebreiz ausstrahlt. Der Eiszeitgletscher hat die typische U-Form ausgebildet und einen fjordartigen Schmelzwassersee hinterlassen, der längst verlandet ist. Wegen der Länge des Hüttenzugangs empfiehlt es sich, das Unternehmen auf zwei Tage zu verteilen.

KURZINFO

Talort: Gaschurn, 979 m. Luftkurort im Hochmontafon. Mit dem Bus von Schruns erreichbar (Zug von Bregenz). Tourismus Information, 6793 Gaschurn, Tel. +43 50 6686400, montafon.at.

Ausgangspunkt: Bushaltestelle an der Versettlabahn, 980 m; großer Wanderparkplatz.

Gehzeit: 1. Tag: 3.30 Stunden, 2. Tag: 7.15 Stunden.

Höhenunterschied: 1630 Hm.

Anforderungen: Ausreichend bezeichnete Forst- und Güterwege, Steige und Pfade, Firnfelder. Längere steile Aufstiege. Leichte Kletterstellen (I) in solidem Fels erfordern Trittsicherheit und Schwindelfreiheit. Nur für Geübte bei zuverlässigem Wetter. Nicht bei Nebel! Bis zum Plattenjoch mittelschwer.

Einkehr: Garnera-Alpe und Tübinger Hütte (Übernachtungsmöglichkeit von Anfang Juli bis Ende September, Tel. +43 664 88008565).

Die Versettla-Sesselbahn von **Gaschurn (1)** zur **Mittelstation Rehsee (2)**, 1481 m, kürzt die Route durch das romantische Garneratal erfreulich ab. Auf dem bequemen Forstweg in Richtung Tübinger Hütte lässt sich die Versalspitze sehen. An einer Gabelung achten wir auf das Schild »Ganeu«. Nach dem Abstieg von einer Schulter, 1600 m, mit Partenen-Tiefblick leitet ab der Abzweigung vor dem Ganeu-Maisäß der zur Alpenvereinshütte der Sektion Tübingen beschilderte Pfad unter der Versettla sanft bergan über einen Grashang in das unberührte Trogtal des Garnerabachs.

Bald nimmt uns der Güterweg von Gaschurn auf. Bei einem Hüttchen stand für kurze Zeit das Filmdorf Eschberg für »Schlafes Bruder«. Zwischen schroffen Bergflanken hält man über einen Weidestreifen und am Niedermoor des ehemaligen Garnerasees vorbei auf die Kessispitze zu. Vereinzelte Zirben säumen den Weg. Kurz verstummt das Rauschen des Bachs auf ursprünglichen Schwemmkiesflächen. Nach einem erneuten leichten Anstieg treffen

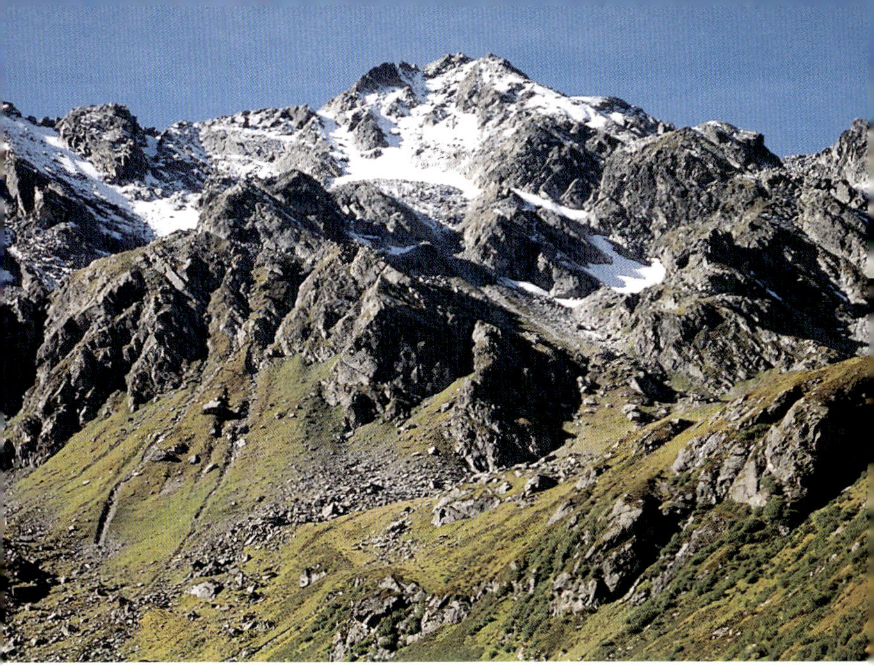

Talschluss des Garneratals.

wir bei der **Garnera-Alpe (3)**, 1675 m, ein.
Links des Hüttenziels baut sich die stattliche Westliche Plattenspitze auf. Die Weiden zeigen sich zunehmend dürftiger und mit Felsblöcken bespickt. Nach der Garnera-Bachfassung macht linker Hand auf der Bergeshöhe der beachtliche Noristurm auf sich aufmerksam. Am Felsunterschlupf Hohler Stein verlassen wir den Alpweg auf dem Sommerweg. Über eine schrofendurchsetzte, steile Zwergstrauchflanke gelangt man auf kraftsparendem Steig, zuletzt in fast schwindeliger Höhe überm Talschluss, zu dem auf einer begrünten Karschwelle stehenden, niedrigen Steinbau der **Tübinger Hütte (4)**, 2191 m.

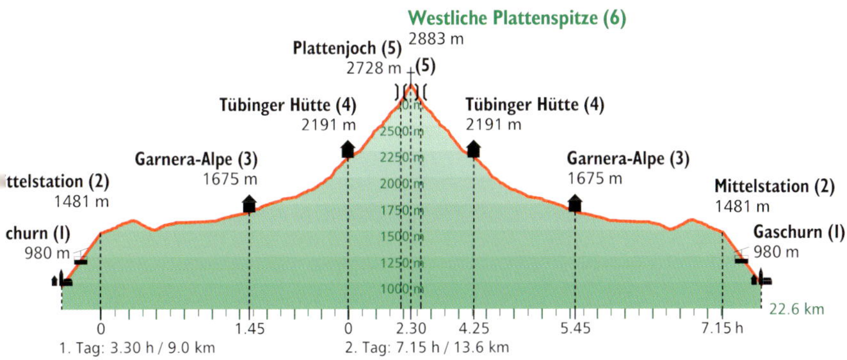

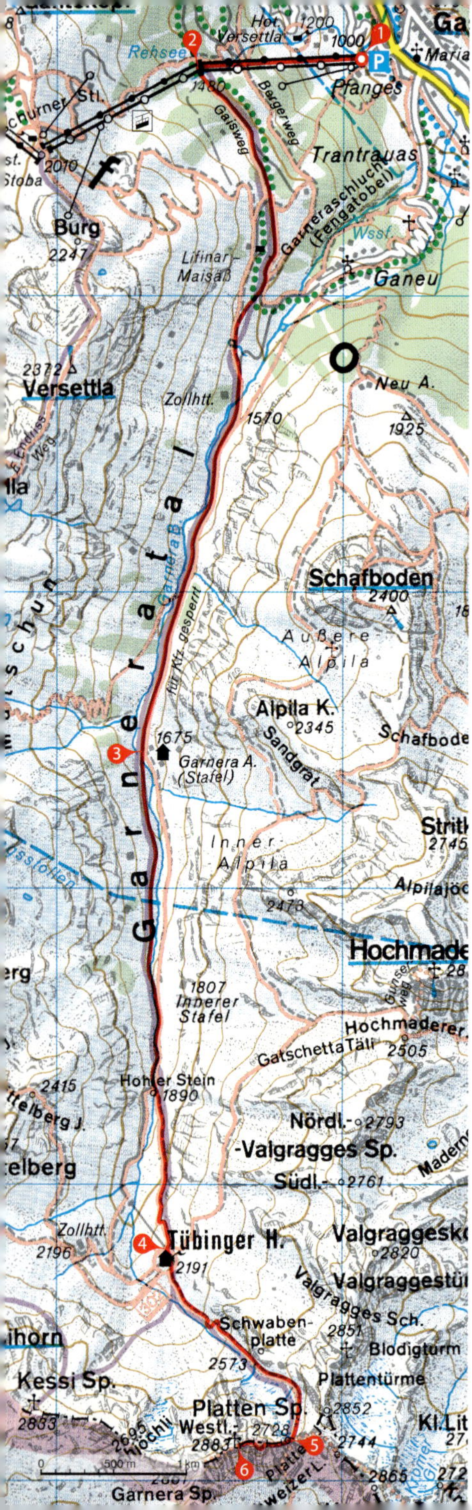

Am Morgen des zweiten Tages schlagen wir die Richtung Plattenjoch ein. Von dem nur mäßig ansteigenden, weiterhin mit gewaltigen Felskloben übersäten unteren Kar ins obere Kar zwischen Östlicher und Westlicher Plattenspitze ist unter den bizarren Plattentürmen in engen Kehren ein mühsamer, spärlich mit Gräsern bewachsener Moränenhang zu überwinden. Anschließend bringt man den Aufschwung des vormaligen Plattengletschers hinter sich. Über eine weitere Schuttzone geht's empor zur Staatsgrenze im **Plattenjoch (5)**, 2728 m, mit Steinmann und naher Schutzhütte.

Plötzlich stockt einem unwillkürlich der Atem. Das graziöse, schwarze Horn des Großlitzner sowie das pyramidenförmige Große und doppelgipflige Kleine Seehorn setzen sich erhaben über dem zusammengeschrumpften Seegletscher in Szene. Bis an den Horizont breitet sich die Schweizer Bergwelt aus.

Auf die Felsmarkierung »P.S.« achtend finden wir auf einem schrofigen Gratrücken einen deutlichen Steig. Bald setzt links davon ein mitunter blockiger, allerdings gut gangbarer Schrofensteilhang an, der von unten viel wilder aussieht. Der angenehm gestufte, einen sicheren Tritt und etwas Schwindelfreiheit voraussetzende Fels ist gelegentlich mit leichter Kletterei (I) gewürzt und leitet zuverlässig auf die **Westliche Plattenspitze (6)**, 2883 m. Nur ein paar Rosinen wollen wir aus dem wogenden Gipfelmeer picken: Fluchthörner, Piz Linard, Piz Palü, Piz Kesch, Piz d'Err, Rheinwaldhorn, Finsteraarhorn, Eiger, Tödi.

Der Rückweg ins Tal verläuft auf dem Hinweg.

Breiter Spitz, 2196 m

Vom Kops-Stausee

★★

Kleiner Silvretta-Gipfel für die ganze Familie

Der einsame Breite Spitz in der zwischen Untervermunt, Großvermunt und Kleinvermunt fast vollkommen von Straßen umschlossenen Vallülagruppe am Nordrand der Silvretta ist ganz und gar nicht das, was man sich so unter einem Silvrettaberg vorstellt. Er passt eigentlich auch nicht so recht ins angrenzende Verwall. Eine bescheidene Höhe, weit und breit weder Gletscher noch Firnfelder, von Osten gesehen nicht mal ein »richtiger« Gipfel, mittelgebirgsartig, eher eine Kristallingesteins-Warze – ein »schneller Berg« für effektiv planende Wanderer.

Vom Talschluss bei Partenen stellt das »mehrgipflige« Ziel an der Wasserscheide Nordsee – Schwarzes Meer jedoch sehr wohl etwas dar. Als stämmiger Felsbulle schaut er finster auf das Ganifer hernieder. Hier wirkt sein Haupt in der Tat wie ein breiter Spitz, auch wenn der Name im ersten Moment ein bisschen paradox klingen mag. Der Aufstieg vom Kops-Stausee auf dem Zeinisjoch, einem historischen Übergang, entpuppt sich dann zu aller Verwunderung als tief beglückendes Erlebnis einer einstigen Glaziallandschaft. Klein, aber fein. Und erst die anmutige Tallandschaft Innerfratte aus der Vogelperspektive!

KURZINFO

Talort: Partenen (Gemeinde Gaschurn), 1051 m. Luftkurort im Hochmontafon, am Beginn der Silvretta-Passstraße. Mit dem Bus von Schruns erreichbar (Zug von Bregenz). Tourismus Information, 6794 Partenen, Tel. +43 50 6686410, montafon.at.

Ausgangspunkt: Bushaltestelle am Kops-Stausee, 1840 m; Parkplatz. Zu erreichen über den Silvrettapass und aus dem hintersten Tiroler Paznauntal.

Gehzeit: 3.30 Stunden.

Höhenunterschied: 420 Hm.

Anforderungen: Ausreichend bezeichneter Steig, anfangs Alpweg und kurzer Wanderweg. Mittelsteil.

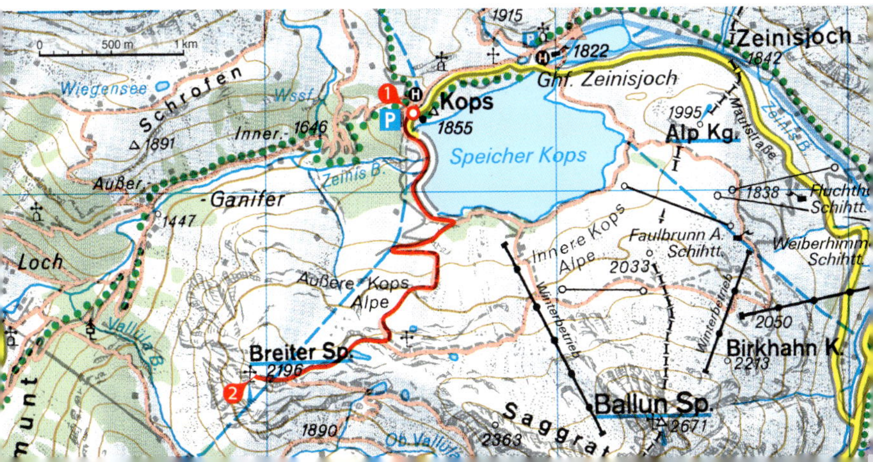

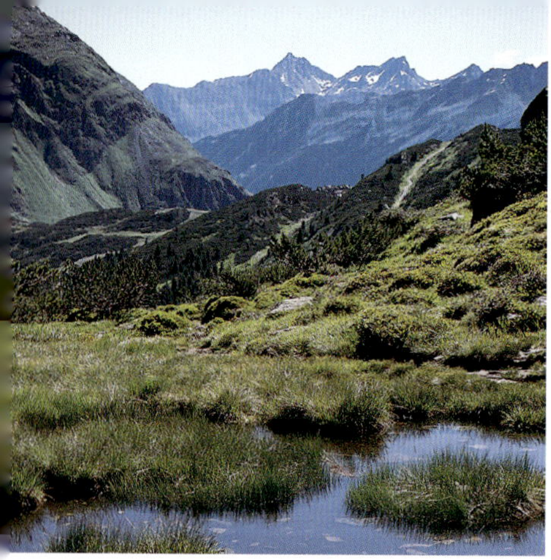

Der Breite Spitz beglückt mit einer reizvollen Aussicht.

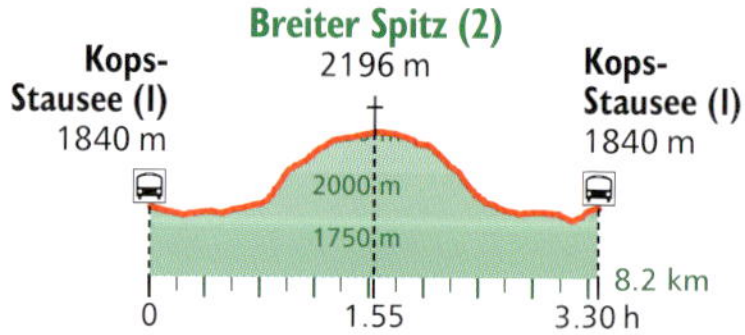

Wir spazieren von der Bushaltestelle am **Kops-Stausee (1)** zur Aussichtsplattform und über die 120 Meter hohe Staumauer mit anregendem Tiefblick ins Ganifer. Auf dem anschließenden Alpweg kurz bergab wandernd, zeigt uns an einer Gabelung der Wegweiser »Breitspitze« die Richtung. An der Wegverzweigung bei den verwachsenen Weidehängen der Äußeren Kopsalpe nimmt uns ein breiter Wanderweg auf, der wenig später in einen reizvollen Steig wechselt. Hinauf zu einem Rücken öffnen sich vorzügliche Ausblicke zur imponierenden, formschönen Ballunspitze, aber auch auf die restliche Bergwelt um den milchig grünen Stausee. Die teilweise grasigen, mitunter von prächtigen Zirben bestockten Höhenstufen mit Zwergsträuchern erlauben ein beschauliches Steigen. Wir passieren nur eine kleine Jagdhütte. Die typische Verwallruhe greift hier bereits über. Was will man mehr? Zuletzt geht's mit kleinen Höhenverlusten an verträumten Seen vorbei zu dem weit ins Montafon vorgeschobenen Aussichtsgipfel **Breiter Spitz (2)**, 2196 m, Leuchtende und teils wasserüberronnene Wülste aus widerstandsfähigstem Silvrettagneis, Gletscherschliffe des einstigen Illtalgletschers, gestalten den Weg zu einem überaus kurzweiligen Erlebnis.

Nach dem gemächlichen Höhenwandern überraschen die abrupt senkrechten Felsabbrüche unterm Gipfelkreuz und die Tiefblicke nach Partenen und zum Tatzelwurm der Silvretta-Passstraße umso mehr. Die wechselnde Aussicht reizt uns, gleich auf alle drei Gipfelchen zu steigen. Da stehen sie: Vallüla, Hochmaderer, Schesaplana, Zimba, Versalspitze, Fädnerspitze ... Und manche der zentralen Silvrettagipfel bereichern das Panorama dieser behäbigen Loge.

Auf dem Hinweg zurück ins Tal.

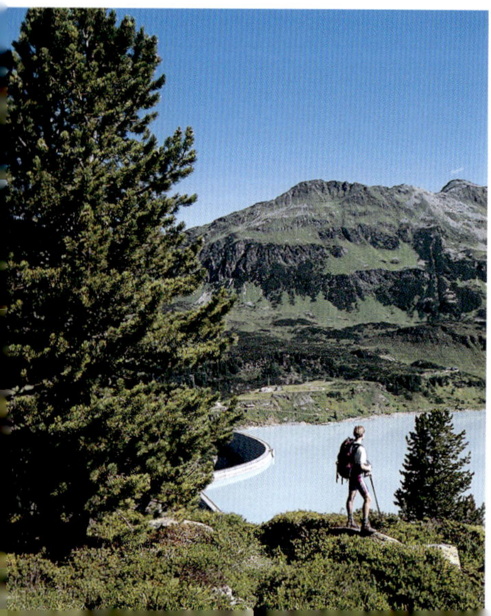

Am Kops-Stausee startet die Halbtagestour auf den Breiten Spitz.

Hohes Rad, 2934 m

Durch das Ochsental

★★★

Gletscherleuchten unter dem Piz Buin

Auf der Wanderung vom Silvretta-Stausee durch das Ochsental einwärts schreitet man unmittelbar auf den klobigen und meist mit Schnee überzuckerten Piz Buin zu. Diese höchste Erhebung Vorarlbergs »überragt« Gaschurn im hintersten Montafon um 2300 Meter! Hat man dann die Wiesbadener Hütte erreicht, erblickt man den Eisabbruch des Ochsentaler Gletschers, der sich wohl in Zukunft immer mehr in die höchsten Karmulden zurückziehen wird. Knapp unterhalb des Alpenvereinsstützpunktes sammeln sich die Quellbäche, silbernen Fäden gleich, zum Ill-Ursprung. Der Flussname bezieht sich auf das keltische Wort »ilara« und bedeutet so viel wie »die Eilende«. 72 Kilometer haben die Firnwasser nun vor sich, durchs gesamte Montafon und durch den Walgau zum Alpenrhein.

In diesem hochalpinen und nahezu weglosen Reich, das den »Normalbergwanderern« kaum Chancen zu Gipfelbesteigungen lässt, bildet auf der Grenzschneide zum Nachbarland Tirol ein Aussichtsthron ersten Ranges eine große Ausnahme: das auf beiden Talseiten in jähen Flanken abstürzende Hohe Rad. Das auffallend breite Massiv, dessen Gipfel ein riesiger Gneisblock mit langer Schneide deckt, wurde bereits 1886 durch eine Steiganlage erschlossen. Damals lagerte noch ein Restgletscher im Ostkar.

Zu aller Überraschung hat man bei der Routenplanung auch noch die Qual der Wahl. Der kürzeste, aber anstrengendste und steinigste »Weg« schwingt sich von der Bielerhöhe über den später mordsmäßigen Felsverhau des Radkars direkt zur Radschulter auf. Angenehmer erweist sich auf der Tiroler Seite die Route durchs Bieltal über den Radsee und den Radsattel. Diesen erreicht man auch auf dem Sommersteig durchs Ochsental oder am allereinfachsten, wenn auch etwas weiter, auf dem Versorgungsweg zur Wiesbadener Hütte und über eine meist gemächliche Hochfläche. Wen die Schwierigkeitseinstufung des Tourenvorschlags abschreckt, der sollte sich diese einfache und unvergessliche Höhenwanderung bis zum Radsattel keinesfalls entgehen lassen.

Früher hieß der Berg »der Hohe Rath«, da an seinem Fuß alljährlich der damals weithin bekannte Vermunt-Markt abgehalten wurde. Auf diesem berieten Vertreter aus Vorarlberg, Tirol sowie aus der benachbarten Schweiz gemeinsam Alpen-Angelegenheiten.

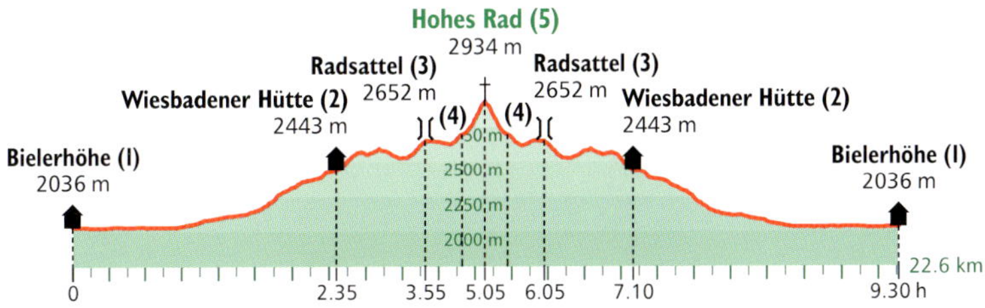

KURZINFO

Talort: Partenen (Gemeinde Gaschurn), 1051 m. Luftkurort im Hochmontafon im Talschluss, am Beginn der Silvretta-Passstraße. Mit dem Bus von Schruns erreichbar (Zug von Bregenz). Tourismus Information, 6794 Partenen, Tel. +43 50 6686410, montafon.at.
Ausgangspunkt: Bushaltestelle am Silvrettasee-Restaurant auf der Bielerhöhe, 2036 m; Parkplatz.
Gehzeit: 9.30 Stunden.
Höhenunterschied: 1170 Hm.
Anforderungen: Ausreichend bezeichnete Güterwege und Steige. Längerer Steilaufstieg. Leichte Kletterstellen (I) verlangen Trittsicherheit. Nur für Geübte. Ausdauer, etwas Orientierungssinn und zuverlässiges Wetter erforderlich. Vorsicht bei Nässe, nicht bei Nebel! Bis zur Radschulter mittelschwer.
Einkehr: Wiesbadener Hütte (Übernachtung).

Wir nehmen vom Silvrettasee-Restaurant auf der **Bielerhöhe (1)** die Straße zum Gasthof Piz Buin am Ostende des Stausees. Dort folgen wir dem aufs Hohe Rad zuhaltenden Dammweg. Auf einem Güterweg unter Zwergstrauchhängen, am Ostufer des Stausees, kann man in

Zentrale Silvretta südöstlich des Hohen Rades.

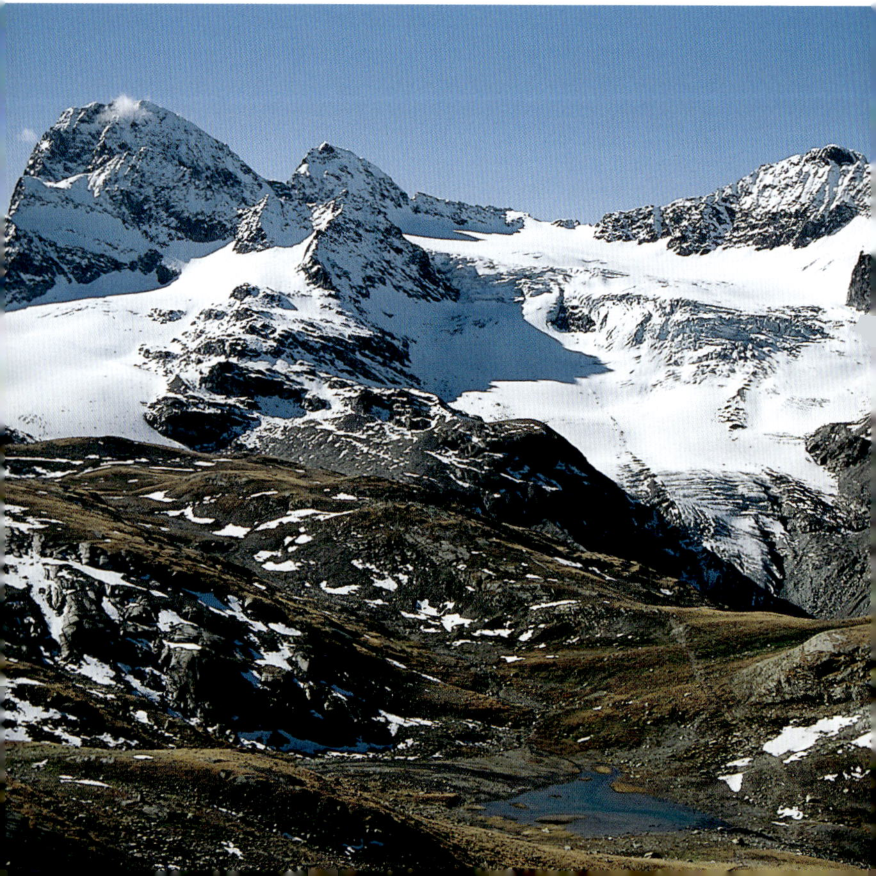

aller Ruhe die himmelragenden Bergriesen bewundern: die prachtvolle Schattenspitze, die Charaktergestalten im hinteren Klostertal, überm Gegenufer die Lobspitzen und allmählich auch den Piz Buin.

Am See-Ende schwenkt die Fahrbahn an einer Gabelung in Richtung Wiesbadener Hütte ins Ochsental ab, steigt aber an der frisch geborenen Ill über Alpweiden erst mal nur leicht an. Während eines anstrengenderen Zwischenstücks findet auch das Silvrettahorn sein Publikum. Wieder gemütlich geht's über einen Bachgraben zu der auf einer winzigen Hangstufe stehenden **Wiesbadener Hütte (2)**, 2443 m, der Alpenvereins-Sektion Wiesbaden. Bedauerlich geschrumpft ist der Ochsentaler Gletscher.

Wir mühen uns nun über der Hütte mittels enger Steigkehren einen steilen Aufschwung empor und queren einen Bachgraben. Kurz danach schlendern wir in leichtem Auf und Ab über weite, spärlich grasüberzogene und gelegentlich mit Steinmännchen markierte Hochböden auf die Südseite des Hohen Rades zu.

Nach dem Überschreiten des Abflusses aus einem kleinen See gewinnen wir in erneut spürbarer Steigung den **Radsattel (3)**, 2652 m. Hier kann man mit etwas Glück Schneehühner und Steinböcke entdecken.

Hinüber zum schwach begrünten Aufschwung an der **Radschulter (4)**, 2697 m, müssen wir unter der riesigen Gipfelwand des Hohen Rades nach etwas Höhenverlust auf der Tiroler Seite das unbequeme Blockwerk eines Trümmerkars durchqueren. Der Radsteig schwingt sich nun einen Geröllhang empor, holt links aus und erschließt später mit leichten Kletterstellen (I) über eine grimmig steile, teils schuttbedeckte

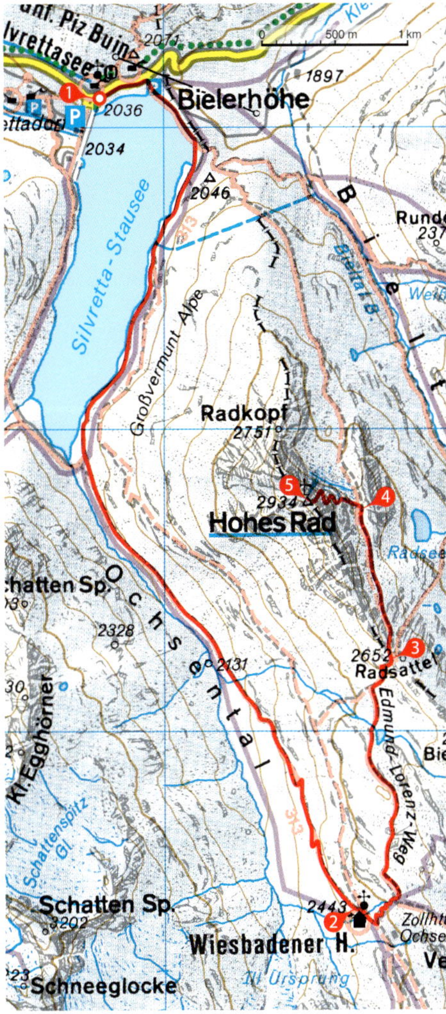

Schrofenrippe den »Fast-Dreitausender« **Hohes Rad (5)**, 2934 m.

Die schweißtreibende Plagerei wird mit einem 360°-Panorama der Extraklasse belohnt. Die Spannbreite reicht von der Zugspitze bis in die Südschweiz. Bläuliche Bergzüge, lichter und lichter … Den spätestens heute »eingeimpften« Silvretta-Bazillus werden wir mit Sicherheit nie wieder los.

Stichwortverzeichnis

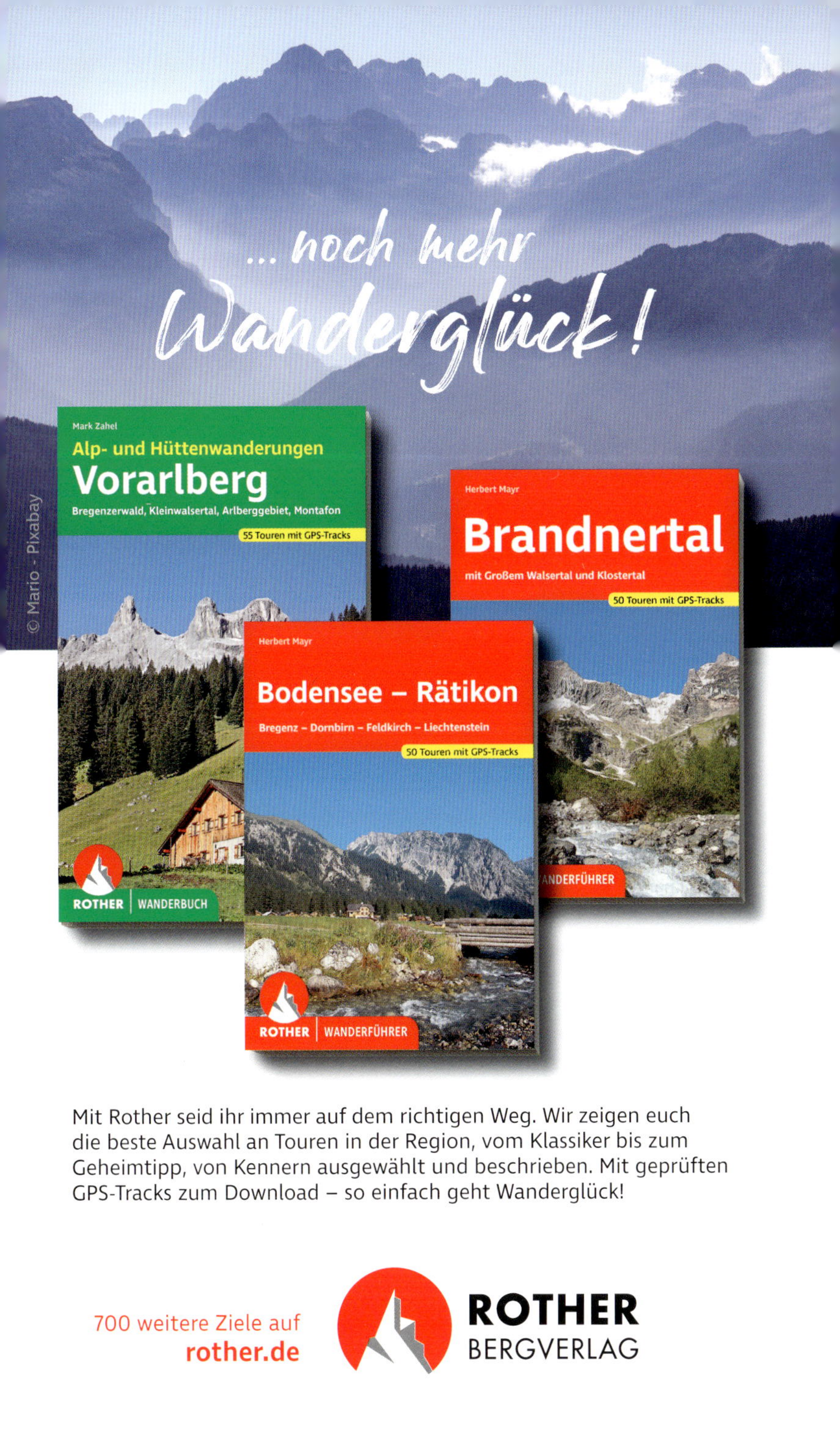

... noch mehr Wanderglück!
© Mario - Pixabay
Mark Zahel
Alp- und Hüttenwanderungen
Vorarlberg
Bregenzerwald, Kleinwalsertal, Arlberggebiet, Montafon
55 Touren mit GPS-Tracks
ROTHER WANDERBUCH
Herbert Mayr
Brandnertal
mit Großem Walsertal und Klostertal
50 Touren mit GPS-Tracks
Herbert Mayr
Bodensee – Rätikon
Bregenz – Dornbirn – Feldkirch – Liechtenstein
50 Touren mit GPS-Tracks
ROTHER WANDERFÜHRER
Mit Rother seid ihr immer auf dem richtigen Weg. Wir zeigen euch die beste Auswahl an Touren in der Region, vom Klassiker bis zum Geheimtipp, von Kennern ausgewählt und beschrieben. Mit geprüften GPS-Tracks zum Download – so einfach geht Wanderglück!
700 weitere Ziele auf
rother.de
ROTHER
BERGVERLAG

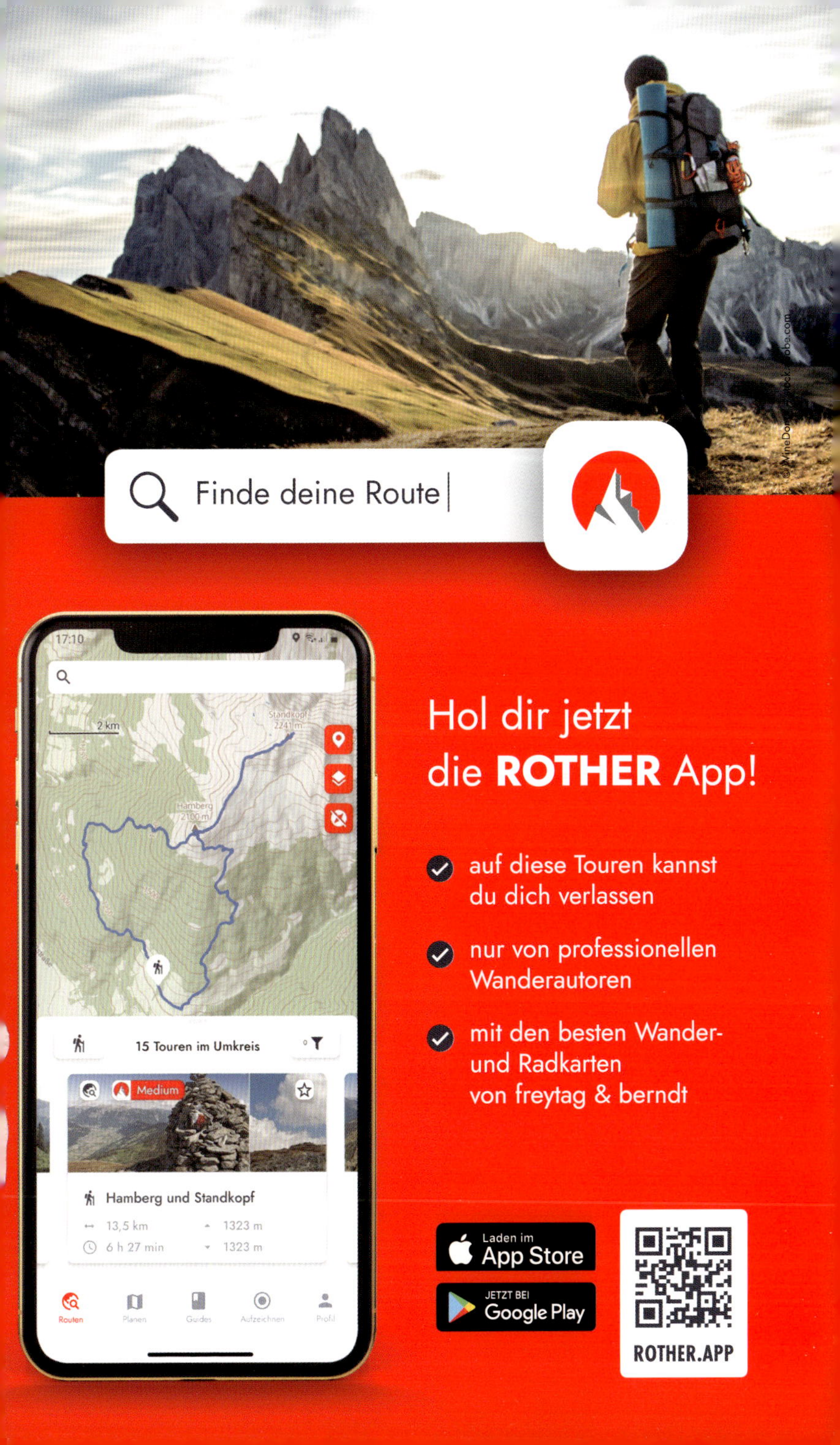
Finde deine Route
Hol dir jetzt
die ROTHER App!
auf diese Touren kannst
du dich verlassen
nur von professionellen
Wanderautoren
mit den besten Wander-
und Radkarten
von freytag & berndt
15 Touren im Umkreis
Medium
Hamberg und Standkopf
13,5 km
1323 m
6 h 27 min
1323 m
Routen
Planen
Guides
Aufzeichnen
Profil
Laden im
App Store
JETZT BEI
Google Play
ROTHER.APP

Impressum

Titelbild: Tiefblick von der Versalspitze über dem südlichen Montafon ins Hochtal der Verbellaalpe.
Bild Seite 1: Glanzstück der Silvretta: die Litzner-Seehorn-Gruppe vom Heimbühlseeli (Tour 47).

Alle 123 Fotos sind von Herbert Mayr.

Der Autor:
Herbert Mayr, geboren 1953, studierte Vermessungswesen und arbeitet heute als freier Buchautor im Ostallgäu. Zu seinen Hauptaktivitäten zählen Bergsteigen und Wandern, Radfahren und Schneeschuhgehen. Von ihm sind rund 50 Rad- und Wandertitel erschienen, beim Rother Bergverlag unter anderem die Wanderführer »Arlberg – Paznaun«, »Bodensee bis Rätikon«, »Brandnertal mit Großem Walsertal und Klostertal«, »Bregenzerwald« und »Montafon« sowie die Wanderbücher »Allgäuer Wanderberge« und »Wandern im Winter Allgäuer Alpen«.

Kartografie:
Wanderkarten im Maßstab 1:50.000 und 1:75.000 sowie Übersichtskarten © Freytag & Berndt, Wien

Werk-Nr.: 3031

4., aktualisierte Auflage 2024

ISBN 978-3-7633-3401-8

FSC MIX
Papier | Fördert gute Waldnutzung
FSC® C147178

Wir bitten dafür um Verständnis und freuen uns über jede Anregung und Berichtigung zu diesem Rother Wanderbuch:

Bergverlag Rother GmbH · Keltenring 17 · D-82041 Oberhaching
Tel. +43 89 60 86 69-0, E-Mail: leserzuschrift@rother.de
Besuchen Sie uns im Internet: rother.de